AMOR CANINO

AMOR
CANINO

● **CLIVE D. L. WYNNE** Etologista especializado no comportamento de cães e seus parentes selvagens

AMÖR CANINÖ

Como e Por Que Seu Cachorro *Te Ama*

ALTA BOOKS
GRUPO EDITORIAL
Rio de Janeiro, 2023

Amor Canino

Impresso no Brasil — 1ª Edição, 2023 — Edição revisada conforme o Acordo Ortográfico da Língua Portuguesa de 2009.

Dados Internacionais de Catalogação na Publicação (CIP) de acordo com ISBD

S421m   Wynne, Clive D. L.

Amor Canino: Como e Por que Seu Cachorro Te Ama / Clive D. L. Wynne ; traduzido por Lívia Rosa ; ilustrado por Leah Davies. - Rio de Janeiro : Alta Books, 2023.
272 p. : il. ; 15,8cm x 23cm.

Tradução de: Dog is Love
Inclui índice.
ISBN: 978-85-5081-541-1

1. Literatura inglesa. 2. Cachorro. 3. Amor. I. Rosa, Lívia. II. Davies, Leah. III. Título.

CDD 823
CDU 821.111

2022-2444

Elaborado por Vagner Rodolfo da Silva - CRB-8/9410

Índice para catálogo sistemático:
1. Literatura inglesa 823
2. Literatura inglesa 821.111

Produção Editorial
Editora Alta Books

Diretor Editorial
Anderson Vieira
anderson.vieira@altabooks.com.br

Editor
José Ruggeri
j.ruggeri@altabooks.com.br

Gerência Comercial
Claudio Lima
claudio@altabooks.com.br

Gerência Marketing
Andréa Guatiello
andrea@altabooks.com.br

Coordenação Comercial
Thiago Biaggi

Coordenação de Eventos
Viviane Paiva
comercial@altabooks.com.br

Coordenação ADM/Finc.
Solange Souza

Coordenação Logística
Waldir Rodrigues
logistica@altabooks.com.br

Direitos Autorais
Raquel Porto
rights@altabooks.com.br

Produtor da Obra
Thiê Alves

Produtores Editoriais
Illysabelle Trajano
Maria de Lourdes Borges
Paulo Gomes
Thales Silva

Equipe Comercial
Adenir Gomes
Ana Carolina Marinho
Ana Claudia Lima
Daiana Costa
Everson Sete
Kaique Luiz
Luana Santos
Maira Conceição
Natasha Sales

Equipe Editorial
Andreza Moraes
Beatriz de Assis
Betânia Santos
Brenda Rodrigues
Caroline David
Gabriela Paiva
Henrique Waldez
Kelry Oliveira
Marcelli Ferreira
Mariana Portugal
Matheus Mello
Milena Soares

Marketing Editorial
Amanda Mucci
Guilherme Nunes
Livia Carvalho
Pedro Guimarães
Thiago Brito

Atuaram na edição desta obra:

Tradução
Lívia Rosa

Copidesque
Vivian Sbravatti

Revisão Gramatical
Maíra Meyer
Thamiris Leiroza

Diagramação
Luisa Maria Gomes

Capa
Marcelli Ferreira

Editora
afiliada à:

Rua Viúva Cláudio, 291 – Bairro Industrial do Jacaré
CEP: 20.970-031 – Rio de Janeiro (RJ)
Tels.: (21) 3278-8069 / 3278-8419
www.altabooks.com.br – altabooks@altabooks.com.br
Ouvidoria: ouvidoria@altabooks.com.br

Para Sam
Que deixa sua cachorra — e seu pai — orgulhosos

AGRADECIMENTOS

Se um dos prazeres de chegar ao fim de um projeto como este é a oportunidade de agradecer às muitas pessoas que me deram apoio ao longo do caminho, uma das ansiedades é a possibilidade de deixar de mencionar alguém que me fez um grande favor. Se você é essa pessoa — minhas mais profundas desculpas.

Como o líder de uma banda, deixe-me começar por citar os fantásticos solistas que se apresentaram ao meu lado ao longo desta jornada para chegar à raiz do que torna os cães os seres maravilhosos que são. Por ordem de aparição: Monique Udell, Nicole Dorey, Erica Feuerbacher, Nathan Hall, Lindsay Mehrkam, Sasha (Alexandra) Protopopova, Lisa Gunter, Rachel Gilchrist e Joshua Van Bourg — minhas saudações. Além desses incríveis estudantes de pós-graduação, exércitos de estudantes de graduação também forneceram indispensável assistência ao nosso trabalho. Sou grato a cada um deles e peço desculpas por não haver espaço para colocar o nome de todos aqui. Também gostaria de agradecer à Anne-Marie Arnold, Mariana Bentosela, Nadine Chersini, Jessica Spencer, Robson Giglio, Kathryn Lord, David Smith, Maria Elena Miletto Petrazzini e Isabela Zaine pelos auxílios diversos à nossa pesquisa ao longo dos anos. Como Neil Young disse quando subiu ao palco com o The Band no The Last Waltz em 1976: "É uma grande satisfação da minha vida estar no palco com essas pessoas." Eu falo sério.

Em nossos estudos, recebemos grande ajuda de muitas pessoas que lutam em abrigos de animais para dar a seus protegidos a melhor vida que podem com os recursos que têm — minha gratidão a todos vocês pelo que fazem pelos cães e pela sua paciência com nossa pesquisa. No Wolf Park, Pat Goodman, Gale Motter, Monty Sloan, Dana Drenzek, Holly Jaycox e Tom O'Dowd e também muitos outros funcionários e voluntários que foram infinitamente indulgentes com nossas exigências de tempo, quando aparecíamos com aros cada vez mais loucos para seus lobos passarem. Obrigado por sua paciência e amizade. Às centenas de pessoas que nos deixaram fazer testes com seus amados animais de estimação: obrigado por sua confiança e ajuda.

Em minhas viagens, sempre tive o apoio de estranhos que, rapidamente, tornaram-se amigos. Quero agradecer a Jeremy Koster da Universidade de Cincinnati e seus amigos do povo de Mayangna; William Fielding da Faculdade das Bahamas; Ilya Volodin e Elena Volodina da Lomonosov Moscow State University e do Zoológico de Moscou, respectivamente; Lyudmila Trut e Anastasiya Kharlamova da divisão siberiana da Academia de Ciências da Rússia como também Anna Kukekova ("Russo, Anna, russo! Inglês, Anna, inglês!") da University of Illinois Urbana-Champaign; Joseph Terkel e Eli Geffen da Universidade de Tel Aviv; Moshe Alpert e Yossi Weissler do Kibutz Afikim; Ludwig Huber, Kurt Kotrschal, Sarah Marshall-Pescini, Friederike Range e Zsófia Virányi do Wolf Science Center em Ernstbrunn, na Áustria; Per Jensen da Linköping University e Hans Temrin da Universidade de Estocolmo, na Suécia; e Alliston Reid, bem como o saudoso John Pilley da Wofford College, na Carolina do Sul.

Minha gratidão a Angela Perri da Durham University e Greger Larson da Universidade de Oxford por me ensinar um pouco de arqueologia; a Gregory Berns também, por me abrir os olhos para a neurociência cognitiva. O que sei sobre os cães e a oxitocina foi explicado para mim por Takefumi Kikusui da Azabu University, Therese Rehn, da Swedish University of

Agricultural Sciences em Uppsala, e Mia Persson, da Linköping University, na Suécia. Obrigado a todos — quaisquer conflitos neste trabalho, é claro, a responsabilidade é inteiramente minha.

Há muito tempo quero escrever um livro que possa atingir um público além dos meus colegas de profissão. Quero agradecer a Aaron Hoover e Bill Canon por seus conselhos e encorajamento durante esse longo período; agradeço a Steven Beschloss por ajudar a concretizar este projeto. Devo a todos um drinque.

Um rufar especial de tambores e aplausos para a extraordinária agente Jane von Mehren e seus colegas da Aevitas Creative Management. Meu editor, Alex Littlefield, que extraiu o que eu queria dizer do que eu escrevia de fato e, com seus colaboradores da Houghton Mifflin Harcourt, transformaram meus pensamentos neste objeto tangível que agora você tem em suas mãos — obrigado, pessoal. Meus agradecimentos também a Susanna Brougham por polir o texto da forma brilhante que está diante de você e a Leah Davies pelos esboços que dão vida a essas páginas.

Por pura sorte, trabalho em uma instituição excepcional. A Universidade Estadual do Arizona, de alguma forma, faz o possível e o impossível. Não repetirei nosso texto publicitário aqui, mas acredite, é um lugar maravilhoso. As reputações estão sempre defasadas por trás dos indicadores. Talvez daqui a cinquenta anos o mundo perceba o quanto essa universidade é brilhante agora — um lugar no qual a bolsa de estudos prospera, onde nos sentimos orgulhosos com as pessoas a quem damos oportunidades, em vez daqueles que excluímos. (Não pude resistir inteiramente, tive que fazer propaganda!) Estou especialmente agradecido aos meus colegas do Departamento de Psicologia por tolerar o "homem dos cachorros". Não posso escrever o nome de todos aqui, por isso citarei o nome dos dois que presidiam o departamento durante o período em que lá estive — Keith Crnic e Steve Neuberg. Obrigado por sua amizade e por promover um ambiente em que encontramos força em nossa gentileza.

O falecido Ray Coppinger, eu acho, teria odiado este livro, mas sua mentoria paira sobre esta obra e tenho com ele uma enorme dívida. Gostaria que pudéssemos ter as discussões que este volume teria gerado.

Meus pais não podem escapar de um pouco da responsabilidade: tanto por meio da filogenia quanto da ontogenia — natureza e educação — sua influência é clara. Suspeito que meu pai também gostaria de discutir comigo sobre esse "papo de amor de cachorro".

Ros e Sam: o que posso dizer? Obrigado por me apoiarem em todos os altos e baixos da vida. Obrigado por torná-la divertida.

E Xephos também — o espírito animal deste livro, se um dia houve algum. Eu, literalmente, não podia ter feito isso sem você. Obrigado, querida. Tem fígado no jantar!

SUMÁRIO

AMOR CANINO

INTRODUÇÃO

RECENTEMENTE, FIQUEI UNS dias fora do país que adotei, os Estados Unidos, para visitar meu país natal, a Inglaterra. Era inverno, fim de tarde e o sol já tinha terminado sua curta tarefa do dia. Junto de milhares de outras pessoas retornando para casa depois do dia de trabalho na cidade, eu descia as escadas da estação de trem nos subúrbios de Londres. Essas estações vitorianas devem ter sido majestosas quando foram construídas e algumas delas ainda parecem ser com a luz do verão, mas no final de um dia frio e úmido como este, elas ficam muito deprimentes: velhos tijolos vermelhos escuros iluminados por apenas umas fracas luzes fluorescentes e bruxuleantes, todo o cenário triunfante impregnado com o humor deplorável de um cansado viajante.

Como se a cena não fosse sombria o bastante, de repente, a estação ecoou os latidos insistentes de um cão. Lá embaixo no sopé da escada, logo atrás das catracas que impedem as pessoas de entrar nos trens sem a passagem, uma jovem — na verdade, uma criança — estava agarrada com todas as suas forças na ponta de uma coleira. Na outra ponta, estava um cachorro pequeno, mas barulhento e extremamente agitado, provavelmente um terrier qualquer. O cachorrinho estava fazendo um tremendo estardalhaço.

Minha reação inconsciente imediata foi irritação: uma trilha sonora irritante tinha sido adicionada a uma cena já sombria. Mas, à medida que fui chegando mais perto, vi o quanto o cachorro estava feliz e um sorriso involuntário surgiu no meu rosto.

O cachorro tinha reconhecido alguém no meio da grande massa de humanos. Conforme a pessoa se aproximava, o latido dele se transformou de um latido de raiva para uma espécie de alegria, quase um uivo de choro. Suas garras deslizavam no piso liso, enquanto lutava para chegar perto do seu humano. Quando o homem passou pela catraca, o cão pulou em seus braços e lhe beijou a face. Eu estava só um pouco distante e ouvi o homem murmurando para o cão a fim de acalmá-lo: "Tudo bem, tudo bem. Já estou aqui."

Olhando ao redor, vi todo um mar de rostos humanos refletindo a minha própria reação emotiva. Primeiro, irritação — outro fardo tedioso adicionado ao cansaço do final do dia —, depois, uma felicidade involuntária pelo amor do cachorro por seu dono. Sorrisos se espalharam pela multidão, aqui e ali ouviam-se risadas suaves. As pessoas que andavam acompanhadas se cutucavam e trocavam algumas palavras. A maioria dos viajantes solitários guardava seus sorrisos de volta nos bolsos, mas um leve gingado em seus passos permaneceu como um lembrete do pequeno prazer inesperado que vivenciaram na estação no caminho de volta para casa.

Ao participar dessa cena feliz, fui transportado à lembrança de uma das minhas primeiras viagens de volta ao Reino Unido, depois de ter deixado sua costa há mais de trinta anos. Naquela época, o cachorro da nossa família, Benji, ainda estava vivo. Minha mãe dirigiu até a estação de trem da Ilha de Wight, onde eu cresci, para me buscar, com Benji atento sentado no banco do passageiro. Como as pessoas no Reino Unido dirigem do lado esquerdo da rua, nos carros britânicos as posições do motorista e do passageiro da frente são invertidas em comparação com as dos Estados Unidos. Isso significa que, para meus olhos cansados e confusos pelo fuso horário, acostumados a ver motoristas no banco em que estava o Benji, parecia que meu cachorro estava dirigindo o carro. Mal deu tempo de registrar minha confusão mental, quando o carro parou no meio-fio, e eu abri a porta do passageiro para ver o paroxismo de alegria de Benji ao me ver de novo. Assim que ele me viu, Benji ficou doido de prazer, da mesma forma que o terrier da estação de trem muitos anos depois — assim como eu, embora eu mantivesse minhas emoções sob estrito controle.

À primeira vista, Benji podia não parecer particularmente especial. Ele era apenas um vira-lata marrom e dourado relativamente pequeno, mas era muito especial para nós. Ele tinha manchas de cor dourada em torno das sobrancelhas que tornavam seus olhos especialmente expressivos — sobretudo quando ele estava confuso. Nós adorávamos provocá-lo e ele parecia levar nossas brincadeiras com bom humor. Ele erguia as orelhas para mostrar curiosidade. Expressava felicidade e confiança com a cauda e demonstrava afeto com lambidas (que parecia lixa molhada e provocava protestos meus e de meus irmãos, embora nos sentíssemos honrados por sua atenção).

O cachorro da minha infância, Benji, em algum dia no início dos anos de 1980

Benji, meus irmãos e eu crescemos juntos nos anos de 1970 na Ilha de Wight, na costa sul da Inglaterra. Quando meu irmão mais novo e eu chegávamos em casa da escola, costumávamos nos jogar no sofá, onde podíamos ouvir e depois ver Benji vindo correndo do quintal dos fundos. A três metros de distância, ele se lançava no ar e aterrizava bem em cima de nós, nos batendo com sua cauda e beijando um de cada vez, e com seu corpinho praticamente em espasmos de alegria por estarmos reunidos. Claramente, ele nos amava — ou, pelo menos, isso parecia incontestável na época.

Muitos anos se passaram. A curta vida de Benji terminou e me ocupei com minha vida errante. Mas minha lembrança do cachorro da minha infância perdurou, assim como meu fascínio pelas mentes de outras espécies que não a nossa.

Com o tempo, fui para a universidade, onde comecei a estudar de que maneira diferentes tipos de animais adquirem conhecimento e como raciocinam sobre o mundo ao seu redor. Eu queria compreender como a mente dos animais difere da mente humana. Até que ponto as habilidades humanas de raciocinar, pensar e se comunicar são uma exclusividade nossa e em que medida elas são compartilhadas por outras espécies neste planeta? Frequentemente, as pessoas se interessam em saber se há seres inteligentes em outros planetas, mas foi sobre outras mentes em *nosso* planeta que eu quis aprender.

Como professor de psicologia animal, minha pesquisa primeiro se concentrou nos residentes mais comuns de qualquer laboratório: ratos e pombos. E, por uma década, morei e trabalhei na Austrália, onde pude realizar meus estudos com espécies marsupiais muito legais, que ninguém tinha observado antes. Foi uma vida ótima, cheia de enigmas intelectuais fascinantes e descobertas interessantes — embora eu não tivesse ficado completamente satisfeito.

Com o tempo, descobri que eu não estava interessado no comportamento animal isoladamente. Em vez disso, fui atraído para a relação entre as pessoas e os animais. E, de todas as milhares de espécies animais deste planeta, nenhuma delas compartilha um vínculo mais forte e mais interessante conosco do que nossos cães.

Em retrospecto, fico envergonhado por ter levado tanto tempo para perceber que precisava estudar os cães. Seu comportamento é muito rico: há cães que farejam câncer e contrabando, cães que consolam sobreviventes de traumas e cães que ajudam cegos a atravessarem ruas movimentadas da cidade. Cães e humanos se conhecem há muito tempo. Na verdade, não há nenhum outro animal com quem as pessoas tenham tido um relacionamento mais longo ou mais profundo.

As pessoas e os cães têm vivido lado a lado por mais de 15 mil anos. Esta longa história compartilhada entrelaçou as mentes dos cães com as nossas de maneiras que estamos apenas começando a compreender. Em parte, essa falta de compreensão se deve à simples negligência; quando iniciei os estudos do comportamento canino, os cientistas estavam apenas começando a demonstrar um renovado interesse pelos cães, após ignorá-los por meio século. Esse ressurgimento de atenção gerou algumas descobertas fascinantes sobre os cães — pesquisas que logo me colocariam em minha própria busca científica.

No final dos anos de 1990, o campo da ciência canina foi dominado por novas pesquisas que alegavam comprovar que os cães têm uma forma única de inteligência. Os cientistas teorizaram, ao longo dos milhares de anos que os cães viveram em estreita proximidade com os humanos, que eles desenvolveram formas únicas de compreender as intenções das pessoas, permitindo uma forma de comunicação rica e sutil entre as nossas duas espécies. Este chamado gênio dos cães[1] foi enunciado como a qualidade especial que tornou os cães perfeitos companheiros para as pessoas e foi, desta maneira, considerado a chave para compreender e administrar nossa relação com eles.

Essa teoria — que os cães têm capacidades cognitivas que os tornam capazes de compreender os humanos de maneira que nenhum outro animal pode — ainda tem muitos adeptos entre aqueles que fazem do comportamento e da inteligência dos cães seu negócio e sua paixão. Quando ouvi isso pela primeira vez, me pareceu uma explicação plausível para o impressionante sucesso dos cães em nosso planeta dominado por humanos. E, ainda assim, quando meus alunos e eu começamos a fazer nossos próprios estudos sobre o comportamento dos cães, essas famosas e supostas capacidades cognitivas únicas tão apregoadas pareciam desaparecer como uma miragem cada vez que chegávamos até elas.

Comecei a me perguntar: e se os cães não tivessem capacidades cognitivas únicas, mas, em vez disso, capacidades distintas de um tipo completamente diferente? Que tipo de talento poderia ser? E se os cães fossem especiais por alguma razão diferente da sua inteligência, quais implicações isso teria na forma como interagimos com os cães e cuidamos deles?

Essas questões não me ocorreram todas de uma vez. Como a maioria dos cientistas atuantes, eu estava preocupado com a pesquisa diante do meu nariz. Às vezes, a competência profissional pode fazer com que seja mais difícil detectar o que um leigo pode identificar rapidamente. Por isso, no início, eu não consegui ver, pelo tempo que os conhecia, que os cães tinham, na verdade, sido bem francos comigo sobre sua verdadeira natureza. Benji, o cachorro da minha infância, e o feliz terrier latidor na triste estação de trem de alguns anos atrás estavam respondendo à pergunta, com cada balanço de cauda e lambida que deram, sobre o que torna os cães especiais. A verdadeira questão era: um cientista poderia perceber?

O estudo dos cães passou por uma revolução nos últimos dez anos. Os pesquisadores estão redescobrindo uma rica tradição da ciência canina e reaplicando a ela as ferramentas de eficácia comprovada em psicologia, como também os mais recentes métodos e tecnologias da neurociência, genética e outros campos científicos de ponta. O resultado tem sido uma explosão de evidências de como os cães pensam e sentem — dados que, por sua vez, permitiram a cientistas, como eu, que considerassem questões que há poucos anos nunca ousaríamos contemplar, muito menos nos comprometeríamos a estudar durante anos de nossas vidas profissionais.

Minha pesquisa e o trabalho de muitos outros no campo em expansão da ciência canina deixam bem claro que, embora a inteligência dos cães não os separem de outros animais, há, no entanto, algo extraordinário em nossos amigos caninos. Essa pesquisa, talvez, não seja menos controversa e surpreendente do que estudos anteriores sobre a inteligência canina, porque aponta para uma fonte simples, porém misteriosa, do vínculo único dos cães com os humanos. Este fenômeno é perturbador e pode levar um cientista a se sentir em conflito — mas é imediatamente reconhecível, talvez até mesmo evidente, para qualquer amante de cães.

Os cães têm uma capacidade exagerada, turbulenta, talvez até excessiva de formar relações afetivas com os membros de outras espécies. Essa capacidade é tão grande que, se a víssemos em alguém da nossa espécie, o consideraríamos muito estranho — até mesmo patológico. Em minha redação científica, na qual sou obrigado a usar linguagem técnica, chamo esse comportamento anormal de hipersociabilidade. Mas, como amante de cães que se preocupa profundamente com os animais e seu bem-estar, não vejo absolutamente razão nenhuma para que não o chamemos apenas de amor.

Muitos amantes de cães, casualmente, utilizam a palavra amor, e na minha vida doméstica eu tenho feito o mesmo há muito tempo. Mas, como cientista, não tem sido tão fácil assim implantá-la. Isso porque a própria noção de que os animais têm emoções tem sido, há muito tempo, um anátema para a maioria das pessoas da minha linha de trabalho. O conceito de amor, em particular, parece muito sentimental e impreciso para a atividade pragmática em que estamos inseridos. Ao atribuí-lo aos cães, também corremos o risco de antropomorfizá-los — ou seja, tratá-los como humanos em vez de uma espécie em si mesmos. Isso é algo a que os cientistas, devidamente, resistem há muito tempo, tanto pelo rigor científico como pelo bem-estar dos animais.

No entanto, fiquei convencido de que, pelo menos neste aspecto, um pouco de antropomorfismo é admissível, até mesmo apropriado. Reconhecer a natureza amorosa dos cães é a única forma de compreendê-los. Além disso, ignorar sua *necessidade* de amor — sim, como explicarei em breve, os cães realmente precisam de amor — é tão antiético quanto negar a eles exercícios e uma dieta saudável.

Uma série de evidências provenientes de laboratórios e santuários de animais ao redor do mundo tem me levado a essa conclusão, evidências que mostram muito claramente que os cães sentem amor assim como os humanos. E, depois que comecei a observar, percebi que a paixão dos cães pelas pessoas se mostra de muitas formas. Todos ouvimos histórias de proezas incríveis que os cães fazem para proteger seus donos. Pesquisas sobre como os cães reagem às pessoas em perigo deixam claro que eles verdadeiramente mostram preocupação pelos seus humanos, mesmo que suas habilidades reais para oferecer ajuda não sejam tão dramáticas quanto Hollywood nos leva a acreditar. Ainda mais impressionantes são os estudos, que mostram como os corações dos cães e de seus tutores batem em sincronia quando estão juntos, imitando a sincronia que encontramos em casais humanos apaixonados. Quando eles estão com seus humanos especiais, passam por mudanças neurológicas — inclusive com picos de substâncias químicas do cérebro como a oxitocina — que refletem as mudanças que nós, humanos, experimentamos quando sentimos amor. Na verdade, o amor poderoso dos cães pelas pessoas pode ser rastreado até o nível mais elementar do seu ser: o código genético, que hoje está difundindo revelações incríveis sobre a mente dessa espécie e sua história evolutiva, que os cientistas estão se apressando para processar.

Essas e outras recentes descobertas emocionantes me forçaram a perceber que o amor é a chave para compreender os cães. Eu também passei a acreditar — e nas próximas páginas compartilharei amplas evidências científicas que apoiam essa convicção — que é o desejo dos cães de formar vínculos emocionais afetuosos, não qualquer tipo de inteligência especial, que tem feito sua espécie ser tão bem-sucedida na sociedade humana. Sua natureza amorosa os torna tão envolventes que muitos de nós não conseguem evitar a retribuição do favor e dar consolo ao vira-lata que aparece na nossa porta, ao de raça pura comprado em algum canil ou ao cão de abrigo que implorou para ser levado para um lar.

Verdadeiramente, o amor dos cães é a pedra fundamental da relação entre cães e humanos, quer optemos por reconhecer sua importância ou não. E sustento que temos a responsabilidade de reconhecê-la — e também de modificar nosso comportamento diante das evidências da capacidade dos cães de amar. Porque a teoria do amor dos cães (um termo que utilizo apenas parcialmente na brincadeira) é a chave para não só compreender esses animais fantásticos, mas também administrar com mais sucesso nossa relação com eles. Se a capacidade dos cães de amar é o que os torna únicos, também significa que ela lhes dá necessidades únicas. E, se há uma única conclusão simples a ser tirada de minha pesquisa, é que nós humanos precisamos fazer muito mais para honrar e retribuir a afeição de nossos cães. A sua capacidade de nos amar simplesmente exige reciprocidade — e muitos humanos se sentem obrigados a isso, mesmo se não tiverem ideia da ciência por trás dessa dinâmica antiga de adoração mútua. A ciência pode tanto explicar nossa relação com os cães como torná-la melhor. Podemos melhorar o bem-estar de nossos cães com intervenções muito simples: basta tocá-los mais, deixá-los menos sozinhos e dar a eles oportunidades de que precisam para viver em uma rede de relações fortes e emocionalmente positivas.

Estamos vivendo em tempos fascinantes na ciência dos cães. A genética e a genômica, a neurociência e a pesquisa hormonal estão todas correndo para esclarecer assuntos que muitos cientistas ainda nem sequer questionaram: como nossos companheiros caninos são capazes de construir pontes tão excepcionais de afeição entre as espécies? Quais condições são necessárias na vida de um cão para assegurar que esses vínculos de afeição sejam forjados? Como o cão desenvolveu essa capacidade em um período (pelos padrões evolutivos) relativamente curto de tempo? Responder a essas questões tem sido o objetivo de alguns dos estudos mais interessantes conduzidos em anos recentes por cientistas pioneiros nas fronteiras da pesquisa canina moderna. Neste livro, descreverei suas descobertas como também as minhas.

Mas não basta apenas estudar os cães e compreendê-los. Precisamos pegar esse conhecimento e ajudar os cães a levar vidas mais ricas e satisfatórias. Os cães confiam em nós, mas, de muitas maneiras, nós os decepcionamos. Se este livro tem algum valor de fato, será para fazer as pessoas compreenderem que os cães merecem algo melhor. Eles têm direito a mais do que vidas infelizes e solitárias a que nós, por muitas vezes, os condenamos. Eles merecem nosso amor em troca do amor que fornecem gratuitamente.

Essas não são apenas minhas convicções profundamente arraigadas como amante de cães, elas são minhas conclusões fundamentadas como cientista, com dados para apoiá-las. Como alguém que foi anteriormente culpado de rejeitar a ideia do amor dos cães como sentimentalismo abjeto, deixe-me reiterar isso, depois de muitos anos e contra minhas próprias inclinações, eu descobri uma quantidade enorme de evidências que apoiam a teoria do amor dos cães e muito poucas que a enfraqueçam. Isso não é sentimentalismo — é ciência.

Às vezes, eu me sinto meio inseguro que, depois de tantos anos estudando a inteligência animal de forma implacavelmente cética, eu acabe defendendo uma visão dos cães que algumas pessoas podem, no entanto, considerar pura "frescura". Mas posso conviver com isso, porque acredito veementemente que os cães ficarão melhores se mais pessoas puderem ser persuadidas a adotar a teoria do amor.

Para mim, também é enormemente satisfatório saber que o que eu experimentei com Benji, todos aqueles anos, foi algo real. O amor foi a verdadeira essência daquela relação, assim como é com quase todos os intercâmbios entre cães e humanos. Muitos amantes de cães sempre souberam que os pesquisadores estavam "latindo para a árvore errada" quando insistiam que o que eles tinham de especial estava em sua inteligência, não em seus corações. A ciência, enfim, está se atualizando.

1

XEPHOS

A PRIMEIRA VEZ que vi Xephos, ela parecia muito pequena. Em parte, era só o jeito dela: seu pequeno dorso ficava curvado como uma bola, amedrontada no chão de concreto de sua cela no abrigo para animais da sociedade protetora de animais. Em seu redor, outros cães grandes ficavam pulando dentro das celas, latindo para chamar minha atenção. Mas a pobre Xeph ficava agachada, com medo demais para fazer qualquer coisa além de espreitar, por detrás de sua perna traseira, o visitante desconhecido.

O abrigo estava limpo e o voluntário que me conduzia pelo canil irradiava preocupação pelos seus protegidos caninos — mas, mesmo assim, era difícil não ficar deprimido. A casa de Xephos era um mundo vazio, parecido com uma prisão com barras de metal e superfícies ásperas: uma vastidão barulhenta e indefinida de concreto e ferro. O barulho de seus vizinhos era exaustivo. Eu só queria sair dali e tenho certeza de que Xephos e os outros cães também.

Eu tinha ido àquele abrigo para animais na Flórida do Norte com minha esposa, Ros, e meu filho, Sam, porque eles resolveram me fazer uma "surpresa", me presenteando com um cachorro no meu aniversário. Usei aspas porque, inteligentemente, eles me contaram o segredo. Na verdade, ninguém devia surpreender outra pessoa lhe dando um animal vivo de presente, pois a responsabilidade com cuidados com outro ser vivo é enorme. Depois que concordei com a ideia deles, no entanto, Ros e Sam assumiram toda a responsabilidade de encontrar um cachorrinho adequado para mim para que eu tivesse a sensação de estar recebendo um presente.

Em 2012, quando finalmente decidimos adotar, eu já estudava cães cientificamente há vários anos sem realmente ter um em minha casa. Com grandes mudanças internacionais e a paternidade, minha vida parecia ser muito complicada para incluir uma companhia canina nessa mistura. Por mais que, no passado, tivesse adorado partilhar minha casa com um cachorro, eu não achava que seria certo submetê-lo aos nossos horários imprevisíveis e ausências frequentes. Eu não acreditava, e ainda não acredito, que toda vida humana tem um espaço destinado a acomodar um filhote de cachorro.

Mas, no final, ficou claro que minha família podia prontamente acomodar um cão. Além disso, eu mesmo comecei a ficar ansioso por isso. Passar tanto tempo, ao longo dos dias de trabalho, com pessoas e seus cães ou em abrigos para animais vendo tantos cães maravilhosos precisando de um lar, fazia com que fosse estranho voltar para uma casa sem cachorro. Sentindo o meu anseio e também desejosos para ter um cachorro, Ros e Sam tomaram a iniciativa de encontrar um para nós.

Visto que estavam tentando manter o elemento surpresa, Ros e Sam evitavam pedir minha ajuda e, por isso, acabaram procurando um cachorro em um abrigo que eu não conhecia. Por ser cientista canino, que se especializou em estudar o comportamento dos cães, conduzi pesquisas em muitos abrigos diferentes nesta região da Flórida. Mas meus colegas e eu não fomos a essa associação em particular, porque muitos de seus residentes têm sérios problemas de comportamento e considerávamos muito arriscado para os jovens estudantes, que nos ajudavam a conduzir os experimentos. Qualquer cachorro que tivesse entrado nesse abrigo com a compreensão de como comunicar suas intenções gentis para as pessoas já tinha encontrado um lar há muito tempo. Assim, o abrigo — um estabelecimento que não os sacrifica — foi, praticamente, abandonado com uma população de cachorros que não sabia como se comportar da maneira que os humanos desejavam. Quer fossem ou não realmente perigosos, claramente esses pobres animais não tinham ideia de como demonstrar para as pessoas que seriam bons companheiros.

Essa triste situação se apresentou mesmo antes de entrarmos no abrigo. O bloco principal do canil era tão barulhento que era possível ouvir a cacofonia de latidos do estacionamento. Assim que encontrava os cães, eles exibiam comportamentos que pareciam o oposto de boas-vindas. Meus colegas e eu tínhamos o maior respeito pela missão desse abrigo e por sua recusa em praticar a eutanásia em qualquer animal que passasse pelas suas portas. No entanto, não sentíamos que poderíamos realizar nossa pesquisa ali, somente por preocupação pela segurança de nossos estudantes. Assim, eu não teria pensado em procurar um cachorro neste local, se fosse o responsável pela busca — o que, felizmente, não fui.

Na véspera da nossa visita, Ros e Sam fizeram um tour de reconhecimento no abrigo — e estavam ansiosos para voltar, por uma simples razão. Por pura sorte, um dia antes da visita de minha esposa e meu filho, o abrigo tinha acolhido um novo filhote. Esse cachorro ainda estava em um lugar mais calmo (se bem que ainda era muito barulhento), na seção de quarentena do abrigo e não tinha ainda sido colocado no bloco principal do canil.

Ros e Sam chegaram em casa bem animados com o pequeno cachorro preto que tinham encontrado. No dia seguinte, perplexo por eles terem, aparentemente, descoberto um animal que parecia bem gentil naquele abrigo, que eu conhecia apenas como um depósito de cães que cumpriam prisão perpétua, fomos juntos conhecer Xephos.

Ela era uma pobre coisinha tímida. Tinha cerca de doze meses quando a encontramos, mas parecia bem mais nova. Ao contrário dos outros cães daquele espaço onde estava, ela mais choramingava do que latia quando chegamos, e, assim que a tiramos do canil, rolou de costas e fez um pouco de xixi em si mesma, no desespero de comunicar sua deferência por nós. Ela mantinha a cauda enfiada entre as patas traseiras o mais apertada que um cachorro pode manter. Ela lambeu nossas mãos e, quando abaixamos até sua altura, quis lamber nossas bocas. Ela empregou todas as ferramentas do comportamento canino projetadas para demonstrar respeito e o desejo de forjar um vínculo emocional. Ela parecia estar dizendo, com o máximo de poder que conhecia: "Eu sou sua cachorra. Leve-me para casa e eu o amarei fielmente." Foi um argumento convincente e nós a aceitamos imediatamente.

Depois, soubemos que Xephos tivera um primeiro ano de vida difícil. Ela nasceu em outro abrigo da cidade. Sua mãe havia sido abandonada grávida e a ninhada pegou todos os parasitas que estavam por perto. Com o tempo, Xephos se tornou saudável e encontrou um lar humano. Mas sua primeira família resolveu não ficar com ela. Então, Xephos acabou indo para outro abrigo, sozinha, aterrorizada e desesperada por uma segunda chance.

Nesta altura, eu já sabia o suficiente sobre cães em abrigos para entender que a história de Xephos, infelizmente, era comum e que a grande maioria dos cães que acaba sem lar não têm culpa. Mas, depois que a levamos para casa, não pude deixar de observar e esperar para ver qual mau hábito indesculpável Xephos poderia ter que ocasionasse seu abandono por sua primeira família humana. Nunca aconteceu nada. Foi a primeira das muitas surpresas agradáveis que essa pequena criatura extraordinária nos traria — e das muitas lições que me ensinaria.

Enquanto escrevo este livro, Xephos está com cerca de oito anos. Ela continua tão charmosa e de fácil convivência como era quando a vimos pela primeira vez — talvez até mais do que antes. Gradualmente, ao longo de suas primeiras semanas conosco, ela foi perdendo a timidez e uma personalidade forte e feliz foi tomando o seu lugar. Apesar da cor preta, ela ilumina qualquer lugar em que esteja. Não é mais um filhote tímido com a cauda enfiada entre as patas; atualmente, é pouco provável que uma pessoa de fora veja esse apêndice canino de outra forma que não em uma posição reta e orgulhosa. Ela é uma figura com personalidade tão marcante que às vezes me surpreendo com o quanto ela é pequena fisicamente. É sempre a primeira a cumprimentar as pessoas na porta, late muito quando escuta os passos de alguém se aproximando e tocando a campainha, depois chora com prazer quando a porta é aberta para alguém que ela conhece. Ela também conhece o som dos carros dos seus melhores amigos e chora em vez de latir à medida que se aproximam da porta.

Em tudo o que ela faz com as pessoas, Xephos irradia afeição. Mesmo sabendo o que sei hoje sobre a razão de seu companheirismo, não consigo deixar de me admirar com isso. Mas quando a trouxemos para casa, sua natureza afetiva não fazia tanto sentido para mim — era quase um milagre — quanto faz hoje.

Obviamente, eu já tinha convivido com cães antes e sabia o quão caloro-sa poderia ser sua resposta à nossa espécie. E, ainda assim, como cientista que estuda o comportamento dos cães, eu não tinha um quadro de referên-cia para este aparente aspecto emocional da vida dos cães. A ideia de que os cães eram capazes de amar — ou, na verdade, de sentir qualquer emoção — era, na época em que encontramos Xephos, um anátema para psicólogos caninos como eu. Na verdade, estava tão fora dos temas de discussão cien-tífica sobre cães que nem me ocorreu pensar nisso.

No entanto, nessa altura da minha vida profissional, eu também tinha começado a questionar outras ideias preconcebidas sobre a capacidade cognitiva dos cães. Em pouco tempo, esse ceticismo me levaria a uma crise de consciência sobre a vida interior dos cães e o que faz deles o que são. Este equacionamento, por sua vez, me levou a uma jornada de descobertas que, fundamentalmente, mudou minha relação com os cães — não apenas com Xephos, mas também com aqueles cachorros infelizes ainda presos em abrigos e toda a surpreendente espécie, ao mesmo tempo familiar e incom-preendida, da qual eles fazem parte.

Xephos entrou em minha vida em um ponto crítico de meu pensamento sobre cães. Eu estava lutando para harmonizar minha pesquisa científica sobre a cognição canina com um conjunto de ideias sobre a razão do su-cesso dos cães na sociedade humana, o qual tinha se tornado amplamente aceito na época em que Ros, Sam e eu trouxemos Xephos para casa, em 2012. Essas ideias, supostamente, explicavam os fundamentos das relações como a que estávamos iniciando com o pequeno membro peludo da família.

No final da década de 1990, quando parecia que os pesquisadores ti-nham quase que inteiramente esquecido os sujeitos dispostos que ficavam deitados a seus pés, dois cientistas reacenderam o interesse pela psicologia canina, propondo, independentemente, uma nova forma de compreender essa espécie e essa relação especial com os humanos. Ádám Miklósi da Eötvös Loránd University, em Budapeste, Hungria, e Brian Hare, na época estudante da Emory University, em Atlanta, Geórgia (hoje, professor na Duke University, na Carolina do Norte), vieram de experiências completamente diferentes, mas acabaram chegando à mesma conclusão: que os cães possuem uma forma única de inteligência que lhes permite conviver com as pessoas de maneira que nenhum outro animal consegue.

No início, Hare estava investigando não a inteligência social dos cães, mas a dos chimpanzés. Como eles são nossos parentes mais próximos no reino animal, os chimpanzés são uma espécie imprescindível para quem procura entender o que torna a cognição humana única. Hare estava fascinado com o antigo enigma sobre o que faz os humanos se destacarem no reino animal. Pelo menos desde Darwin, os cientistas têm lutado para descobrir qual é a distinção entre a mente humana e as das outras espécies. Uma abordagem típica para essa questão é a seguinte: se pensa que encontrou alguma coisa que apenas os humanos podem fazer, teste os chimpanzés; se eles não conseguem fazer, é improvável que qualquer outra espécie menos intimamente relacionada aos humanos possa fazer também.

Na época, Hare estava fazendo testes de uma habilidade que parecia ser muito simples para nós, humanos. Se eu sei, mas você não sabe, onde está escondido algo que você quer, então eu posso comunicar a localização para você apontando-a com a mão. Hare queria saber se isso era uma forma exclusivamente humana de compreensão social ou se os chimpanzés poderiam também entender as implicações de um gesto básico de apontar.

O experimento de Hare era simples. Ele colocava dois copos virados para baixo e, usando uma tela, através da qual o chimpanzé não conseguisse ver, escondia um pouco de alimento embaixo de um deles. Então, depois de retirar a tela, Hare apontava para o copo com o alimento escondido. Se o chimpanzé o escolhesse, indicaria que ele compreendeu o significado do gesto humano.

O que foi verificado é que os chimpanzés de Hare escolhiam o copo, em sua maioria, ao acaso. Mesmo parecendo simples, era difícil para eles compreenderem a tarefa.

Hare pensou que o fracasso dos chimpanzés era estranho, porque ele tinha certeza de que seu cachorro em casa podia facilmente ter sucesso nessa tarefa. Mas quando disse isso para Michael Tomasello, seu mentor, Tomasello lhe garantiu que não havia qualquer possibilidade de cães com cérebro de ervilha terem sucesso no que os chimpanzés falharam.

E, então, quando ele ficou em casa com seu cachorro de infância, Oreo, Hare se viu na garagem dos pais com dois copos virados no chão, um de cada lado e ele no meio. Seu cachorro esperava pacientemente, enquanto Hare escondia um pouco de alimento embaixo de um dos copos e fingia esconder um pouco também embaixo do outro. Depois ele apontou para o copo com o alimento e Oreo, sem qualquer hesitação, trotou direto para o copo certo.

Hare estava convencido de que seu cachorro não estava apenas farejando onde o alimento estava escondido. Afinal, Oreo não sabia para onde ir quando Hare ficava entre os dois copos sem apontar para nenhum. Parecia realmente que Oreo era capaz de entender o gesto de apontar de Hare — e, assim, o animal de estimação de cérebro pequeno da família tinha sido bem-sucedido no que os parentes mais próximos dos humanos com cérebro muito maior, os chimpanzés, tinham falhado.

Depois disso, Hare foi a um santuário de lobos em Massachusetts e aplicou um teste semelhante a vários lobos criados por humanos. Todos os cães são descendentes dos lobos, por isso, ao testar seus parentes selvagens, Hare estava verificando se a capacidade dos cães de serem bem-sucedidos nessa tarefa era algo que tinham herdado de seus ancestrais ou uma capacidade que tinha surgido, pela primeira vez, na evolução dos cães.

Os resultados do estudo de Hare com os lobos indicaram que os cães são, verdadeiramente, muito especiais a este respeito. Ele descobriu que os lobos, ao contrário dos cães, não tinham ideia do que o gesto de apontar significava. Quando confrontados com o gesto de apontar de Hare, os primos selvagens dos cães ficaram tão perdidos quanto os chimpanzés.

Do outro lado do mundo, o cientista húngaro, Ádám Miklósi, estava conduzindo, de forma independente, exatamente o mesmo experimento de Brian Hare — e produzia os mesmos resultados. Enquanto o caminho de Hare para estudar os cães poderia ser chamado de "abaixo dos macacos", o de Miklósi poderia ser chamado de "acima dos peixes". Miklósi se qualificou na Hungria como etólogo — um cientista que pesquisa o comportamento animal em seu habitat — e, inicialmente, no laboratório em que trabalhava, ele estudava pequenos peixes. Mas, em meados dos anos de 1990, seu diretor resolveu que já era tempo de investigar um animal de relevância mais direta para a vida de muitas pessoas, e foi assim que Miklósi começou a estudar os cães em vez de peixes. Seu grupo de estudo estava interessado em saber se cães e humanos tinham evoluído psicológica e comportamentalmente para se compreenderem. Sem saber o que Hare e Oreo estavam fazendo em Atlanta, Miklósi e seus alunos, de forma independente, passaram pelo mesmo processo em Budapeste. Primeiro, fizeram experimentos para verificar a capacidade dos cães de seguir gestos de apontar das pessoas e concluíram que eles foram muito bem-sucedidos. Depois, criaram alguns filhotes de lobos em suas casas em Budapeste e descobriram que os lobos não conseguiam seguir os gestos com as mãos para encontrar o alimento.

Após analisar esses estudos e outros, Hare concluiu que os cães têm predisposição genética, transmitida ao longo dos milhares de anos que viveram entre pessoas, para entender suas intenções comunicativas e compreender um pouco da inteligência social humana. Essa capacidade, defende Hare, é o direito nato de todo cachorro e se desenvolve espontaneamente em cada um deles, mesmo sem ter qualquer experiência com pessoas e com o que fazemos. Hare não negava que poderia ser possível, com treinamento exaustivo, ensinar membros de outras espécies a simular o comportamento que os cães podem ter, mas, na opinião de Hare, somente os cães *nascem* compreendendo as pessoas desta forma, o que é a diferença crucial entre eles e todos os animais não humanos do planeta.

Quando Hare publicou suas conclusões em 2002, fiquei muito empolgado — e me encontrava também em um ponto da minha carreira em que estava pronto para ser energizado por algo novo. Naquele ano, eu tinha chegado nos Estados Unidos como *professor júnior* no departamento de psicologia da Universidade da Flórida. Eu tinha passado a década anterior na Universidade da Austrália Ocidental, onde havia estudado o comportamento dos marsupiais, como o dunnart-de-cauda-grossa — um animalzinho lindo, parecido com rato e com menos de 2g de tecido cerebral, mas que aprende muito rápido[1]. A mudança para a Flórida foi emocionante, mas significou meu afastamento dos marsupiais que me fascinavam. Eu ainda não tinha pensado em voltar minha atenção aos cães, mas, à medida que lia a pesquisa de Hare, fiquei fascinado pela ideia de que um canídeo sem nenhum dom especial no departamento cerebral tinha adquirido formas de cognição que eram, por algum motivo, apenas conhecidas por nossa própria espécie, notoriamente cerebral.

A pesquisa de Hare começou a aparecer na literatura científica mais ou menos na mesma época dos primeiros trabalhos que apresentaram análises genéticas do DNA dos cães. A contribuição dos geneticistas trouxe uma camada adicional interessante de complexidade às discussões sobre o que tornou os cães singulares.

Geneticistas estimam a idade de uma espécie comparando seu material genético com os de espécies estreitamente relacionadas, e estudos feitos na Suécia, China e Estados Unidos deixaram claro que o processo de domesticação que criou o cão foi, pelos padrões evolutivos, extremamente rápido. Em vez de milhões dos anos necessários para uma mudança notável em espécies de vida longa e relativamente grandes, como o ancestral imediato dos cães, o lobo, os cães surgiram em cena em, no máximo, poucas dezenas de milhares de anos. Os lobos, normalmente, procriam somente uma vez por ano e só alcançam a maturidade sexual no segundo ano de vida. Isso pode parecer um tanto jovem para nós, mas, comparado com a maioria dos animais, é um ciclo de vida bem lento. A velocidade da evolução está, necessariamente, ligada a quanto tempo leva para os indivíduos produzirem a geração seguinte da sua espécie, então, um animal que produz uma nova geração apenas a cada dois anos deveria evoluir muito lentamente.

Essas duas linhas paralelas de pesquisa se entrelaçaram na minha mente. Se os cães foram realmente abençoados com uma capacidade única de compreender os humanos, como Hare defendeu, então eles devem ter adquirido esse poder em um piscar de olhos da evolução. Como, comecei a me perguntar, eles poderiam ter adquirido essa capacidade tão rapidamente?

Assim que essa questão foi tomando forma em minha mente, a estudante perfeita chegou para me ajudar a respondê-la. Monique Udell tinha formação em psicologia e em biologia e uma tremenda capacidade de trabalhar arduamente. Essencialmente, ela também estava disposta a correr o risco de fazer doutorado com um orientador que queria pesquisar uma espécie que nunca tinha estudado antes. Trabalhando juntos, eu e Monique começamos a explorar as implicações dessas novas e excitantes descobertas sobre a evolução e a cognição caninas.

Começamos repetindo o experimento do gesto de apontar de Miklósi e Hare com alguns cães de estimação em suas casas. Foi muito fácil de fazer e os resultados do nosso estudo coincidiram exatamente com os de Hare e Miklósi: os cães de estimação são realmente sensíveis às ações e intenções humanas. Nós escondíamos alimento embaixo de um dos dois recipientes no chão e, quando Monique apontava para o que tinha alimento escondido, os cães iam, precisamente, para o recipiente correto. Era como se tivessem lido os trabalhos científicos também.*

Embora tenhamos encontrado resultados que correspondiam exatamente com o que Hare e Miklósi tinham dito sobre os cães, não tínhamos respondido nossa maior questão: o que, na verdade, levou à rápida evolução da capacidade dos cães de compreenderem os gestos humanos? Como os cães adquiriram essa habilidade?

No momento em que eu e Monique voltávamos nossa atenção para esse problema, uma oportunidade de pesquisa se apresentou na forma de um convite dos administradores do Wolf Park, uma instalação de pesquisas em Indiana. Eles queriam que fizéssemos testes com seus lobos.

Não foi por ser uma pessoa com grande coragem física que fui atraído pela vida de professor de universidade, por isso, não tenho vergonha de admitir que senti uma certa tremedeira ao entrar no prédio de instrução de Wolf

---

* Você pode, facilmente, tentar fazer isso com seu próprio cachorro. É provável que funcionará melhor se tiver um amigo que possa segurar o cão, enquanto você põe alimento em um dos recipientes. Alguns cães ficam meio receosos de derrubar os copos de plástico para ver o que tem embaixo, mas o estudo funcionará da mesma forma se não houver alimento embaixo de nenhum copo. Apenas ponha um pouco em cima de um recipiente para o qual apontou, depois que o cão fizer sua escolha. Você descobrirá que, na maioria das vezes, seu cachorro irá para o local que apontar.

Park para ouvir a curadora-chefe, Pat Goodman, proferir a palestra obrigatória sobre segurança com os lobos.

As regras de convivência com os moradores do Wolf Park são bem claras. Não se deve olhar diretamente para um lobo, mas também não se deve tirar os olhos dele nem por um momento. É importante não fazer qualquer movimento repentino, mas também é importante não ficar parado com as mãos penduradas inutilmente ao seu lado. Pat explicou, o que não foi exatamente reconfortante, que, se ficar imóvel, os lobos podem confundi-lo com um brinquedo de morder. Mas, e Pat deixou bem claro, o mais importante é não tropeçar em um tronco ou em uma toca de coelho. Aparentemente, é muito difícil tirar um lobo de cima de alguém.

Completamente perturbado com esse resumo de uma hora das coisas ruins que um lobo cinzento de 90kg pode fazer com um frágil professor de psicologia, eu estava, finalmente, pronto para conhecer os sujeitos da minha pesquisa. Estava na hora de nos encapotar contra o dia frio de setembro e ir para o recinto dos lobos.

Wolf Park é um oásis em um território agradavelmente ondulado das vastas planícies da região central de Indiana. Até a entrada do parque, não há nada além de planícies, mas o terreno em que ele fica oferece uma pausa bem-vinda na topografia, um riacho, alguns cantos arborizados e um lindo e grande lago para os lobos brincarem. Como um dos poucos trechos arborizados entre milhares de acres com plantações de soja e milho, o parque também funciona como refúgio de pássaros, que acrescentam uma trilha sonora feliz à bela cena. De fato, é um lugar lindo — mas preciso confessar que não tenho certeza do quanto disso notei na nossa primeira visita. Na maior parte do tempo, fiquei concentrado nos grandes carnívoros em cuja casa eu estava para entrar.

O momento da verdade — e do terror — finalmente chegou, quando Monique e eu entramos no recinto dos lobos. Assim que passei pelo portão da grade de metal, um dos lobos mais velhos, Renki, saltou em mim. Antes que eu pudesse tirar as mãos de dentro dos bolsos, ele lançou suas patas nos meus ombros.

Tive tempo de pensar: "Até logo, mundo belo", antes de Renki lamber, vigorosamente, minhas duas bochechas.

Em um instante, soube como é a aceitação em uma matilha de lobos e devo dizer: o alívio que senti não foi pouco. Fiquei por ali um pouco mais, conhecendo meus novos amigos de matilha e objetos de pesquisa. Finalmente, assim que me senti razoavelmente confortável em meio aos lobos e ficou claro que eles não estavam ressentidos com minha presença, comecei a fazer o teste, que foi o que me levou ao Wolf Park.

A iniciação do autor na matilha de Wolf Park

Monique e eu fomos convidados para ir ao Wolf Park porque os funcionários de lá tinham ouvido falar sobre a nova pesquisa dos laboratórios de Brian Hare e Ádám Miklósi. Especificamente, eles tinham tomado conhecimento — e questionado — as alegações de que os cães têm uma capacidade única para compreender as ações humanas: uma capacidade que, de acordo com Hare, eles não compartilham com mais nenhum animal, incluindo os lobos.

Deve haver apenas algumas pessoas no planeta com uma compreensão mais sutil do comportamento dos lobos do que os funcionários e voluntários do Wolf Park. Desde 1974, eles criam filhotes de lobos, fazendo o papel dos pais e os educando para que os animais selvagens aceitem as pessoas como companheiros sociais. A curadora-chefe, Pat Goodman, e o fundador do Wolf Park, Erich Klinghammer, aperfeiçoaram as técnicas que envolvem manter a "mãe" humana com os filhotes por 24 horas, 7 dias por semana nas primeiras semanas de vida, assim, os lobos crescem vendo pessoas ao seu redor como parte da malha social de suas vidas. Pat e muitos dos colaboradores do parque também têm cães em casa, dessa forma, eles passam o dia trabalhando com lobos e, em casa, no descanso, ficam com cães — um esquema que proporciona a todos uma visão bem fundamentada das semelhanças e diferenças entre lobos e cães domesticados.

Foram essas pessoas, com essa visão bem fundamentada sobre cães e lobos, que fizeram o primeiro contato comigo sugerindo que Hare e Miklósi estavam errados. Os funcionários do Wolf Park tinham a nítida impressão de que os lobos, com quem passavam o dia todo, eram tão sensíveis às coisas que as pessoas faziam como os cães que encontravam em casa todas as noites.

Hare e Miklósi conduziram estudos distintos com lobos para testar exatamente essa questão, e é claro que eles chegaram à conclusão, de forma independente, de que os lobos são incapazes de compreender os gestos humanos. Eu não tinha nenhuma razão em especial para não confiar em suas descobertas, principalmente porque elas tinham origem em laboratórios independentes de lados diferentes do Atlântico. Mas, no mínimo, pensei que seria divertido eu mesmo tentar a experiência com os lobos. O ceticismo do pessoal do Wolf Park despertou minha curiosidade também. Seria possível que os lobos dos estudos de Hare e Miklósi — criados por humanos em um santuário em Massachusetts e em um monte de moradias em Budapeste, respectivamente — não fossem representativos da espécie como um todo?

Nunca tinha visto um lobo tão de perto assim, e fiquei extremamente impressionado com seu poder assustador e com sua aparente inteligência. Os lobos eram do tamanho de cães grandes — imediatamente pensei em raças de porte gigante como o wolfhound irlandês. Mas, ao contrário dos cães grandes, os quais tendem a ter reações lentas, os lobos cinzentos são rápidos. Muito rápidos. Se um coelho aparece no recinto deles, *bam* — eles o pegam num instante. Matam como profissionais, um ato calculado e sem remorso.

Tão marcante quanto a sua letalidade é a sua sociabilidade. O comprometimento dos lobos uns com os outros e com as pessoas que conhecem bem é rico e emocionante de observar. Seus olhos âmbar-dourados parecem brilhar com forte presença no momento. Eu me senti muito privilegiado por ser aceito em suas vidas.

Eu também reconheci que prudência era a melhor parte do valor científico. Depois de conversarmos com os funcionários, ouvirmos a palestra sobre segurança e nos aventurarmos no recinto dos lobos para nossa apresentação, Monique e eu optamos por não forçar nossa sorte. Saímos do recinto e deixamos que as pessoas mais familiarizadas com os animais conduzissem para nós a primeira etapa dos experimentos do gesto de apontar. Em vez de manipular copos com alimento e fazermos gestos de apontar, gritávamos instruções para três funcionários do Wolf Park, que realizariam os testes. Todos concordamos que assim seria mais seguro e mais provável que a verdadeira capacidade dos lobos se revelasse. Esperávamos que, com o tempo, depois que os lobos estivessem mais confortáveis conosco, Monique e eu pudéssemos cuidar de alguns desses trabalhos pessoalmente — mas, naquela primeira visita, queríamos melhorar nossas chances de sucesso, deixando os lobos, quase sempre cautelosos diante de estranhos, trabalharem com pessoas que conheciam bem.

Alguns estagiários nos ajudaram a limpar um recinto sem uso, cheio de entulho, e, um a um, os lobos eram trazidos para serem testados. Pat Goodman e dois outros funcionários se revezavam na execução de três funções: ficar entre dois recipientes e apontar para um deles, ficar a cerca de três metros para fazer o lobo voltar para a posição inicial, após o término de cada teste, e simplesmente ficar por ali para se certificar de que todos estavam em segurança. Eu e Monique dávamos instruções pela grade e fornecíamos pequenos pedaços de linguiça, os quais eram dados pelos nossos intrépidos colaboradores como recompensa aos lobos pelas escolhas corretas e para persuadi-los a voltar à posição inicial após cada teste ter sido executado.

Demorou um pouco para avançar, mas, depois que tudo e todos estavam em seus lugares e o estudo foi iniciado, rapidamente eu e Monique ficamos muito surpresos: o lobo era tão bom nessa tarefa quanto os cães que tiveram o melhor desempenho.

Em um instante, nossa pesquisa tinha complicado imensamente o que parecia ser uma distinção inequívoca entre as capacidades cognitivas de cães e lobos. Para um cientista como eu, que vive revirando pedras para ver o que tem escondido, e cujo mundo gira em torno de descobrir questões que precisam ser respondidas, momentos como esses são uma emoção rara. Por coincidência, o dia em que chegamos ao Wolf Park era meu aniversário e essa descoberta foi, de longe, o presente mais memorável que eu já recebi — além de Xephos, é claro.

Uma vez superada a excitação inicial desse resultado surpreendente, conduzimos o mesmo experimento com diversos lobos do parque. Descobrimos o mesmo padrão de comportamento repetidas vezes. Esses lobos podiam seguir gestos humanos de apontar tão bem quanto qualquer cachorro.

Em nosso retorno à Flórida, eu e Monique refletimos sobre as possíveis razões da discrepância entre nossas observações e a teoria da "genialidade" inata dos cães de Brian Hare. Sabíamos que a genialidade — ou seja lá como queiram chamar a notável sensibilidade dos cães às pessoas — não pode ser atribuída somente à herança evolutiva dos nossos cachorrinhos. Certamente, a evolução (e neste caso especial de evolução chamamos de domesticação) é um fator inegavelmente importante, mas há outro componente subjacente a tudo o que um animal faz, um que compartilha um papel igualmente importante para determinar se cães, ou lobos, podem compreender as intenções nos gestos humanos: e isso é criação, não natureza.

A evolução é o desdobramento da seleção natural, o processo pelo qual as espécies mudam, porque os organismos dos indivíduos nascem com diferentes conjuntos de características genéticas, que permitem que uns sobrevivam melhor do que outros e gerem mais descendentes na geração seguinte. Ao longo de inúmeras gerações, algumas características são selecionadas e transmitidas, colorindo a compleição de uma espécie inteira com seu próprio caleidoscópio de características únicas — entre elas as peculiaridades anatômicas e cognitivas (como a inteligência) que estabelecem as bases para os comportamentos típicos da espécie.

A domesticação é um caso especial de evolução, cujos mecanismos têm sido objetos de debates. Darwin, que apresentou ao mundo o conceito de evolução, acreditava que os animais foram domesticados quando as pessoas selecionaram os animais que eram mais úteis para elas. Com o tempo, teorizou Darwin, essa prática daria origem a uma espécie totalmente nova. Ele chamava esses processos de domesticação de seleção *artificial* — em contraste à seleção *natural*, que é o termo que ele cunhou para o que acontece quando as forças da natureza decidem quem vive e quem morre. Hoje, não estamos tão certos de que toda essa história da domesticação possa ser atribuída à nossa própria espécie: parece mais provável que uma grande parte da domesticação foi, na verdade, seleção natural. Quer seja devido à seleção natural ou artificial, contudo, a domesticação é uma forma de evolução — um processo por meio do qual os animais mudam ao longo de gerações devido à seleção de alguns indivíduos para sobreviverem, prosperarem e transmitirem seus genes.

Mas a evolução por si só não pode criar um animal companheiro e amistoso para uma casa humana. A seleção natural e a artificial podem agir nas bases do comportamento típico do animal e da sua inteligência, mas a evolução nunca pode explicar plenamente o excepcional conjunto comportamental e cognitivo (o que sempre pensamos como "personalidade") de um determinado cão. Isso porque, embora a evolução estabeleça o plano para um ser vivo, ela não pode controlar como esse plano será compreendido. Cada animal, em especial, é criado a partir de informações genéticas elaboradas pelas experiências específicas vividas pelo indivíduo à medida que se desenvolve. Consequentemente, a evolução por si só não pode tornar um cão amistoso.

Assim como as pernas, que nos dão a capacidade de caminhar, fazem parte de nossa herança evolutiva, também fazem parte as estruturas do nosso cérebro que dão origem às nossas personalidades. E o que é verdade para nós é igualmente verdade para nossos cachorros: eles herdam as estruturas cerebrais que os preparam para entrar na relação com as pessoas. Mas o fato de minha cachorra ter uma relação comigo e ser sensível às ações das pessoas que fazem parte da vida dela não é só consequência da evolução da sua espécie, isso depende também de ela ter crescido em um mundo que lhe deu oportunidades para desenvolver as qualidades que a define como um indivíduo.

Em resumo, a experiência é o outro fator que molda as ações e as mentes dos cães. Fica óbvio, quando pensamos sobre isso: afinal, nenhum filhote de cachorro, de gato ou de qualquer outra espécie domesticada nasce manso. A mansidão tem de ser aprendida por cada indivíduo ao longo da vida. O filhote mais fofinho vai crescer e ser um animal selvagem se logo no início da vida não for apresentado às pessoas. (Na década de 1960, foram feitos experimentos que estabeleceram exatamente isso. Em um laboratório em Bar Harbor, no Maine, John Paul Scott e John L. Fuller criaram filhotes de cães sem qualquer contato com seres humanos nas primeiras quatorze semanas de vida. Depois, quando testaram os cães adultos, relataram que eram "como animais selvagens"[2], e não podiam chegar próximo deles.)

Os biólogos chamam a nossa história evolutiva de filogenia e a nossa história de vida pessoal de ontogenia. Uma evidência da biologia e da psicologia é que cada um de nós é produto da nossa filogenia e ontogenia combinadas. Nenhum de nós seríamos tão lindos, espertos e charmosos — sem esquecer de modestos — como todos nós somos, sem dúvida, se não tivéssemos uma história evolutiva que preparou o palco para nossas experiências de vida que, por sua vez, moldou nossos caracteres na forma invejável que agora têm. O mesmo se aplica aos cães. Cada um tem a sua personalidade — que, em caninos afortunados, os faz excepcionalmente adequados para companhia humana, com todas as suas vantagens correspondentes — somente por causa da rica interação entre sua herança genética e o mundo em que eles cresceram.

A ideia de que o comportamento e a inteligência dos cães resultam tanto da domesticação como da experiência parecia muito incontroverso para mim e Monique, quando a víamos à luz desses princípios científicos básicos, mas ela tinha se tornado fundamento para uma espécie de conflito no campo emergente da cognição canina, um conflito em que eu e Monique, inconscientemente, acabamos nos deparando. De um lado estavam cientistas como Hare e Miklósi, que argumentavam que a capacidade dos cães de compreender os seres humanos se devia a uma capacidade cognitiva evoluída única — parte do direito inato de todos os cães e não dependia de nenhuma experiência de vida em particular. De outro lado, estavam cientistas, como eu e Monique, que acreditam que as experiências de vida pertinentes, bem como herança genética, eram a chave para dar aos cães a capacidade de serem companheiros das pessoas.

Pela nossa recusa em aceitar a ideia de que os cães, como consequência direta do processo evolutivo de domesticação, nasciam com a capacidade de reconhecer o significado das coisas que as pessoas fazem, tivemos que fazer o papel de behavioristas estraga-prazeres. Depois que publicamos os resultados de nosso estudo em Wolf Park, um jornalista me chamou de "Debbie Downer"[3]** da pesquisa de cognição canina. Essa doeu.

Tive de pensar em como eu tinha chegado a essa situação. Como eu, alguém que se importava profundamente com a mente dos animais e que tinha devotado minha vida a estudá-los, desenvolveu essa reputação negativa de alguém que *duvida* de sua cognição? Eu me senti incompreendido e magoado por minha afinidade com os cães ter me colocado na posição de parecer depreciá-los.

Hoje, entendo como, para pessoas que não me conhecem, parecia que eu estava dizendo que não havia nada de notável nos cães. Mas não estava tentando negar que eles tinham algo especial. Muito pelo contrário, na verdade, desde o início, o que me atraiu a eles como objeto de pesquisa foi a relação singular dos cães com os humanos. Tal como os membros do Wolf Park, que amam os cães, eu não precisava ir muito longe da minha sala de estar — onde Xephos ficava sempre ali acomodada no sofá ao meu lado, me fazendo companhia enquanto eu lia os últimos artigos científicos e da imprensa popular, acompanhando o crescente furor sobre minha pesquisa e de Monique — para encontrar inspiração e motivação para meu trabalho diário.

Cães são únicos: sobre isso, não havia dúvidas. Eu estava cético sobre a teoria dominante sobre o que os tornava tão especiais. Como cientista, estava disposto a usar o rótulo de "Debbie Downer" como uma insígnia de

---

** Nota da Tradutora: Debbie Downer é o nome de um personagem fictício e caracteriza-se por uma pessoa que diz algo terrivelmente deprimente e, assim, destrói a atmosfera positiva.

orgulho. Não ia deixar que me pressionassem a aceitar uma visão dos cães com a qual eu não concordava. Como amante de cães, no entanto, eu estava determinado a chegar ao fundo do que torna os cães singulares. Enquanto aprendia mais sobre a cognição dos cães e suas vidas na sociedade humana, eu estava começando a perceber que o debate que envolvia essa área não era apenas argumento acadêmico. Havia muita coisa em jogo, sobretudo, para os próprios cães.

Além de testar a capacidade de seguir gestos humanos em cães de estimação e lobos, eu e Monique — com Nicole Dorey, outra boa amiga e colaboradora — tentamos exatamente o mesmo teste em um abrigo de animais próximo à nossa base em Gainesville, Flórida. E os resultados não foram nada bons.

Nem um único cão do abrigo que participou desse experimento compreendeu o que implicava o gesto diante de um recipiente com alimento. Todos olharam de modo vago para Monique, enquanto ela permanecia entre os dois recipientes esperando que o cão fizesse a escolha certa. Ou o cachorro vinha para perto e se sentava diante dela, aparentemente, pedindo, do jeito mais fofo que podia, pelo petisco que ele sabia que ela tinha, ou simplesmente se afastava procurando algo melhor para fazer.

No início, pensamos que, talvez, esses cães tivessem algum trauma de suas interações anteriores com pessoas e não acreditavam que Monique estivesse fazendo algo gentil para eles. Mas, embora seja verdade que os abrigos têm muitos cães que se decepcionaram com nossa espécie e cuja confiança nos humanos foi traída, em nosso estudo selecionamos com muito cuidado os cães que, claramente, se mostravam animados por estar em companhia de humanos. Nós os tirávamos do canil, brincávamos com eles e oferecíamos petiscos bem superiores às rações que recebiam todos os dias. Honestamente, parecia que os cães com que Monique trabalhou não entendiam o que seus gestos significavam.

A teoria dominante sobre a singularidade dos cães tinha implicações sombrias para essas criaturas incompreensíveis. Se acreditássemos que todos os cães tinham capacidade inata de compreender as ações e intenções das pessoas, como Brian Hare e seus colegas defendiam, então os cães que aparentemente não conseguem compreender as intenções humanas teriam que ter algum tipo de deficit cognitivo profundo que os impedia de realizar plenamente seu potencial evoluído como cães. Se a capacidade de compreender os gestos humanos for inata, então o fracasso em compreendê-los também deve ser inato. Isso poderia levar à conclusão de que os cães como aqueles que testamos no abrigo de animais eram, simplesmente, menos adequados como companheiros para os seres humanos.

Os resultados que Monique e Nicole obtiveram no abrigo local, onde nem um único cachorro conseguiu seguir seus gestos, poderiam levar a terríveis consequências para muitos cães — tanto nesta instituição, onde, na época, a eutanásia de filhotes não adotáveis ainda fazia parte da prática padrão, como em abrigos similares pelo país e, é claro, em todo o mundo. Hoje, milhões de cães são sacrificados todos os anos porque não conseguem encontrar um lar. Qualquer qualidade que possa ajudar a determinar se um cão fica no abrigo ou se vai para casa com uma família adotiva pode ser, literalmente, a diferença entre a vida e a morte. Para os cientistas que estudam e amam cães como Monique, Nicole e eu, nada poderia ser mais importante do que compreender como os cães encontram vidas gratificantes em lares humanos.

Estávamos determinados a compreender o que deu errado com aqueles pobres filhotes do abrigo como também as implicações dessa deficiência. Será que faltavam os genes para compreender as pessoas — ou seja, tinha algo em sua filogenia que os tornava incapazes de interpretar nossos gestos? Ou o problema estava em sua ontogenia, algo em sua história pessoal, que os torna incapazes de compreender o gesto de apontar de Monique? Isso nos daria uma explicação para seus deficits. Também nos indicaria, esperávamos, uma forma de corrigir o problema.

Se esses cães fossem capazes de aprender o significado por trás dos gestos humanos, conhecíamos um princípio simples de treinamento canino que nos ajudaria a ensiná-los. Toda vez que você apontar para alguma coisa na qual seu cachorro esteja interessado — um petisco, uma bola ou outra coisa qualquer — para ajudá-lo a encontrar o item valioso e ele for bem-sucedido em localizá-lo, esse sucesso deve ser recompensado. No jargão científico, dizemos que a ação que o cão executou foi *reforçada*. E tudo o que sabemos sobre comportamento animal nos diz que comportamentos reforçados têm maior probabilidade de se repetirem no futuro.

Esse simples mecanismo comportamental, supúnhamos, devia ser o suficiente para permitir aos cães que aprendessem a seguir os gestos humanos de apontar. Se Monique apontasse para um petisco e o cão do abrigo que ela estivesse estudando o encontrasse — mesmo que por acidente no começo —, esse cão poderia ficar mais inclinado a seguir os gestos dela no futuro. E, se isso acontecesse, então poderia significar que não havia nada inerentemente errado com os cães do abrigo. Talvez eles tenham sido incapazes de seguir os gestos humanos, simplesmente, porque não tinham muita experiência com pessoas apontando para as coisas. Talvez não tivessem tido a chance de aprender, ou tinham esquecido, o que os gestos humanos significam.

Só o que tínhamos que fazer era voltar ao abrigo e ver se era possível treinar os cães a seguir os gestos humanos de apontar. Só precisaríamos apontar para o recipiente com o alimento e permitir ao cão que visse qual seria o resultado se ele o escolhesse. Se o treinamento não funcionasse, isso sugeriria que Hare estava correto em afirmar que os cães têm uma capacidade inata e evoluída de seguir os gestos humanos — uma qualidade herdada que, de alguma forma, certos cães perderam. Mas, se funcionasse, sugeriria que os cães aprendem a seguir os gestos humanos de apontar porque têm experiências pessoais com os gestos que indicam onde os resultados reforçados estão localizados. Em outras palavras, implicaria que a capacidade dos cães para compreender os gestos humanos é adquirida, não inata e, portanto, eles não são diferentes de outros animais neste aspecto. A fonte da sua ligação excepcional com os humanos teria que estar em outro lugar.

Sugeri a Monique e Nicole que elas tentassem trabalhar com cada cachorro do abrigo por um dia inteiro para ver se podiam ensiná-lo o que significa quando uma pessoa aponta para alguma coisa. Mas Monique e Nicole acharam[4] que meia hora com cada cachorro seria o suficiente, e a intuição delas estava certa: doze dos quatorze cães testados aprenderam a seguir os gestos humanos de apontar em menos de trinta minutos. De fato, o tempo médio para que doze cães aprendessem a ir aonde alguém estivesse apontando foi de apenas dez minutos. Em dez minutos, um cão que antes não tinha ideia do que um braço humano estendido significava se transformou em um que, obedientemente, segue um gesto humano.

Esse foi um resultado muito emocionante: esses cães, obviamente, tinham salvação! Essa descoberta também indicou que precisávamos dobrar nossos esforços para compreender o comportamento e a cognição dos cães. Claramente, tínhamos muito o que aprender sobre o que torna os cães companheiros tão notáveis para as pessoas. E também tínhamos muito a contribuir para o bem-estar deles, se ao menos pudéssemos descobrir o que, exatamente, os torna diferentes.

Apontar, é claro, é apenas uma das muitas formas como os humanos se comunicam com os cães. O tipo de inteligência sociocognitiva que Brian Hare, Ádám Miklósi e seus colegas destacaram como exclusiva dos cães é apenas um aspecto do que faz as pessoas verem os cães como especiais. Embora Monique, Nicole e eu tivéssemos mostrado que a capacidade dos cães de compreender gestos humanos fosse adquirida, não inerente, ainda era possível que outras formas de inteligência canina pudessem ajudar a explicar a relação única entre cães e humanos, de maneira que o reconhecimento dos gestos não pudesse. Então, antes de irmos adiante, nós também precisávamos descartar esses outros tipos de inteligência como exclusivas dos cães.

Pergunte a qualquer amante de cães e ele lhe dirá o nome de pelo menos um cachorro que conheceu, que se sobressaiu pela inteligência excepcional. No meu caso, este espécime em particular não seria a Xephos (desculpe, bebê!), mas sim, Benji, o cão da minha infância na Inglaterra, nos anos de 1970.

Benji era o que muitas pessoas chamam de cachorro esperto. Isso significa, principalmente, que ele tinha a habilidade comprovada de fugir de casa e do jardim, e cuidar de seus próprios interesses no mundo exterior. Benji e eu passamos pela adolescência mais ou menos juntos, eu me tornei um nerd com espinhas e língua presa, enquanto ele era muito bom com as mulheres. (Na sua coleira estava escrito: "Oi, sou Benji. Meu telefone é Shanklin 2371" — mas costumávamos brincar dizendo que, se ele próprio tivesse escrito, seria: "Oi, meu bem, qual é o seu nome e telefone?" Sempre o imaginávamos dizendo isso com sotaque cockney, porque pensávamos nele como um arruaceiro adorável, um personagem amado, porém safado.) Benji era um desses cachorros pequenos e superflexíveis que podem se espremer por um espaço pequeno em uma sebe, mas que também conseguem pular muros surpreendentemente altos. Certamente, outro fator importante em sua inclinação para saídas extracurriculares era que nós não o castramos. Minha mãe não gostava muito disso e meu pai nunca considerou que o cachorro fosse problema seu. Então, onde quer que Benji farejasse uma fêmea receptiva na vizinhança, ele saía à procura de problemas e voltava para casa algumas horas depois, parecendo cansado, mas feliz.

Os pequenos passeios de Benji para visitar suas namoradas, provavelmente, corresponde à forma mais aproximada do que um biólogo veria como um comportamento inteligente. Para um biólogo, o desejo de reproduzir é o único impulso essencial na vida e qualquer truque que um indivíduo descobre para ajudá-lo nessa empreitada é o que conta. Mas não é na vontade de procriar que a maioria dos leigos pensaria, quando ouve a palavra "inteligente".

Os animais em geral, e os cães em particular, obviamente, possuem muitos tipos de inteligência, uns estão mais próximos da definição padrão dos dicionários de "inteligência" do que do desejo básico de procriar. Entre os meus favoritos pessoais estão os cães farejadores, cuja habilidade de detectar coisas que nós humanos não conseguimos perceber parece quase mágica. Sou completamente fascinado por cães que conseguem detectar câncer ou dispositivos explosivos improvisados, por exemplo, só farejando o ar. Se não coloco os cães farejadores em primeiro lugar na minha classificação pessoal como os mais inteligentes, é apenas porque grande parte do que me impressiona neles se deve às suas habilidades perceptivas — sua capacidade de farejar coisas que não podemos detectar — em vez de habilidades reais de aprendizagem ou intelecto.

A cachorra mais inteligente que já conheci, e que tinha uma capacidade notável para compreender as intenções humanas, foi Chaser. Essa não é só uma avaliação minha. Apelidada de "a cachorra mais inteligente do mundo"[6] pela BBC, essa clássica border collie preta e branca sabe os nomes de mais de 1.200 brinquedos. Chaser é uma verdadeira trabalhadora da raça border collie: uma raça que precisa de algo que a mantenha ocupada ou ela acaba com a mobília. Seu tutor, John Pilley, era um ex-professor de psicologia que se viu procurando algum hobbie depois que se aposentou. John tinha lido uma pesquisa da Alemanha sobre um border collie que sabia os nomes de mais de 300 objetos e, depois que adotou Chaser — ela recebeu esse nome porque adora perseguir as coisas, naturalmente —, ele resolveu testar por si mesmo os limites da compreensão canina da linguagem humana.

Quando visitei Chaser e seu tutor[7], em 2009, em sua casa no interior da linda Carolina do Sul, John e Chaser tinham trabalhado juntos por mais de três anos. Ele tinha uma imensa loja de brinquedos em grandes caixas de plástico nos fundos da casa e me convidou para ir lá e pegar dez brinquedos aleatórios. Eles eram do tipo de brinquedo que se dá para cães e crianças pequenas e, em cada um, John, usando um marcador permanente, tinha escrito um nome. Ele me pediu para escrever os nomes em um papel, trazer os brinquedos para dentro da casa e colocá-los no chão entre o sofá e a parede da sala. Fiz tudo isso, enquanto John e Chaser esperavam do lado de fora e assim não vissem quais brinquedos eu tinha selecionado.

Quando estava tudo pronto, chamei os dois. John sentou no sofá e ficou olhando para longe de onde estavam colocados os brinquedos. Ele colocou uma grande caixa de plástico vazia no chão, na frente de onde estava sentado, e instruiu Chaser a sentar perto dela. Tudo pronto. John leu o primeiro brinquedo da lista: "Certo, Chaser, vai buscar o Peixe-dourado." Chaser olhou em volta sem saber onde eu tinha colocado os brinquedos. "O Peixe-dourado. Vai, Chaser. Pegue o Peixe-dourado."

Assim que ele pediu, Chaser começou a andar em círculos procurando pelos brinquedos. Ela, rapidamente, encontrou a pilha de coisas atrás do sofá e, com o focinho perto do chão, começou a procurar entre eles o Peixe-dourado. Além de parecer um pouco míope — ela pôs o focinho bem perto de cada objeto, antes de decidir se ele era o Peixe-dourado ou não —, ela parecia fazer o que qualquer humano faria nessa situação. Rapidamente, pegou um dos brinquedos com a boca e correu para perto do John.

"Põe na caixa", instruiu John, mostrando a caixa de plástico em frente a ele. Essa parecia ser a parte difícil. Chaser hesitou, aparentemente, relutante em soltar o seu achado. "Põe na caixa", repetiu John. "Põe na caixa." Finalmente, Chaser concordou e soltou o brinquedo dentro da caixa.

"Certo, vamos ver", disse John, enquanto erguia o brinquedo e lia o que estava escrito. Ele quase explodiu de alegria quando confirmou que a seleção dela estava correta: "Olha só. É o Peixe-dourado! É dourado, é um peixe, é um Peixe-dourado!"

E, com isso, John jogou o Peixe-dourado do outro lado da sala e Chaser pulou de alegria. Ela o trouxe de volta. Ele jogou de novo. Ela o trouxe de volta. Ele jogou de novo. Era difícil dizer quem gostava mais dessa festa, John ou Chaser, mas, depois de correrias para lá e para cá, John lhe passou de novo a instrução "Põe na caixa", e fez um carinho em seu pescoço antes de ir para o próximo brinquedo.

E, então, os dois trabalharam na minha lista. Eles foram do Peixe-dourado para o Radar, depois foram para a Coruja Esperta, Bling, Feozies, Shirley, Caixa do Tesouro, Esquilo, Batata-doce e, finalmente, o Mickey. Na maioria das vezes, John recompensou Chaser com a oportunidade de correr em busca do brinquedo assim que ela o "colocava na caixa", mas, às vezes, ela bagunçava um pouco brincando de cabo de guerra com o brinquedo. Toda vez que ela trazia o item correto, ele explodia de contentamento; e toda vez que ele acabava com a brincadeira, dava uma passada de mão em sua cabeça ou fazia um carinho no pescoço dela. Raramente a ciência me pareceu mais afetuosa e divertida do que observar aqueles dois trabalhando e brincando juntos.

Como Chaser e John estavam se divertindo bastante, fui atrás da casa e peguei mais dez brinquedos, e repetimos o procedimento. Chaser pegou todos corretamente, então fizemos tudo de novo. E de novo. Esqueci quantas vezes repetimos o jogo do nome, mas tenho certeza de que vi Chaser pegar ao menos uma centena de itens apenas pelo nome. Só uma vez ela cometeu um erro — ou pareceu ter cometido. Com uma inspeção mais apurada, John viu que tinha lido errado minha letra diabólica e Chaser, sem encontrar o que ele tinha pedido, mas não querendo desapontá-lo, trouxe um objeto diferente para ele.

John parou de treinar Chaser a reconhecer os nomes de novos objetos quando chegou a mais ou menos 1.200 itens, simplesmente, porque descobriu que não conseguia se lembrar de quais brinquedos já havia adquirido e estava trazendo brinquedos repetidos para casa. Ele inventava, com muita alegria, nomes novos para os brinquedos duplicados, ensinava os nomes a Chaser (ela ficou tão boa nisso que podia aprender novos nomes em uma única tentativa) e só por acaso, mais tarde, descobria que tinha dois objetos idênticos com dois nomes diferentes. Até o milésimo ducentésimo brinquedo, Chaser nunca reduziu o ritmo de seu aprendizado de novos nomes de objetos.

Incentivei John a publicar suas descobertas na revista científica da qual eu era editor na época; seu relato se tornou um dos artigos sobre *Processos Comportamentais* mais lidos já publicados. John, então, escreveu um bestseller que imortalizou sua cachorra maravilhosa e eles até apareceram juntos na TV em rede nacional, antes de John, finalmente, sucumbir à leucemia, poucas semanas depois de seu aniversário de 90 anos, em junho de 2018.

A história de Chaser é apenas um ponto de dados, é claro — mas seu incrível sucesso em aprender tantas palavras e o fato de ela ser a única cachorra que John testou sugerem que a capacidade de compreender a língua é latente em qualquer border collie. Isso é corroborado pelo fato de que os cães na Alemanha, que têm vocabulário de dezenas ou algumas centenas de nomes de itens — entre eles, o cão que foi sujeito da pesquisa que desde o início inspirou a longa experiência de John com Chaser — eram todos border collies também.

À primeira vista, isso, certamente, parece ser uma evidência de que a raça de Chaser é abençoada com uma inteligência hereditária excepcional. Mas os border collies são também excepcionais por outra qualidade: sua extraordinária motivação para trabalhar. John treinava Chaser[8] por cerca de três horas por dia para que ela chegasse ao ponto de ser maravilhosamente fluente na compreensão da linguagem humana. E pelo menos parte do segredo do sucesso de Chaser está no fato de ela achar a oportunidade de perseguir as coisas extremamente recompensadora: ela era fortemente motivada a trabalhar no aprendizado da linguagem com John, porque a ação de encontrar cada brinquedo era inerentemente reforçada. A maioria dos cães pode ser recompensada com alimento, mas há um limite de petiscos que é sensato enfiar em um cão. Cães que são recompensados com comida não podem ser treinados continuamente por muitas horas por dia, eles não só se sentiriam *empanturrados,* como também ficariam obesos rapidamente. No entanto, um cão como Chaser, que é motivado a trabalhar só pela oportunidade de correr em busca de um objeto em movimento, pode ser treinado por muito mais tempo por dia. As pessoas que trabalham com border collies sabem que isso significa que devem ser mais prudentes com o bem-estar dos cães; eles, literalmente, trabalharão até cair, ignorando lesões, se não tiver cuidado. É essa energia sem limite, esse fanatismo, na verdade, que faz com que border collies sejam os sujeitos de pesquisa ideais para esse tipo de projeto. Poucas raças diferentes de cães têm tanto entusiasmo para trabalhar.

Além disso, as habilidades de Chaser — embora sejam impressionantes — também eram bastante simples e, provavelmente, se deviam mais ao treinamento virtuoso de John Pilley do que ao seu intelecto canino. Com o tempo, o treinamento de John com Chaser se tornou tão tranquilo e fácil que parecia que ele estava apenas explicando o nome de novos objetos como pais falam para os filhos o nome de algo que eles não conhecem. Mas o princípio do jogo aqui é bem diferente.

O cenário é o seguinte: John tem um objeto novo e pode deixá-lo extremamente recompensador para Chaser, seja jogando para ela ir buscar (dessa forma, ela tem a oportunidade de correr em busca do objeto e trazer de volta para ele) ou brincando de cabo de guerra, deixando-a puxar o objeto. A cachorra adora esse jogo quase tanto quanto correr para buscá-lo. John diz algo como: "Ei, Chaser, vai pegar o Treco" — esse é o nome do objeto novo que ele vai ensinar para ela — e assim ele joga o Treco o mais longe que pode. Animada com essa oportunidade muito gratificante de correr atrás de algo e trazê-lo de volta para seu mestre, Chaser vai atrás do Treco e o traz de volta para John. Então, ele diz: "Dá o Treco para o papai" (como ele se identifica quando está falando com ela). Chaser entra naquele estado prazeroso ambivalente que os cães, que gostam de correr atrás de brinquedos, sempre mostram quando alguém lhes diz para largar a preciosa coisa perseguida. Chaser deve entregá-lo e ter a recompensa mágica de outra oportunidade de correr em busca dele ou deve ficar com o objeto, porque é o seu prêmio e ela quer ficar com ele? (Há um risco na primeira opção que Chaser conhece de experiências anteriores: o papai pode guardar o brinquedo e a brincadeira de perseguir termina por um tempo.) Assim John continua tentando persuadir Chaser — "Dá o Treco para o papai" — e ele repete várias vezes até que Chaser o entrega. E aí, ele o joga de novo: "Vai, Chaser, vai pegar o Treco." E o ciclo se repete.

Em uma situação como essa, com apenas um objeto em jogo, a maioria dos cães não daria muita atenção ao único rótulo vocal que o humano está usando para se referir ao objeto. Mas, quando os conheci, Chaser já tinha mais de três anos de experiência neste jogo com John, que adicionou complexidade a ele ao oferecer a Chaser diversos objetos com nomes para recuperar. Ele só a recompensava com a oportunidade de correr em busca de alguma coisa se ela trouxesse de volta o correto: o objeto com o nome que ele pedia. Ao longo das, certamente, milhões de vezes que Chaser brincou com John de buscar um objeto, a natureza crítica de uma única palavra nova para desbloquear essa oportunidade tão valiosa de correr em busca de alguma coisa e trazê-la de volta, tinha sido condicionada nesse cão tão focado.

Qualquer leitor que tenha um cão inclinado a correr em busca de brinquedos e muito tempo livre pode copiar esse padrão de treinamento e ver até onde o vocabulário do seu cão pode ser estendido. Infelizmente, minha própria cachorra, Xephos, não tem interesse em correr em busca de brinquedos, a menos que alguém corra atrás dela para trazê-lo de volta — eu não sou muito fanático em manter a minha forma para tentar ensinar a uma cachorra um vocabulário decente correndo atrás dela no quintal três horas por dia.

O que, então, o treinamento de Chaser demonstra? Que ela consegue associar um som como o da palavra "Treco" a um objeto e sabe que será recompensada por trazer o objeto para John. Essa forma de associar coisas é conhecida como um dos blocos de construção mais básico do comportamento inteligente e é vista em todas as espécies animais que já foram testadas com ela. É, na verdade, o condicionamento pavloviano que o grande cientista russo Ivan Petrovich Pavlov descobriu há mais de 120 anos — usando cães como sujeitos de pesquisa.

O que torna Chaser excepcional é o enorme número de sons diferentes que ela consegue associar com objetos distintos. Adicionar mais objetos ao seu vocabulário demonstra a capacidade de sua memória em longo prazo, não soma nenhuma real complexidade intelectual ao que está fazendo. Seu imenso vocabulário é um testemunho da paciência de John em treiná-la e da vontade de Chaser de continuar trabalhando por horas e horas, dia após dia, ano após ano.

Isso não minimiza a proeza de Chaser — apenas a contextualiza. Uma grande variedade de espécies de animais fazem associações, e descobriu-se que algumas realizam esse feito cognitivo de maneira muito mais notável do que somente associar sons específicos a determinados objetos (que dirá associar o gesto de apontar a um petisco). Pombos podem identificar se uma imagem representa uma cadeira, uma flor, um carro ou uma pessoa; golfinhos demonstraram compreender gramática; abelhas comunicam espontaneamente aos companheiros de colmeia a distância, direção e qualidade da fonte de alimento que descobriram em suas excursões de busca. Que eu saiba, cães não conseguiram fazer nada disso.

Além disso, muitos outros animais podem ser treinados para formar associações entre as ações humanas e seus resultados, fazendo-os, aparentemente, ser capazes de "ler" as intenções no comportamento humano. Talvez o exemplo mais incrível — e, certamente, o meu favorito — venha dos morcegos. Meu aluno Nathan Hall (hoje, professor da Texas Tech University) fez um estudo replicando o trabalho que Monique Udell e eu tínhamos feito, demonstrando como os cães seguem o gesto humano de apontar, mas ele trabalhou com morcegos que viviam em uma área de conservação na Flórida. Os procedimentos eram, em princípio, os mesmos que usamos com os cães e lobos — a maior diferença era que, em vez de caminhar no solo, os morcegos se moviam pela malha de arame que formava o teto de seu recinto. Consequentemente, em vez de apontar para recipientes no chão, Nathan apontava para recipientes presos no arame do teto.

Esse experimento foi particularmente útil para compreender se era herança genética (filogenia) ou experiência de vida (ontogenia) que possibilitava a um animal seguir os gestos humanos, porque cerca de metade dos morcegos tinha nascido na área de conservação e criados por mães morcegos, enquanto a outra metade tinha sido abandonada lá por pessoas que os criaram na esperança de ter um animal de estimação fora do convencional (como a maioria das espécies não domesticáveis, morcegos são péssimos animais de estimação, cedo ou tarde os donos se cansam de limpar seu cocô e os abandonam). Nesse estudo, que proporcionava suporte poderoso à teoria que eu e Monique tínhamos desenvolvido, Nathan descobriu que os morcegos criados por suas próprias mães não seguiam os gestos humanos de apontar, mas os criados por humanos, e que, consequentemente, compreendiam que o movimento dos membros humanos tinham importantes implicações para eles, seguiam seus gestos.

Ao analisar os experimentos conduzidos por cientistas como Nathan e John, e também ao continuar o nosso, meus colaboradores e eu, gradualmente, entendemos que o que Hare chamava de "genialidade dos cães" estava, na verdade, presente em qualquer animal que tenha sido criado por humanos desde filhote. A capacidade de compreender as intenções humanas, portanto, pode não ser devido a alterações genéticas ocorridas durante o processo de domesticação, visto que a observamos em lobos e em muitos outros animais que não eram domesticados. Pelo contrário, agora estamos convencidos de que essa capacidade pode se desenvolver em qualquer animal que seja criado ao lado de pessoas e seja dependente delas para suprir suas necessidades diárias.

Para ser justo, a capacidade dos cães em detectar associações entre as coisas que fazemos e as consequências que lhes interessam é, muitas vezes, tão sutil que pode parecer que nossos cães leem nossas mentes. Um senhor idoso veio falar comigo após uma palestra que dei para um grupo comunitário: "Achei que poderia lhe interessar", disse ele, "meu cão é vidente." Claro que fiquei curioso, embora também um pouco desconfiado. A razão pela qual o cachorro desse homem o fez acreditar que tinha poderes sobrenaturais era porque sua pequena Westie sempre sabia se ele estava pensando em levá-la para passear quando ele levantava da cadeira, mesmo antes de ele pôr os sapatos ou pegar a coleira. Bem, é verdade que nunca tive a oportunidade de testar esse cão, por isso resta uma pequena hipótese de a Westie realmente ter habilidades psíquicas, mas acho que é muito mais provável que essa cachorra, como a minha Xephos, tenha notado as diferentes maneiras como ele movia o corpo quando levantava da cadeira para fazer coisas diferentes. Xephos parece saber quando eu levanto da cadeira em casa se vou fazer café para mim ou levá-la para dar uma volta no quarteirão. Embora eu não note como faço, tenho certeza de que o jeito como ando e, provavelmente, até mesmo se olho para ela, lhe transmite quais são minhas intenções.

Cães farejadores, com sua capacidade excepcional de detectar coisas ocultas de nós e muitas vezes de importância crucial como bombas, drogas, câncer ou pessoas perdidas, também realizam seus feitos impressionantes por meio dos mecanismos de aprendizagem associativa. Com meses de prática meticulosa e paciente, um adestrador ensina ao cão que, ao realizar uma determinada ação, muitas vezes sentar ou latir, ou os dois, quando sente um cheiro característico, ele será recompensado com a oportunidade de correr em busca de uma bola, ou brincar de cabo de guerra ou, talvez, receba uns petiscos.

Não faltam exemplos de cães capazes de fazer as coisas mais incríveis, seja uma Westie que parece saber o que seu tutor vai fazer, seja Chaser que pode, ao ser comandada, coletar um das centenas de objetos, sejam os milhares de cães farejadores, cujos nomes não sabemos, que trabalham diariamente para nos manter seguros. No entanto, não acredito que isso seja uma prova de algo excepcional sobre a inteligência dos cães. Chaser é notável por sua ética de trabalho e sua forte relação com John Pilley. Eu não duvido de que o senhor, cuja Westie aparentava ler sua mente, também estava vivendo uma forte relação emocional com sua cachorra. O que possibilita essas proezas da inteligência canina é, principalmente, a relação entre o tutor e o cão e o desejo e entusiasmo do animal em ser instruído por essa pessoa. Não é, na verdade, um tipo excepcional de inteligência. Outros animais podem ser treinados para fazer coisas semelhantes, em alguns casos, até mais marcantes, se alguém tiver paciência em treiná-los.

Brian Hare, certamente, descobriu algo quando disse que os cães têm uma forma de genialidade. Um cão que mora como animal de estimação em um lar humano acolhedor, onde ele depende o tempo todo de seus humanos para ter acesso a tudo de que precisa — comida, água, abrigo, oportunidade de desfrutar intervalos no banheiro sem correr risco de levar um castigo — se tornará encantador e perfeitamente sensível às implicações das ações humanas. Isso é totalmente inegável. Muitos de nós vemos isso diariamente, quando um cão parece ler sua mente, porque sabe quando você fará café ou o levará para passear. Certamente, os cães podem fazer isso e é um componente importante do que torna nossas vidas juntas tão satisfatórias e bem-sucedidas.

Contudo, a pesquisa que eu e meus alunos fizemos deixa claro que os cães aprendem os significados das coisas que fazemos porque vivem conosco, não por causa de qualquer "genialidade" inata e excepcional para compreender as pessoas. A maneira como nos movemos e agimos permite aos cães preverem o que faremos em seguida e, assim, eles aprendem a ler o significado do nosso comportamento. Eles não nasceram fazendo isso, na verdade, os cães que vivem em abrigos não o fazem de forma confiável, embora possam aprender rapidamente. Além disso, outros animais podem aprender a fazer isso também. A lista de espécies de animais que podem compreender as intenções humanas, agora, inclui outras espécies domesticadas, tais como cavalos e cabras, como também animais que nunca foram sujeitos à domesticação, tal como os golfinhos. Recentemente, conversei com pesquisadores na Suécia que criaram diversos gamos desde pequenos. Sabendo do meu interesse sobre esse assunto, eles estavam empolgados para me dizer que hoje os gamos seguem o gesto humano de apontar.

Considerando tudo isso, fica claro que o que vemos em nossos próprios cães não é uma grande inteligência, mas sim o resultado de uma ligação fenomenal entre o ser humano e o cão. A intensidade dessa ligação possibilita aos cães e aos seus humanos que trabalhem em conjunto de maneira muito próxima — e, no caso de pessoas muito pacientes e cães altamente motivados, ter algumas atuações completamente surpreendentes.

Mas qual é a fonte dessa ligação fenomenal entre cães e humanos? Embora eu já não estivesse mais convencido, após nosso estudo no Wolf Park e no abrigo de animais locais, de que os cães tivessem uma inteligência excepcional, não conseguia me livrar da sensação de que havia algo especial neles. Se não era a inteligência, então o que era?

Meu trabalho, até agora, tinha me convencido de que uma resposta para essa questão era vital — para os cães e para os humanos que os estudam e cuidam deles.

Nossas primeiras incursões no mundo dos abrigos de animais não foram direcionadas por alguma preocupação sobre como os cães sem-teto são tratados por nossa sociedade. Até este ponto, confesso, eu tinha sido muito ingênuo quanto à vida dos cães que não são animais de estimação e só fui levado ao abrigo por curiosidade intelectual, um desejo de compreender melhor as origens da capacidade dos cães de compreender as intenções humanas. Mas, depois de nosso trabalho no abrigo, não foi mais possível manter uma abordagem tão impassível.

Fui surpreendido pela vida miserável dos cães de abrigo. Eu não sabia que muitos milhões de cães definhavam, muitas vezes ao longo de meses, em instalações que foram feitas somente para breves estadias. Eles passam dias em pisos de concreto, com apenas o mínimo de interação humana por dia e poucas oportunidades preciosas de, simplesmente, correr atrás de uma bola ou brincar de alguma outra forma; alguns cães estão quase, literalmente, surdos devido aos latidos incessantes de seus vizinhos e sofrem de falta crônica de sono por causa dessas condições desfavoráveis. Eles sofrem também de outras formas. Os dois estados norte-americanos que conheço melhor, Flórida e Arizona, têm verões muito desconfortáveis: abafamento subtropical na Flórida e condições de deserto igual a um forno no Arizona. No entanto, a maioria dos cães de abrigo desses estados não tem trégua do calor do verão com ar-condicionado, e o aquecimento que oferecem no inverno também é mínimo.

Nossa investigação sobre a cognição canina ainda estava em seus estágios iniciais, mas já tinha produzido informações importantes sobre as mentes dos cães, informações que, eu tinha certeza, tinham potencial para melhorar e, possivelmente, até salvar as vidas dos cães. Por exemplo, tínhamos conseguido mostrar que, embora os cães de abrigo não respondam espontaneamente aos gestos humanos, eles podem, rapidamente, ser ensinados a fazer isso. Se (como sinceramente recomendo) o seu próximo cão vier de um abrigo, não precisa se preocupar, pois ele não precisará de treino para compreendê-lo. A vida cotidiana, na qual humanos interagem com os cães de várias formas complexas, fornece experiência mais do que o suficiente para que um cão entenda as implicações das ações humanas, seja ela gestual ou verbal. Na vida normal, um cão, provavelmente, não aprenderá tão rapidamente quanto os cães que explicitamente treinamos no abrigo. Seguir gestos de apontar é algo que vão aprender em poucas semanas no novo lar, com muitas outras coisas, tais como se não tem problema subir na cama e no sofá, e que não deve perseguir o gato em volta da mesa de jantar.

Nossas primeiras excursões no abrigo de animais nos deram uma amostra do bem que nosso trabalho pode fazer, mas também me tornou consciente da enorme escassez de pesquisa sobre cognição canina e da urgência de melhores informações sobre cães e como eles agem. Após nosso primeiro estudo no abrigo, tomei como missão não apenas compreender o que torna os cães singulares, mas também determinar o que essa singularidade significa para o modo como os humanos devem cuidar deles. Devo isso a Benji, a Xephos e a todos os outros cães que enriqueceram minha vida para descobrir o que os distingue e para usar essa informação a fim de enriquecer as suas vidas.

2

O QUE TORNA OS CÃES ESPECIAIS?

QUANDO XEPHOS ENTROU em minha vida, eu já via falhas na teoria dominante de que os cães eram especiais por causa de sua inteligência. Xephos, rapidamente, transformou essas falhas em um grande buraco.

Minha afeição por Xephos começou quase no momento em que a trouxemos para casa — mas posso dizer que (como já insinuei) essa adorável vira-lata não era muito inteligente. Escadas, por exemplo, representavam um desafio e tanto. A primeira casa em que ela morou conosco tinha dois andares, o que, aparentemente, era uma grande novidade para a pequena cachorra do abrigo. Ela me seguiu nas escadas cautelosamente uma vez, mas então, quando desci, ficou parada no topo e chorou. Finalmente, ela reuniu coragem para tentar descer. Não foi muito bem na primeira vez e acabou caindo e rolando no último degrau. Não aconteceu nenhum dano; ela gradualmente entendeu essa estranha construção humana.

Em 2013, um ano depois que adotamos Xephos, nos mudamos da Flórida para o Arizona para criar o Canine Science Collaboratory na Universidade Estadual do Arizona. Esse centro de pesquisa se dedica a compreender melhor os cães e aprimorar suas vidas e as vidas das pessoas que cuidam deles, usando as ferramentas da ciência comportamental. Ros, Sam e eu nos mudamos para uma casa em Tempe da qual pensamos que Xephos gostaria. Não tinha escadas e havia até uma porta com entrada para cães, assim, a filhote não precisaria pedir permissão toda vez que quisesse sair. Mas, para ser sincero, Xephos levou semanas para descobrir como o negócio funcionava — mesmo com minhas tentativas de explicar como ela funcionava para abrir, colocando petiscos e mostrando o mundo lá fora ao levantar a portinha. Ela não assimilou com rapidez.

Coleiras também eram um problema para ela. Acho que sua família anterior não a levava para passear de coleira, porque ela ficava sempre emaranhada nessa engenhoca estranha. Em sua fascinação por tudo o que encontrávamos, ela continuava andando à minha volta, dessa forma, a coleira ficava toda enrolada em minhas pernas. Ou ela seguia de um lado de um poste e eu do outro, não parecendo entender por que não podíamos continuar andando nessas condições. Levou uns bons meses até que conseguíssemos passear decentemente pela vizinhança.

Embora Xephos não parecesse ser muito perspicaz, ela era (e ainda é) maravilhosamente afetuosa. Seu doce temperamento já era aparente quando a pegamos no abrigo, e, assim que a trouxemos para casa, ela demonstrou um comportamento caloroso diante de todas as pessoas que conheceu (exceção feita aos caras com barba — ela hesitava um pouco perto deles). Além disso, fiquei surpreso com a rapidez com que ela começou a trabalhar para nos convencer de que éramos especiais para ela. Ela raramente deixa mais do que alguns metros de distância entre nós. Ela nunca perde a oportunidade de nos cumprimentar quando retornamos para casa e adora ficar deitada aos nossos pés, no sofá e na cama perto de nós enquanto descansamos. Felizmente, descobrimos que Xephos, ao contrário de milhões de cães, não ficava aborrecida quando a deixávamos sozinha em casa, porém, sua alegria quando retornávamos claramente não tinha limites. Ela fazia uma tremenda bagunça, mesmo quando saíamos por apenas algumas horas. Nas raras ocasiões em que éramos forçados a ficar longe por várias semanas, ela chorava tanto quando voltávamos que parecia estar com alguma dor. Esse tipo de angústia, inevitavelmente, nos fazia sentir péssimos por ter ficado fora tanto tempo.

Mesmo que não houvesse nada de notável na inteligência dos cães, eu continuava convencido — e Xephos trabalhou muito para ter certeza de que eu compreendia isso — de que há, verdadeiramente, algo especial nos cães. Eu podia passar o dia todo no escritório, lendo e escrevendo artigos científicos sobre o comportamento dos cães, encontrando falhas na literatura científica sobre a suposta capacidade cognitiva única dos cães. Ainda assim, quando eu chegava em casa e encontrava Xephos, com seu entusiasmo selvagem em me ver de novo — tão grande que era difícil passar pela porta enquanto ela pulava para me beijar, derrubando meus óculos uma ou duas vezes —, ficava impossível não reconhecer que havia algo de extraordinário nesses animais, algo que os distingue das outras criaturas.

Quanto mais eu pensava nisso, mais parecia que não era intelectual, mas emocional. O que diferenciava Xephos de todos os outros animais com os quais eu tinha conduzido pesquisas ou passado um período, de pombos a ratos, marsupiais e lobos, era sua ligação emocional fantástica com as pessoas ao redor. O afeto e a empolgação que nossa presença parecia causar nela e sua angústia quando não estávamos com ela eram, provavelmente, as características que definiam seu comportamento para com seus companheiros humanos.

Embora Xephos não fizesse parte de nossas vidas há muito tempo, ela já tinha me feito questionar algumas das minhas convicções mais básicas como cientista comportamental. Muito do seu comportamento parecia ser motivado pelo que só pude caracterizar por intensas relações emocionais com os humanos. No entanto, a sabedoria convencional e princípios subjacentes à minha formação e histórico científicos, o behaviorismo, sugeriam, firmemente, que esse podia ser o caso.

O behaviorismo nada mais é do que a aplicação à psicologia de um dos princípios fundamentais da ciência. Esse critério, conhecido como Lei da Parcimônia ou Navalha de Occam, remonta ao erudito William de Occam do século XIV. Uma vez, visitei o vilarejo de Occam (atualmente, se escreve Ockham), que situa-se no sudoeste de Londres, para comprar uma navalha a fim de que eu pudesse segurar na mão durante minhas aulas para tornar um princípio abstrato mais concreto. Infelizmente, o vilarejo era tão quintessencialmente parcimonioso, que não tinha lugar nenhum vendendo navalhas — embora tivesse um pub excelente, onde desfrutei um almoço de primeira classe. Em todo caso, a Navalha de Occam é um princípio, não um objeto físico; ele afirma que a explicação mais simples para um fenômeno é sempre preferível do que outras que permitem a entrada de processos explicativos adicionais desnecessários. Essa ideia é uma ferramenta heurística vital, que se mostrou imensamente valiosa nos últimos seis séculos, em disciplinas da astronomia à zoologia.

Como behaviorista, eu estava determinado a encontrar a mais simples e parcimoniosa explicação para o comportamento ostensivo de afeição de Xephos. Não querendo permitir que minhas explicações da psicologia animal incluíssem coisas sem as quais poderíamos nos sair bem, e até este ponto eu tinha a tendência de evitar falar sobre as emoções dos animais. Era verdade, quando Xephos saltava em mim conforme eu passava pela porta depois de um longo dia na universidade, que ela certamente estava feliz em me ver. Mas o cientista parcimonioso em mim preferia vê-la agindo de acordo com associações previamente formadas entre a minha chegada e coisas que ela considerava gratificantes, como passeios e o jantar. Trazer algo tão confuso como a emoção para dar suporte a essa situação perturbaria as equações claras de meu treinamento científico e parecia violar o preceito da Navalha de Occam.

Eu não estava sozinho no meu ceticismo em considerar as emoções para compreender a psicologia canina. Muitos cientistas interessados no comportamento animal não consideram a emoção um conceito útil. John Bradshaw, da área de antrozoologia, e a cientista de cognição canina, Alexandra Horowitz, por exemplo, argumentam que projetar em um cachorro emoções complexas, como a culpa, causa confusão e pode até nos levar a prejudicar nossos amados cães. Para dar um exemplo: as pessoas quase sempre castigam seus cães com aparência de culpado porque entendem que a expressão do pobre animal é uma admissão de culpa. Na realidade, a expressão aparentemente arrependida de um cachorro nada mais é do que uma manifestação de ansiedade em resposta a um humano obviamente irritado — definitivamente, não é uma admissão de culpa. O cachorro com aparência de culpado não compreende o que fez de errado, assim, puni-lo pelo delito é errado, sem sentido e cruel.

A neurocientista e psicóloga, Lisa Feldman Barrett, vai mais longe, argumentando que o próprio conceito de emoção — e as palavras que usamos para categorizar diferentes emoções — são criações humanas enraizadas em nossa linguagem exclusivamente humana. Elas são, portanto, dependentes de uma apreciação da semântica que os cães não possuem. Nosso cérebro constrói nossas emoções com base nos estados físicos internos de nossos corpos de momento a momento, bem como em nossas experiências vividas, incluindo a experiência de ouvir pessoas usando palavras específicas para descrever seus próprios estados físicos internos. Barrett reconhece que os animais podem experimentar amplos padrões de respostas afetivas positivas e negativas, algo como os "sentimentos" básicos de raiva, medo, felicidade e tristeza, mas ela ressalta que sua incapacidade de compreender essas categorias linguísticas significa que não podemos dizer que eles experimentam essas emoções específicas.

Independentemente da teoria em que você se baseie, o consenso dos especialistas parecia claro: as emoções dos animais são uma caixa-preta científica, uma *terra incógnita* que, talvez, nunca seremos capazes de explorar completamente. Mas eu estava desenvolvendo uma pequena suspeita de que nada sobre Xephos e sua relação com humanos fazia sentido, a menos que ela fosse vista como um ser emocional com capacidade de formar fortes vínculos emocionais com a nossa espécie — uma capacidade que, eu suspeitava, era incomparável no reino animal.

Por eu ter sido tão abertamente cético sobre as afirmações de outros pesquisadores de que os cães tinham formas especiais de inteligência, sabia muito bem que, ao desenvolver a minha própria teoria sobre o que torna os cães únicos, eu estava assumindo um imenso ônus da prova. Se eu afirmasse que os cães têm uma capacidade especial para formar vínculos emocionais com os seres humanos, eu precisaria de provas que resistissem a análises, possivelmente, bastante duras. Alguns cientistas podem (não irracionalmente) ser tão céticos sobre meus pontos de vista quanto eu tinha sido sobre as conclusões de outros.

Então, eu parti em busca de dados que pudessem dar suporte à minha hipótese. E, como se viu, não precisei ir muito longe.

Embora seja verdade que os behavioristas modernos evitam falar de emoções dos animais, o famoso cientista russo que, de certa forma, fundou o behaviorismo não tinha tal escrúpulo. Ele havia notado que os cães parecem estabelecer fortes relações emocionais com as pessoas — e, em vez de fugir disso, colocou essa observação em todos os seus estudos.

Ivan Petrovich Pavlov é conhecido por todo sobrevivente de uma aula de introdução à psicologia como o cara que provou que os cães salivam quando estão esperando comida. (Em resposta, o dramaturgo irlandês George Bernard Shaw respondeu: "Qualquer policial pode falar isso sobre um cão.") Esse fenômeno — que, conta-se para os alunos, Pavlov demonstrou tocando um sino antes de dar um petisco para seus cães, até que apenas o som do sino fosse o suficiente para os fazerem salivar — foi o resultado do que é conhecido como condicionamento "clássico" ou "pavloviano". Essencialmente uma associação aprendida entre um sinal neutro e uma consequência de importância para o animal, o condicionamento clássico é o que John Pilley usou para fazer Chaser memorizar os diferentes nomes de 1.200 brinquedos. Ele é uma ferramenta crucial nos kits de qualquer adestrador de cães e um componente fundamental das relações dos cães com os seres humanos.

Graças às histórias, muitas vezes repetidas, sobre seu famoso experimento da salivação do cachorro, a reputação de Pavlov se tornou unidimensional — mas o próprio Pavlov era uma pessoa complicada. Durante oitenta anos após sua morte, não sabíamos nada sobre sua personalidade, mas, recentemente, uma excelente biografia de Daniel Todes trouxe luz para a vida e para o trabalho do grande cientista. Muitas das descobertas derrubaram um século de mitos sobre Pavlov. Por exemplo, Todes descobriu que Pavlov nunca usou um sino em nenhum de seus experimentos ("sino" pode ser um erro de tradução da palavra russa para campainha). Mas Todes também explicou que Pavlov acreditava que seus cães fossem indivíduos com emoções e personalidades e deu aos cães nomes que capturavam suas idiossincrasias.

O reconhecimento de Pavlov das emoções de seus cães até moldou seus famosos experimentos. Os livros didáticos destacam muito o fato de que Pavlov construiu um prédio com um laboratório especialmente projetado para sua pesquisa em São Petersburgo. Esse edifício impressionante, que ainda está de pé, é conhecido como a *Torre do Silêncio* por causa do esforço de Pavlov em isolar os cães dentro de suas câmeras de teste de quaisquer distúrbios do mundo exterior. Fotografias mostram os cães de Pavlov sendo testados em compartimentos especiais à prova de som, com o experimentador em uma sala adjacente, por trás de uma janela com vidros duplos. Mas o que pode parecer um ambiente clínico frio era mitigado pela forte relação emocional entre Pavlov e seus cães. Todos nos informa que, embora seja verdade que Pavlov esperava que seus alunos trabalhassem distantes dos cães, o grande homem se sentava dentro da câmera com o cachorro. Ele sabia que os animais precisavam de sua companhia para se sentirem relaxados.

E ele precisava de companhia também. De 1914 até sua morte em 1936, a colaboradora mais importante de Pavlov era Maria Kapitonovna Petrova. Ela começou como estudante, mas com o tempo tornou-se uma de suas mais importantes colaboradoras, intimamente envolvida em grande parte da pesquisa de condicionamento que assegurou a fama a Pavlov. Embora ela possa agora estar esquecida, sua importância foi certamente reconhecida durante sua vida. A partir da aposentadoria de Pavlov, em 1935, até sua própria aposentadoria com 66 anos, ela foi diretora do laboratório que ele tinha fundado e, em 1946, recebeu o Prêmio Stalin de Ciência.

Além de ser sua seguidora científica mais importante, Petrova era também amante de Pavlov. Os dois se sentavam e sussurravam baixinho dentro do compartimento de um cachorro sobre ciência ou outros assuntos. Às vezes, o cachorro adormecia aguardando o início de um estudo, e a angústia batia no estudante que, sem perceber que um estudo deveria estar sendo conduzido ali, entrava no local onde Pavlov e Petrova conversavam intimamente.

Pavlov, sempre como biólogo, explicava todo o comportamento como um reflexo e, assim, ele chamou a necessidade de companhia que observou nos cães (e em si mesmo) de "reflexo social". Um dos dois únicos norte-americanos que estudaram com Pavlov, W. Horsley Gantt, conduziu um estudo desse fenômeno sob a orientação de Pavlov. Ele colocou um sensor no peito de um cachorro para assim poder medir seus batimentos cardíacos. Quando uma pessoa entrava na sala[3], os batimentos cardíacos dos cães aumentavam em ansiedade de antecipação, mas, se a pessoa os acariciasse, seus batimentos caíam à medida que relaxavam.

Eu encontrei esse aspecto esquecido da pesquisa de Pavlov pouco depois que iniciei minha busca por evidências para minhas ideias, que cresciam lentamente sobre o que faz os cães serem especiais. As descobertas de Pavlov sobre as respostas físicas pronunciadas dos cães à presença humana eram história científica antiga, de certa forma — mas elas também ofereciam um bom exemplo do tipo de resposta emocional em que eu estava interessado e esperava estudar. Assim, minha ex-aluna, Erica Feuerbacher, hoje professora da Virginia Tech University, e eu começamos a planejar uma série de estudos retomando a pesquisa de Pavlov e Gantt, há muito esquecida, sobre como a presença das pessoas impacta os cães. Queríamos saber quão importante é para os cães experimentar a companhia de um ser humano valorizado. De certa forma, nosso objetivo era medir a força da resposta emocional à presença do humano que Pavlov e Gantt tinham observado em seus estudos muitas décadas atrás.

Decidimos adotar um curso mais simples do que Pavlov e Gantt. Em vez de medir as alterações das taxas de batimento cardíaco das criaturas, nós avaliaríamos diretamente o comportamento do cachorro. Especificamente, daríamos ao cachorro uma escolha entre a companhia humana e algo que suspeitávamos que seria igualmente, se não mais, desejável: comida. Em nossos estudos iniciais, apresentamos aos cães uma escolha simples: você prefere tocar a mão de uma pessoa com o focinho para receber um petisco ou, como recompensa pelo mesmo esforço mínimo, ganhar um carinho no pescoço e ouvir que você é um "bom garoto"? Era simples assim: quando o cachorro tocava a mão direita de Erica com o focinho, ela dava a ele um petisco com sua mão esquerda ou acariciava seu pescoço com as duas mãos e dizia que ele era um bom garoto. Em alguns estudos, Erica alternava dois minutos com recompensa com alimento com dois minutos de elogios; em outros estudos, ela dava aos cães a escolha entre duas pessoas, uma dava alimento, a outra o carinho no pescoço.

Começamos com cães que moram em abrigos que, consideramos, não recebem com frequência visitantes afetuosos e, portanto, podem ficar especialmente impressionados pelos elogios e o carinho no pescoço. Quando isso não funcionou do jeito que esperávamos, testamos cães de estimação, cujos tutores agiram como experimentadores para nós. Pensamos que, se alguém que se importa, de verdade, com eles falasse gentilmente com os cães, o impacto do carinho seria maior. Mas nós só conseguimos o mesmo resultado repetidamente[4]: os cães pareciam preferir o petisco aos carinhos e elogios. Todos os cães que testamos, fossem eles vira-latas de abrigo ou cãezinhos mimados em casa por suas pessoas especiais, sempre escolhiam o petisco em vez da atenção humana.

Em retrospecto, não tenho certeza se fizemos corretamente o experimento no início. Acho que eu e Erica gostamos tanto da companhia dos nossos cães — e ficamos convencidos de que eles tinham sentimentos recíprocos — que não conseguimos compreender que, para um cão que já está na companhia de uma pessoa, um carinho adicional no pescoço não vale tanto quanto um petisco delicioso, algo que nem sempre está acessível.

Com o tempo, no entanto, nossa pesquisa ficou mais sofisticada. Descobrimos que, se não distribuíssemos tantos petiscos, fazendo os cães esperarem alguns segundos para receber um pouco da saborosa guloseima, ao passo que eles teriam o pescoço acariciado imediatamente, as preferências dos cães mudavam rapidamente. Eles passaram a ficar cada vez mais tempo com a pessoa que fazia elogio e o acariciava em vez da pessoa que agora estava um pouco lenta para dar os petiscos. Dessa forma, eles demonstraram que o elogio de uma pessoa era, na verdade, bastante valioso para eles. Dada a escolha entre uma pessoa que dava petiscos a cada quinze segundos e uma segunda pessoa que acariciava seus pescoços e os elogiava imediatamente, os cães ficavam com o humano que acariciava seus pescoços em vez do que dava petiscos um pouco mais lentamente.

Pensando um pouco mais sobre isso, percebemos que, em muitos aspectos, o prazer da companhia do ser humano já estava presente nos cães desses estudos; os humanos estão presentes, seja para dar carinho ou não. Por outro lado, os petiscos estão sendo racionados: eles estão em sacos e os humanos só dão um de cada vez, em momentos específicos do experimento. Para um cão que gosta da companhia humana, só estar perto da pessoa pode ser o suficiente, e o carinho no pescoço e as palavras gentis podem não adicionar muito à situação. Um experimento mais significativo seria tirar o humano de cena (assim como os cães não tinham petiscos continuamente disponíveis) e ver o que eles fariam ao ter acesso a um humano que se importasse com eles depois de um intervalo tanto dos seus humanos quanto do alimento. Eu e Erica decidimos encontrar uma forma de conduzir exatamente esse estudo.

Assim que descobrimos a estrutura certa para o experimento, não foi muito difícil colocá-lo em ação. Érica reuniu alguns ajudantes que têm cães, mas que saem para trabalhar e os deixam em casa durante o dia. Não é difícil encontrar esse grupo de pessoas — o que é uma pena. Havia apenas mais um critério adicional: cada participante tinha que ter uma casa com garagem que desse diretamente para dentro do imóvel.

No final do dia de trabalho, depois que cada cachorro em nosso estudo tinha ficado sozinho por muitas horas, Erica montava seu experimento na garagem da casa que o cão solitário partilhava com seu tutor. Perto da porta que levava para dentro da casa, ela colocou duas marcas no chão, equidistantes da porta e com ângulos iguais do ponto de vista de alguém olhando pela porta da casa para a garagem. Depois, ela prendeu uma corda no trinco da porta e deu a um assistente a tarefa de abrir a porta com a corda; assim, ele ficava fora da visão do cachorro.

Antes que o assistente abrisse a porta, Erica colocava uma tigela com alimento para cães em um dos lugares marcados no chão e posicionava o tutor no outro. O tutor tinha ficado longe no trabalho por um período de oito horas e, durante esse tempo, nenhum alimento tinha ficado disponível na casa. Assim, o cachorro tinha sido privado igualmente de duas coisas importantes.

Agora, tínhamos um bom teste. Quando o assistente abrisse a porta e o cão visse o tutor e a tigela de comida — os dois a distâncias iguais de onde o cachorro estava e os dois inacessíveis ao longo de oito horas —, qual deles o cão escolheria, sua pessoa especial ou a comida deliciosa?

O assistente abria a porta.

Invariavelmente, o cachorro — que tinha ouvido o tutor chegar — estava praticamente em cima dele assim que o assistente abria a porta. Dava para ver um olhar confuso momentâneo passar nos olhos do cachorro, quando notava que não tinha ninguém atrás da porta. Mas, em um instante, ele via seu mestre e corria, abanando o rabo, postura abaixada, talvez pulando para beijá-lo — de modo geral, muito entusiasmado por cumprimentar essa pessoa familiar no final do dia que passou sozinho.

Agora, neste ponto do teste, é muito provável que o pobre animal não tivesse notado a tigela de comida. De um ponto de vista puramente técnico, o experimento foi falho, porque os seres humanos do estudo eram muito maiores do que as tigelas de alimento. Mas, rapidamente, conforme o cachorro andava em torno do tutor, ele percebia a outra recompensa. A princípio, o cão apenas olhava para ela — porque, comparado ao cumprimento do tutor, a comida simplesmente não tinha importância. Então, cedo ou tarde, o cachorro ia trotando até a tigela e cheirava o conteúdo, mas, novamente, voltava rápido para o humano. Comparado com o tutor do cachorro, o alimento, simplesmente, não era valioso.

Toda vez que realizamos esse experimento, demos ao cão dois minutos para ele fazer uma escolha entre o humano e a comida. Nunca observamos, na primeira exposição a esse teste, que os cachorros tivessem interesse real pela comida.

Com o tempo, é claro, conforme repetíamos esse experimento todos os dias durante uma semana, os cães ficaram mais atentos ao que estávamos fazendo e começaram a comer mais da comida. Todo dia, quando o tutor chegava em casa, Erica e seu assistente marcavam as duas posições no chão, colocavam a tigela de comida em uma e o tutor em outra (misturando as posições da esquerda e da direita, assim o cachorro não desenvolvia preferência para ir para um lado ou para o outro), antes de dizer para o assistente abrir a porta e deixar o cachorro fazer sua escolha. Depois de alguns dias assim, os cães começaram a compreender o que estava por vir. Eles continuaram a cumprimentar seus humanos primeiro, mas desenvolveram um padrão de correr para a tigela de comida, abocanhar o máximo de comida possível e depois correr de volta para continuar a cumprimentar seus tutores.

Apesar da mudança gradual dos cães para pegar um pouco de comida enquanto cumprimentavam seus humanos, esses experimentos claramente mostram que, para os cães, a chance de interagir com um humano importante pode ser tão gratificante quanto o alimento. Na verdade, forçados a escolher, a maioria dos cães prefere estar com seu humano do que com a comida. Com o tempo, é claro, eles se acomodam com a companhia dos seus humanos e vão comer — por que não? Isso não implica que o humano não seja importante, só que eles não esperam que a pessoa, de repente, vá embora.

De modo geral, o comportamento dos cães, ao longo do curso desse experimento de uma semana, foi um poderoso testemunho da força do vínculo com seus humanos — e também me fez pensar em minha relação com minha própria cachorra sob uma nova perspectiva. Não importa quantas vezes Xephos tenha me cumprimentado efusivamente depois de um longo dia de trabalho, eu ainda tinha dúvidas persistentes sobre se ela estava animada de verdade em me ver ou, simplesmente, emocionada com a perspectiva de receber seu jantar. O estudo da porta da garagem da Erica tinha, claramente, apresentado uma boa resposta a essa pergunta. Xephos estava mesmo animada em me ver; ela não estava agindo (exclusivamente, pelo menos) por algum motivo oculto.

Mas qual era a causa da empolgação de Xephos? Eu sabia que o estudo de Erica, embora requintado, mostrava apenas que Xephos se importava — não o porquê, ou melhor, com o quê. Para determinar a resposta, precisaríamos de um tipo de experimento totalmente diferente.

A pesquisa de Erica era motivada pelo desejo de compreender as conexões que os cães partilhavam com suas pessoas, mas seu estudo seguinte demonstrou isso de uma forma que ela não esperava de início. Dessa vez, ela deu aos cães de estimação uma escolha entre duas pessoas: seus tutores e um completo estranho. Se seu cachorro pudesse escolher entre você e um estranho, com quem você acha que ele vai passar mais tempo? Se você disse "comigo", ficará surpreso com o que Erica descobriu. Ela deus aos cães exatamente essa escolha e descobriu que, em um ambiente familiar, os cães passam mais tempo com um estranho.

Esse resultado pode parecer surpreendente — certamente, seu cachorro acha você mais importante do que uma pessoa aleatória na rua? — mas, na verdade, isso é muito semelhante com o que os psicólogos que estudam bebês chamam de "efeito base segura", um sinal de forte ligação com um pai ou mãe ou um cuidador primário.

Nos anos de 1960 e 1970, uma famosa pioneira da psicologia infantil, Mary Ainsworth, desenvolveu um teste informativo natural, mas poderoso, do vínculo entre uma criança (tipicamente com menos de dois anos de idade) e um cuidador primário (normalmente a mãe). O objetivo do procedimento da Situação Estranha de Ainsworth era investigar a relação de uma criança pequena com a mãe, colocando a criança em um ambiente sutilmente desafiador.

Para esse experimento, Ainsworth colocou a mãe e o filho juntos em uma sala não familiar. De início, a criança ficava livre para explorar, enquanto a mãe observava, mas, então, a mãe, abruptamente, deixava a criança sozinha na sala com um estranho. A maioria das crianças ficava muito chateada por ser deixada em um lugar estranho com uma pessoa desconhecida. Logo a mãe retornava, mas então saía de novo, desta vez, levando o estranho com ela; agora, a criança se via completamente sozinha. O estranho, então, retornava para a sala antes de a mãe finalmente voltar, quando o teste terminava.

Ainsworth descobriu que as reações das crianças ao serem deixadas sozinhas e depois se reunirem com suas mães mudavam de acordo com a força do vínculo entre cada par de mães e filhos. As crianças que ela definiu como "seguramente apegadas" às suas mães tendiam a explorar livremente enquanto as mães estavam presentes, usando-as como uma base de segurança para investigar o mundo. Essas crianças ficavam visivelmente chateadas quando suas mães saíam, mas felizes quando elas retornavam e rapidamente ficavam calmas com essa reunião. As crianças que Ainsworth denominou[5] como "inseguramente apegadas", por outro lado, quase sempre pareciam indiferentes com a saída de suas mães e demonstravam pouca emoção quando retornavam; algumas delas também se mostraram angustiadas, mesmo antes de suas mães deixarem a sala experimental e, quando a mãe retornava, ficaram agarradas a ela e foi difícil tranquilizá-las quando retornou.

O procedimento da Situação Estranha de Ainsworth fornece uma forma estruturada de avaliar a força da conexão entre uma criança e seu cuidador primário — embora as pessoas reconhecessem há muito tempo que isso era importante na vida da criança, ninguém antes de Ainsworth encontrou um jeito de quantificá-la. O teste tem sido aplicado em milhares de crianças e produzido fantásticos insights das sutilezas da relação entre uma criança e o apego a uma figura primária.

A estrutura básica do experimento de Ainsworth pode ser facilmente reformulada para o estudo da relação entre os cães e sua figura humana primária. Em um dos primeiros estudos da nova onda de pesquisas da relação entre os cães e humanos, József Topál, um dos colaboradores de Ádám Miklósi do Projeto Cão de Família da Eötvös Loránd University, em Budapeste, liderou uma equipe que investigava como os cães respondiam ao ser colocados na Situação Estranha de Ainsworth. As descobertas desses pesquisadores húngaros esclarecem a natureza da ligação que os cães têm com as pessoas. Elas também ajudam a explicar por que os cães do estudo de Erica escolheram passar mais tempo com um estranho do que com seus humanos especiais.

Topál e seus colegas testaram 51 cães de 20 raças diferentes, com uma divisão bem equilibrada entre machos e fêmeas. Os cães tinham idade entre um e dez anos, dessa forma, todos eram adultos na época do estudo — mas, exceto pela diferença das espécies e maturidades dos sujeitos da pesquisa, o experimento refletiu o estudo original de Ainsworth em quase todos os aspectos. A equipe de Topál realizou o teste da Situação Estranha da forma como foi feita com as crianças, concedendo dois minutos para cada fase do procedimento.

Topál descobriu que esse teste, projetado para crianças humanas, provou ser um método eficaz para avaliar a relação dos cães com seus tutores. Todos os cães de seu estudo mostraram evidências de usarem seus tutores como uma base segura, assim como as crianças seguramente apegadas fizeram com um de seus pais. Cada cachorro explorava e brincava mais quando o tutor estava presente do que quando saía da sala. Quando o tutor desaparecia, o cachorro ficava claramente estressado e permanecia junto à porta, esperando a pessoa retornar. Quando o tutor voltava para a sala, o cachorro ficava visivelmente feliz pelo reencontro, rapidamente fazia contato físico e, de início, passava mais tempo com seu humano especial. Os pesquisadores concluíram que esse padrão de comportamento, tão semelhante ao das crianças humanas, justificava considerar que os cães eram "apegados" aos seus humanos.

Essas descobertas se alinham muito bem com os resultados que Erica encontrou na Flórida, quando ela descobriu que os cães em um ambiente familiar têm maior probabilidade de passar um tempo maior com um estranho do que com seu tutor. E esses estudos juntos sugerem que as relações entre cães e seus humanos são similares aos vínculos mais estáveis de apego entre bebês humanos e seus pais. Como esses bebês seguramente apegados, os cães, claramente, dão uma enorme importância à presença de seus tutores. Na verdade, quando os cães são privados da companhia humana por um período ou quando são colocados em um local desconhecido, o contato com a pessoa familiar pode ser um incentivador ainda mais importante do que o alimento.

Ao ponderar sobre a natureza precisa da relação dos cães com os seres humanos, eu sabia que essas pesquisas eram evidências importantes. Esses estudos revelavam uma relação entre os membros de duas espécies diferentes que se parecia muito com o apego. Certamente, os padrões de comportamento encontrados nesses experimentos refletiram o que os psicólogos chamariam de apego se fossem observados entre crianças e os pais de nossa própria espécie.

Mas o que implica esse apego? Meu treinamento como observador científico do comportamento animal me ensinou a resistir ao que pode parecer uma conclusão natural — mas minhas suspeitas e teorizações tinham se suavizado e eu não podia negar que essa evidência inicial, aparentemente, apoiava minha hipótese: o comportamento dos cães nesses experimentos indicava que eles eram motivados por uma conexão emocional com os humanos.

Animado como desejava estar por essas descobertas, resisti ao impulso de me soltar e ficar verdadeiramente entusiasmado. Parecia ter mesmo evidências para o investimento emocional dos cães nos humanos — mas o que tínhamos até agora era apenas o começo. Se quiséssemos chegar a algo conclusivo — se quiséssemos quebrar a lei da parcimônia — precisaríamos de muito mais provas.

Pavlov, Topál, Erica Feuerbacher e, mais especialmente, Xephos: todos pareciam estar tentando me dizer que há uma relação emocional entre os cães e seus humanos. Mas eu ainda estava relutante em aceitar suas mensagens logo de cara. Meus instintos como amante de cães têm me guiado para essa hipótese, mas eu ainda pensava como um cético. Estava tentando ter o cuidado de testar com rigor minha teoria sobre a natureza das relações dos cães com os humanos, mesmo esperando que ela estivesse correta.

Para começar, reconheci que viver dentro de um domicílio humano é, na verdade, uma opção para somente uma minoria dos cães do mundo. Talvez o comportamento desses cães mimados não fosse o comum das espécies como um todo. Será que ele, de alguma forma, foi consequência por morarem em nossas casas, quase como acontece com as crianças?

Supõe-se (porque isso é tudo o que podem ser) que o número total de cães no mundo ficam abaixo de um bilhão. Desse bilhão de cães, provavelmente, algo perto de 300 milhões vivem como animais de estimação nas casas das pessoas. Muitos de nós moramos em lugares como América do Norte, noroeste da Europa e Australásia, onde os cães que sobrevivem fora das casas dos humanos são quase (embora não totalmente) inexistentes. Mas isso deixa grandes áreas do globo — incluindo Américas Central e do Sul, África, Europa Meridional e Oriental, sul da Ásia e Ásia Oriental — com muitos mais cães vivendo nas ruas do que dentro de quatro paredes dos seres humanos.

Se eu fosse fazer qualquer declaração sobre os cães enquanto espécie em vez de apenas certos cães em ambientes particulares, eu precisaria investigar o comportamento desses cães sem tutores. Mesmo assim, ainda seria complicado. Ao explorar essa questão, meus colegas e eu precisaríamos encontrar uma forma de distinguir os cães que meramente interagem com os humanos para seu próprio benefício dos cães que, genuinamente, criam vínculos com as pessoas. Essa distinção sutil, porém importante, tornou-se prontamente aparente para mim durante uma viagem para a Rússia não muito tempo antes.

Em 2010, em uma viagem de pesquisa para Moscou, tive a oportunidade de passar um dia fascinante com Andrei Poyarkov, um professor do A. N. Severtsov Institute of Ecology and Evolution de Moscou, com seu ex-aluno e, hoje, colaborador Alexey Vereshchagin, e outros poucos alunos. Como ele publica pouco em inglês, Poyarkov é muito menos conhecido no

Ocidente do que certamente merece ser. Eu o achei não só um tremendo conhecedor dos cães, mas também um homem afetuoso que se importa, apaixonadamente, com a vida canina da sua cidade. Com entusiasmo, ele me contou o que tinha aprendido ao longo de muitos anos de intenso estudo dos cães de rua de Moscou.

Poyarkov tem estudado cachorros abandonados de Moscou, praticamente, desde que começaram a aparecer nas ruas em número significativo na época do colapso da União Soviética, há quase trinta anos. No decorrer de uma fascinante discussão com ele e vários alunos do edifício de pesquisa no zoológico de Moscou, aprendi muito sobre a situação desses pobres animais antes e depois desse divisor de águas e também tive uma noção do que os próprios humanos tiveram que enfrentar em Moscou durante a era soviética. (Eu: "O que aconteceu com os cães de rua durante o período soviético?" Poyarkov: "Eles eram recolhidos rapidamente e, se não fossem reivindicados dentro de 48 horas, eram baleados." Aluno atrevido: "Praticamente, o mesmo que acontecia com as pessoas de rua.")

Se você já ouviu alguma coisa sobre os cães de rua de Moscou, provavelmente, deve saber dos cachorros que andam de metrô. Sem dúvida, essa era a extensão do meu conhecimento sobre os cães de rua antes de eu visitar a capital russa. Embora esses animais saíssem nas manchetes, eles representam apenas uma mínima porcentagem dos cães de Moscou.

Os cães têm boas razões para serem atraídos para as estações de metrô, mas não para os trens dos metrôs. Ao nível do solo, esses espaços humanos agitados oferecem calor — e a possibilidade de vasculhar os restos apetitosos de kebabs ou hot-dogs comprados em quiosques por pessoas a caminho de casa após o trabalho e que depois deixam uma parte da comida, antes de descerem para pegar o metrô. Além disso, é difícil para os cães acessarem o lugar onde as pessoas embarcam (o metrô de Moscou é excepcionalmente profundo). Descer até as plataformas e embarcar nos trens barulhentos e oscilantes (o metrô de Moscou é excepcionalmente rápido) — há, certamente, poucos benefícios para os cães fazerem isso. Poyarkov estima que haja cerca de 35 mil cães de rua em Moscou. Ele acha que só "um punhado" entra nos trens. Outro especialista em cães russos, Andrei Neuronov, contou apenas vinte que andam de metrô regularmente. De qualquer forma, os números deixam claro que os cães têm menos incentivo para andar nos metrôs de Moscou do que para andar nas ruas e estações acima do solo.

Na noite do dia que passei no zoológico com Andrei Poyarkov, fui caminhar nas ruas do centro de Moscou com o colaborador de Poyarkov, Alexey Vereshchagin, à procura de cães. Vereshchagin é um representante da nova geração de cientistas russos: bem-versado nas tradições científicas de sua terra natal, mas também atualizado sobre as últimas pesquisas vindas do Ocidente. Eu estava acostumado com a ideia de cães de rua em climas quentes, mas para mim era um pouco estranho ver cães vivendo nas ruas que, mesmo em setembro, estavam muito frias. Os cães eram maiores do que eu já havia visto em outros lugares e a maioria tinha pelo grosso e desgrenhado, cheio de nós, emaranhados e sujos.

Em uma estação de trem, vi uma interação interessante entre três homens e um cachorro. Cada homem estava com uma garrafa de cerveja em uma mão e um hot-dog na outra. A julgar pela maneira como eles balançavam enquanto conversavam, aquelas cervejas não eram as primeiras daquela noite. Aos seus pés estava um cachorro sujo, de bom tamanho, com pelos longos, desgrenhados e em sua maioria brancos, que podiam estar intercalados com cores mais escuras ou talvez fossem manchas de sujeira. Não queria chegar muito perto para descobrir. Eu estava ansioso para ficar atrás deles e ver como os três homens interagiam com o cão.

Rapidamente, ficou claro que os três homens tinham atitudes bem diferentes em relação ao animal. Um parecia bem interessado nele; de vez em quando, ele olhava para o cachorro e parecia pronto para partilhar um pedaço de seu hot-dog. Mas o outro desprezava completamente o cão e, quando o animal chegava perto do homem, ele ameaçava chutá-lo. O terceiro rapaz era completamente indiferente; consumia sua bebida e comida e parecia nem notar a presença do cão.

Observando essa cena, percebi que os cães de rua talvez precisassem prestar mais atenção às pessoas do que os animais em nossas casas, apesar de os animais domésticos serem bem mais sensíveis a nós e às nossas ações. Ainda assim, na maioria dos lares, na maioria das vezes, os cães não precisam temer um ataque, enquanto os cães das ruas precisam estar continuamente à procura de pessoas que possam lhes ferir. Foi um lembrete comovente das dificuldades e incertezas que cerca de 70% dos cães do planeta enfrentam todos os dias.

Em outro ponto no centro de Moscou, eu e Vereshchagin encontramos dois cães deitados perto de outro grupo de quiosques de lanches. Ao pararmos e olharmos para eles por um tempo, os cães começaram a rosnar e, como não nos mexemos, eles levantaram e foram embora, ficando de olho em nós até que estivessem bem longe. Claramente, para eles, as pessoas que não estão segurando nada comestível e chegam muito perto são um perigo em potencial que vale a pena evitar.

Pude ver como esses cães em Moscou estavam interessados nas pessoas por comida — mas os humanos significavam mais para eles do que um tíquete refeição? Infelizmente, não fiquei em Moscou por tempo o bastante para investigar essa questão com Andrei, Alexey e sua equipe; que eu saiba, não está sendo feito qualquer estudo sobre essa questão na Rússia. Mas, felizmente, pesquisadores de outros países começaram a preencher essa lacuna.

A Índia é outro país com vasto número de cães de rua e um grupo de pesquisa do Indian Institute of Science Education and Research, em Calcutá, liderado por Anindita Bhadra, tem conduzido alguns estudos fascinantes sobre esses animais sem-teto. Bhadra e seus colegas salientam que, para muitas pessoas na Índia, cães de rua podem ser um incômodo terrível: eles entram no lixo, fazem uma grande bagunça, e fazem cocô onde as pessoas andam — o que, mesmo que os cães sejam saudáveis, cria uma sujeira horrível. E a maioria desses cães de rua não é saudável. Eles podem ser vetores de muitas doenças graves, inclusive raiva, que na Índia ainda mata cerca de 20 mil pessoas por ano. A maioria das vítimas pega essas doenças terríveis dos cães. Adicione a isso o latido noturno deles, que perturba o descanso das pessoas, e você tem um animal que acrescenta uma substancial irritação à população humana.

Tragicamente, não é raro que as pessoas matem cães de rua na Índia. Alguns os envenenam intencionalmente ou até batem neles até a morte e muitos são mortos involuntariamente em acidentes nas estradas. Mesmo assim, muitas pessoas se importam muito com esses cães, fornecendo a eles comida e alguma forma de abrigo. Pela perspectiva dos cães, portanto, as pessoas devem ser um ativo muito imprevisível. As mães caninas, frequentemente, têm seus filhotes perto, ou até mesmo, dentro dos lares humanos, portanto, elas devem perceber que os humanos podem oferecer benefícios que compensam os perigos que nossa espécie representa para elas. Os cães de rua indianos também são adeptos a seguir as ações humanas — passando com sucesso no teste de apontar que descrevi no Capítulo 1.

Considerando os fatos sobre o tratamento, às vezes, brutal dos cães de rua indianos, não me surpreenderia se eles fossem, no mínimo, ambivalentes em relação aos humanos. Então, eu queria saber — como eles realmente se sentem em relação a nós? Eles temem os humanos ou são atraídos por nós? E, se somos importantes para eles, será que eles têm algum tipo de apego a nossa espécie parecido com o que os cientistas detectaram nos cães que passam suas vidas sendo cuidados pelos humanos?

Testar os cães de rua é muito mais complicado do que conduzir experimentos com animais de estimação ou cães de abrigo, assim, fiquei surpreso ao encontrar um relatório sobre um estudo realmente revelador liderado por um aluno do grupo de Bhadra, Debottam Bhattacharjee, que investiga a questão de como os cães de rua se sentem em relação às pessoas.

Pesquisadores foram a três locais em torno e dentro da cidade de Calcutá, em Bengala Ocidental, encontrar cães de rua solitários. Enquanto alguns cães de rua formam grupos (as pessoas costumam chamá-los de matilha, mas eu tendo a evitar esse termo, porque esses grupos são mais fluidos do que a matilha estável que os lobos formam), outros cães de rua são solitários e Bhattacharjee decidiu se concentrar nesses animais, porque queria obter resultados de um cão de cada vez. Ele e sua equipe deram aos cães uma escolha entre um pedaço de comida no chão e um pedaço idêntico na mão de uma pessoa. Não surpreendentemente, os cães desconfiaram da pessoa estranha e preferiram comer a comida do chão, mas a preferência não foi muito pronunciada. Cerca de 40% dos cães foram até a pessoa que nunca tinham visto antes e pegaram a comida da sua mão.

Esse resultado me surpreendeu um pouco, mas o teste seguinte que Bhattacharjee e seus colegas conduziram produziu um desfecho mais inesperado ainda. Em um estudo complementar, a equipe fez uma de duas coisas com vários cães de rua. Ou davam um pedaço de comida ao cachorro ou passavam a mão na cabeça dele três vezes. Eles fizeram isso com cada cachorro em um total de seis vezes ao longo de algumas semanas. Realmente, era bem simples: alguns cães foram repetidamente alimentados; outros, repetidamente acariciados. Finalmente, os pesquisadores ofereceram a cada cachorro um pedaço de comida e depois mediram quão rapidamente os cães dos dois grupos se aproximaram da pessoa e pegaram a comida.

Para a surpresa de todos, Bhattacharjee e sua equipe descobriram que os cães que tinham sido acariciados repetidamente nas duas semanas anteriores agora se aproximavam do pesquisador com mais rapidez e estavam também mais dispostos a pegar a comida da mão da pessoa do que os cães que tinham sido alimentados repetidamente. À luz desses resultados dramáticos e inesperados, os autores do estudo concluíram que "a recompensa social é mais efetiva no estabelecimento da confiança entre cães de rua e humanos desconhecidos do que recompensas com alimentos". Assim como os cães no estudo de Erica, que tiveram a opção de escolher entre cumprimentar seus tutores e desfrutar de uma tigela de comida, os cães do estudo de Bhattacharjee pareciam dar maior importância à interação humana.

Eu não esperava esse resultado, para dizer o mínimo. Certamente, Xephos estava me mostrando quão importantes nós, humanos, somos para ela — mas, pelo que eu tinha visto nos cães de rua em Moscou, e em outros lugares, eu não tinha previsto que o mesmo seria verdade para eles. Eu não esperava que o contato social com os humanos fosse tão gratificante para os cães que vivem, literalmente, como párias nas ruas das cidades, onde são tão indesejados a ponto de nossa espécie os procurar ativamente para destruí-los. Que esses cães de rua indianos permitissem ser acariciados foi, por si só, algo surpreendente para mim, e que esse carinho ganharia mais sua confiança do que os alimentar repetidamente foi uma bomba e tanto. Sugeria que o contato social positivo com nossa espécie poderia ser uma coisa incrivelmente poderosa para os cães, mesmo os que não desfrutavam de um apego seguro com algum humano em particular. Também levantou a possibilidade de que o "reflexo social" — como Pavlov o chamava — podia ser um determinante fundamental do seu comportamento, ainda mais do que o desejo por alimento.

Essa descoberta foi ainda mais incrível quando se considera que o alimento é o maior incentivo para essa espécie (como qualquer tutor de cães lhe dirá), mas um incentivador especialmente maior para os vira-latas magrelos que vivem procurando comida na rua. Se estiver procurando por provas de que os humanos são importantes para os cães de todos os estilos de vida, não daria para fazer melhor do que isso.

Embora a pesquisa do grupo de Anindita Bhadra, na Índia, tivesse provado que cães anseiam por "recompensas sociais", eles não tinham investigado o porquê. Especificamente, eles não tinham feito qualquer sugestão sobre o que atraía tão fortemente os cães a socializar com os humanos. O contato humano, claramente, era uma forma de sustento para essas criaturas. Mas o que há na nossa presença que eles acham tão confortador? E essa atração profunda pelos humanos era realmente exclusiva dos cães?

Mencionei anteriormente que os behavioristas têm uma reputação, pelo menos parcialmente merecida, de ignorar as emoções dos animais. Portanto, provavelmente, é uma ironia que, conforme eu ficava cada vez mais interessado em provar a natureza precisa do vínculo singular de cães com as pessoas, foi uma behaviorista quem me empurrou ainda mais na direção certa.

Mariana Bentosela é uma pesquisadora do National Scientific and Technical Research Council da Argentina, em Buenos Aires. Ela veio nos visitar, na Universidade da Flórida, para aprender, ostensivamente, por algumas semanas, nossas técnicas de pesquisa. Na verdade, eu acho que ela acabou nos ensinando muito mais do que nós lhe ensinamos.

Mariana partilhava do nosso interesse em como caracterizar o notável comportamento dos cães. Conversávamos até tarde da noite sobre o que torna os cães especiais e discutimos desafios que cada um de nós estava enfrentando em nossas pesquisas. Na época, eu estava tentando descobrir uma forma superfácil, confiável e rápida de avaliar o nível de interesse dos cães nas pessoas. Em seus estudos sobre como os cães de estimação e de abrigo reagem diante da escolha entre a companhia humana e comida, Erica tinha aberto uma janela para o que os cães sentem por nós; assim como Bhattacharjee, com seu estudo sobre como os cães de rua indianos reagem às pessoas que os acariciam ou lhes oferecem comida. Mas esses testes eram bastante trabalhosos. Haveria uma forma mais simples para medir a afinidade dos cães pelas pessoas — uma que pudesse ser empregada no ambiente onde ela era mais necessária?

Além do nosso interesse intelectual sobre o que torna os cães tão notáveis, Mariana e eu compartilhávamos preocupações sobre o bem-estar dos cães nos abrigos — aquele lado desagradável da relação entre nossas duas espécies. Nós nos perguntávamos o que poderia fazer a diferença entre os cães que facilmente encontram novos lares e aqueles que definham em canis por meses ou até mesmo anos, se o abrigo não praticar eutanásia.

Os funcionários de abrigos e defensores do resgate de cães usam muitos tipos de testes para tentar classificar a personalidade dos cães. Em alguns casos, eles querem determinar se deve ser dada a oportunidade de adoção para certos cães; em outros, querem tirar conclusões mais gerais sobre quais tipos de cães são mais adequados para que tipos de lares humanos em particular. Mas esses testes, assim como os experimentos que Erica e Bhattacharjee tinham conduzido, eram muito complicados. Mariana tinha analisado todos eles e se perguntava se talvez algo mais simples não poderia servir para esclarecer quais cães tinham melhores chances de se tornarem cães de estimação bem-sucedidos.

Mariana e seus alunos, em Buenos Aires, tinham desenvolvido um teste maravilhosamente simples. Coloque uma cadeira em um ambiente aberto vazio. Marque um círculo de um metro ao redor da cadeira. Coloque alguém sentado na cadeira por dois minutos e registre quanto desse intervalo de dois minutos o cão passa dentro do círculo. Mariana já tinha usado esse teste com vários cães na Argentina, e achava que tinha aprendido qual era a diferença entre um cão sociável — um cachorro de estimação afável — e um cachorro que seria mais difícil de ser adotado. Como ela nos mostrou durante várias demonstrações desse teste na Flórida, os cães sociáveis passavam a maior parte do tempo dentro do círculo com o humano, enquanto os cães não sociáveis permaneciam mais tempo fora dele.

O autor reproduzindo o teste de sociabilidade do cão com sua cachorra, Xephos

Eu amo testes simples. Testes simples são os mais fáceis de pontuar e é muito mais difícil fazer besteira. Era muito difícil errar no papel de sentar na cadeira e não é preciso ser nenhum especialista para pontuar quanto tempo o cachorro passa dentro do círculo. Eu podia ver que o teste de Mariana tinha um grande potencial para cães de abrigos. E, quando testemunhei uma demonstração do seu teste simples com lobos no Wolf Park, em Indiana, comecei a apreciar seu incrível potencial para minha própria pesquisa sobre o vínculo do cão com o humano também.

Embora Mariana tivesse feito muitas pesquisas sobre cães, antes de vir até nós, ela não tinha ficado tão perto de um lobo. Então, Monique Udell e eu a levamos em nossa próxima viagem ao Wolf Park. No último dia de nossa visita, eu e Monique tínhamos feito toda pesquisa que havíamos planejado, então perguntamos a Mariana se havia algo que ela gostaria de tentar. Só por diversão, ela disse: "Por que não tentamos meu teste simples de sociabilidade?"

Até esse momento, eu não tinha pensado que esse teste simples tivesse qualquer implicação em nossas discussões sobre o que faz com que os cães sejam especiais — mas, tão logo ela sugeriu para o usarmos com os lobos, eu percebi que ele poderia fornecer uma forma muito interessante de avaliar a diferença de sociabilidade entre esses canídeos e seus primos domesticados. Os funcionários e os voluntários do Wolf Park, que estão em excelente posição para compreender as diferenças entre os cães e os lobos, comentaram muitas vezes como — embora os lobos possam ser muito doces com pessoas que eles conhecem bem, até "beijando" as pessoas de quem eles gostam — membros dessa espécie não parecem ter interesse ilimitado em quase nenhuma pessoa, o que é comum nos cães. Com o teste de Mariana, poderíamos conseguir quantificar os diferentes níveis de interesse nos humanos — uma perspectiva verdadeiramente empolgante.

Colocamos uma pessoa sentada em um balde virado para baixo em um recinto com um lobo e, como Mariana tinha nos mostrado com os cães, demos ao lobo dois minutos para indicar quão interessado estava em vir a menos de um metro da pessoa. Assim como fizemos com os cães, executamos o teste com pessoas familiares aos lobos e também com estranhas.

O resultado não poderia ter sido mais dramático. Os lobos do Wolf Park, como tínhamos dito, devem ser os mais socializados entre os seres humanos que se pode encontrar. Muitos deles podem ser apresentados com segurança a pessoas que nunca conheceram antes; esses foram os que testamos. Esses lobos são certamente amistosos e também bastante nobres. No teste de Mariana, eles não tentaram se afastar da pessoa estranha — nem, felizmente, demonstraram qualquer sinal de hostilidade para com os pesquisadores. Mas esses animais mostraram muito pouco desejo de estar perto desses humanos desconhecidos. Os lobos raramente entraram no círculo com um estranho sentado no balde.

Pelo contrário, quando uma pessoa familiar entrava no recinto, os lobos ficavam consideravelmente mais interessados. Eles chegaram perto de Dana Drenzek, a diretora do parque e uma mulher jovem que eles conheciam a vida toda, e passaram cerca de um quarto do tempo perto dela. O resto do tempo, ficaram fora do círculo, cuidando tranquilamente das suas vidas.

**Dana Drenzek, diretora do Wolf Park,
executando o teste de sociabilidade com um lobo**

O contraste com o que descobrimos com os cães foi impressionante. Os cães que testamos sob a direção de Mariana passaram mais tempo dentro do círculo com uma pessoa estranha do que os lobos com alguém que eles conheciam a vida inteira. E, quando um cachorro via seu tutor sentado na cadeira, ele passava o tempo todo sentado perto dele.

A essa altura dos nossos estudos, eu e Monique já tínhamos feito muitas viagens até o Wolf Park, e sempre constatávamos que as provas de outros cientistas sobre as diferenças entre cães e lobos se dissolviam quando tentávamos reproduzi-las. Simplesmente não conseguíamos replicar suas descobertas. Como consequência, tínhamos ganhado a reputação de pesquisadores que dizem não haver, realmente, nenhuma diferença significativa entre cães e lobos. Não era o que acreditávamos, é claro, mas não podíamos negar que, toda vez que fomos em busca de uma diferença entre cães e lobos que outros pesquisadores tinham descoberto, não conseguíamos encontrá-la.

Desta vez, porém, nós realmente encontramos uma diferença entre os cães e os lobos — uma diferença enorme. E não uma diferença na cognição ou na inteligência, mas algo muito mais fundamental: uma diferença no interesse dos animais em chegarem perto dos seres humanos. Algo claramente estava atraindo os cães para nós. A questão era, o quê?

Se eu tivesse um mantra profissional, ele seria "Proceda com cautela". Acredito que o conhecimento científico confiável pode ser adquirido somente por meio de um olhar crítico, mesmo sobre as alegações mais plausíveis. Isso é especialmente verdade quando o sujeito que estou estudando está próximo do meu coração — e não há muitas coisas que estão mais perto de mim do que os cães, uma vez que trabalho com essas criaturas notáveis e também partilho minha casa com uma delas.

Quando eu estava estudando ratos e pombos, ou até mesmo os marsupiais, por mais fascinantes e envolventes que fossem, não havia quase nenhum risco verdadeiro de que meus sentimentos pessoais dominassem meu treinamento científico. Mas, ao trabalhar com cães, alguns dos quais atingem e continuam a atingir poderosamente minhas emoções, eu estava preocupado que meus sentimentos pudessem dominar minha objetividade científica.

Tinha que fazer uma pausa e considerar como eu tinha chegado a esse ponto. Achei que as respostas emocionais dos cães aos humanos poderiam explicar a forte e única conexão de sua espécie com a nossa e eu suspeitava que era a afeição, especificamente, que os fazia se comportar do jeito que se comportavam. Eu tinha descoberto evidências científicas sólidas que me fizeram pensar que havia algo nessa teoria. Mas eu sabia que tinha apenas arranhado a superfície das revelações que a ciência tinha a nos oferecer e havia um risco real de que, se eu cavasse mais fundo, poderia descobrir que estava fazendo besteira o tempo todo.

Por outro lado, eu precisava ficar aberto à possibilidade que me fez seguir esse caminho desde o início: o que faz os cães se destacarem de seus irmãos selvagens — talvez até de todas as outras espécies do planeta — é sua capacidade de formar vínculos emocionais com os humanos, de sentir afeto por nós.

Eu estava distintamente desconfortável, embora também intensamente curioso, pelo caminho que nossa pesquisa estava tomando. Eu me senti cada vez mais próximo de uma posição que, se não fosse um tabu para mim, era, certamente, contrária ao meu treinamento behaviorista. Eu tinha sido condicionado a buscar respostas simples e parcimoniosas para as questões científicas. Toda a minha vida profissional até então tinha sido traçar uma linha brilhante entre descrições objetivas e frias do comportamento e calorosas e confusas, porém, no final, enganosas das caracterizações dos animais como bolas de pelo emocionais. No entanto, as crescentes evidências do que torna os cães únicos entre os animais — o que os torna companheiros incomparáveis para os seres humanos — parecia apontar para um caminho que se aproximava, perigosamente, da visão a qual tinha sido ensinado a ver como uma bobagem sentimental.

A emoção parecia ser o cerne da relação entre nossas espécies e a afeição dos cães para os humanos parecia ser especialmente crucial. Isso deixou um behaviorista (e um cético notório) como eu um pouco confuso.

Então, fiz a única coisa que sabia fazer: continuei a busca.

3

OS CÃES SE IMPORTAM

MUITO DO COMPORTAMENTO dos cães sugere que eles são poderosamente atraídos pelos humanos. Presenciei isso em parques de Moscou a Tel Aviv e também na pesquisa que conduzi e analisei. E não só com os cães de estimação, mimados diariamente por seus donos corujas, mas isso era aparente até mesmo nos cães de rua; eles também procuram pelas pessoas, muitas vezes buscando outra recompensa apreciada, a comida.

Mas os testes que eu tinha considerado até então apenas mediram, na verdade, o desejo dos cães de ficarem *perto* dos humanos. Os testes não pretendiam examinar mais profundamente o que as ações dos animais na presença dos seus humanos poderiam nos dizer sobre seu vínculo emocional com os seres humanos. Eu queria responder às questões: como esse vínculo emocional com os seres humanos se manifesta nessa nova camada de comportamentos? A maneira como os cães agem perto das pessoas tem alguma coisa a mais para nos ensinar sobre o que, exatamente, os torna tão poderosamente atraídos pelos humanos?

Esse foi o mistério ao qual me voltei a seguir, um quebra-cabeça que eu tentava resolver olhando mais de perto para o comportamento dos cães quando estavam próximos das pessoas. Felizmente, quando comecei a observar, descobri que outros pensadores, aparentemente, também ficaram intrigados com essas questões, muito antes de mim.

Um dos primeiros cientistas a pensar e a escrever sobre a relação entre os cães e a humanidade foi Charles Darwin. Como muitos de nós, Darwin amava ficar perto de seus cães, e raramente ficava longe deles. Como conta Emma Townshend[1] em seu fascinante livro *Darwin's Dogs* [Os Cachorros de Darwin, em tradução livre], o único período da vida adulta de Darwin que ele não desfrutou da companhia de pelo menos um cão leal foram os cinco anos que passou na famosa circunavegação do globo, a bordo de um barco chamado, fortuitamente, de Beagle. (Como se o nome não fosse o suficiente, o HMS Beagle era um veleiro classificado pela marinha como um — olha só isso — bark [latido, em inglês].)

Darwin, certamente, considerava os cães seres emocionais, inclinados a intensos sentimentos diante de seus companheiros humanos. Em um de seus trabalhos posteriores, *A Expressão das Emoções no Homem e nos Animais*[2], Darwin discute em detalhes como os cães demonstram essa emoção. No início do livro, descartando os que veem as emoções como exclusivamente humanas, ele salienta como nenhum ser vivo pode superar o cachorro quando se trata de indicar um vínculo emocional: "Mas o próprio homem[3] não consegue expressar o amor e a humildade por sinais externos tão claramente quanto um cão quando, com orelhas caídas, boca aberta, corpo torcido e cauda abanando, encontra seu amado mestre."

Darwin prossegue discutindo em detalhes como os cães mostram afeição. Ele comenta sobre o movimento da cauda ("estendida e abanando de um lado para outro"), das orelhas (que "caem e ficam um pouco para trás") e sobre como abaixam a cabeça e o corpo todo. Darwin comenta também a tendência dos cães em lamber as mãos e a face de seus donos. Ele observa que os cães também lambem a face um do outro e reporta como viu cães lambendo gatos "de quem eram amigos"[4]. (Acho que Xephos gostaria de lamber a cara do nosso gato, Peppermint, mas ele nunca toleraria tamanha confraternização audaciosa entre espécies.)

Em suas descrições de como os cães demonstram afeição, Darwin reconhece o vínculo profundo entre os sinais comportamentais de felicidade que os cães mostram na companhia humana e o afeto subjacente que sentem por nós. Outra percepção importante de Darwin era que os cães não manifestam felicidade ao abanar a cauda; eles, na verdade, demonstram contentamento no corpo inteiro, começando pela cara.

Darwin foi o primeiro autor que já vi considerar como as emoções dos cães são registradas em suas expressões faciais — especificamente o formato da boca de um cachorro feliz. O que, particularmente, interessava a Darwin era como as expressões de alegria poderiam ser surpreendentemente similares às de raiva. Assim, ele observou que na cara de um cachorro feliz: "O lábio superior[5] é retraído, como no rosnar, para que os caninos sejam expostos e as orelhas são puxadas para trás." A teoria de Darwin, na qual as expressões que revelam emoções opostas podem se espelhar umas nas outras, não resistiu ao teste do tempo como sua mais famosa teoria da seleção natural, mas ele, entretanto, forneceu um incentivo útil ao estudo das emoções animais.

Felizmente, embora Darwin tenha sido o primeiro cientista a estudar o rico tópico das expressões faciais dos cães, ele não foi, de forma alguma, o último. Em seu fantástico livro *For the Love of a Dog* [Pelo Amor de um Cachorro, em tradução livre], a renomada adestradora de cães e especialista comportamental Patricia McConnell se aprofunda na análise desse fenômeno envolvente. Ela observa que "cães felizes têm as mesmas caras relaxadas e abertas de pessoas felizes". Ao pesquisar fotografias de pessoas e cães, ela observa: "É tão fácil[6] apontar cães felizes quanto pessoas felizes." Seu argumento é bom; quem já passou um tempo com cachorros por perto, certamente acha fácil reconhecer, pelas suas expressões faciais, que um canídeo está feliz.

Sempre que eu voltava para casa e Xephos se aproximava de mim, era fácil reconhecer que o afeto estava estampado em sua cara. Ela parecia sorrir toda vez que eu abria a porta da frente: os cantos da sua boca pareciam subir no que sugeria ser uma expressão de alegria e seus lábios eram puxados para trás (ainda que não exatamente da forma como rosnava, minhas desculpas a Darwin).

Mas como eu poderia ter certeza de que o que estava vendo na face de Xephos era mesmo um reflexo de emoção? Mesmo na companhia de excelentes guias como Darwin e McConnell, eu continuava um pouco preocupado em observar mudanças nas expressões faciais dos cães que, na verdade, não estavam lá. Reconhecemos que os cantos da boca puxados para cima de um golfinho, por exemplo, não indicam que ele está sorrindo de felicidade; a boca de um golfinho está fixa dessa forma; podemos observar isso porque sua boca não muda de formato, como a dos humanos, em resposta aos eventos da vida cotidiana. Não há nada que sugira que a cara do golfinho seja uma janela para suas emoções, como as nossas são. As expressões na cara de um cachorro, pelo contrário, certamente parecem mudar à medida que a vida se desenrola. No entanto, como podemos ter certeza de que os cantos da boca puxados para cima dos cães realmente expressam felicidade e não são impelidos pela sua anatomia facial, como nos golfinhos, ou por outros aspectos das características biológicas de um cão?

Quando comecei a pensar nisso, pude perceber como o estudo científico sobre o significado das expressões faciais dos cães poderia ser feito. Estudos que investigam como as pessoas expressam e percebem emoções envolvem atores que retratam certas emoções; depois, outras pessoas são trazidas para avaliar as expressões dos atores. Obviamente, os atores têm habilidade para expressar emoções que, na verdade, não estão sentindo, mas não consigo imaginar como poderíamos treinar os cães para fazerem o mesmo.

Para minha surpresa, no entanto, um estudo científico encontrou uma forma de contornar este problema. Tina Bloom e Harris Friedman, do Pennsylvania Department of Corrections e Walden University, respectivamente, conduziram um experimento para investigar quão bem as pessoas conseguem identificar diversas expressões de emoção na cara de um cachorro. Eles conseguiram isso contratando um fotógrafo profissional para tirar fotografias do cachorro da polícia de Bloom, Mal, um Pastor-belga Malinois de cinco anos, enquanto ele, obedientemente, fazia poses sob condições que a maioria dos cães (e muitas pessoas!) acharia muito irritante. Por exemplo, para obter uma expressão facial de repugnância, eles falaram para Mal sentar e ficar, um comando que, normalmente, seria seguido por uma recompensa alimentar; em vez disso, deram a ele uma medicação de sabor ruim. Para tirar uma foto triste, eles falaram "Ai, ai, ai" para Mal, uma expressão usada durante o treinamento para avisá-lo que ele fez alguma coisa errada. Para obter uma expressão de medo, mostraram a Mal seu cortador de unhas. Para uma imagem feliz, a tratadora de Mal falou para ele sentar e ficar, e depois disse: "Bom garoto. Logo nós vamos brincar." Mal tinha ouvido essas palavras milhares de vezes como precursoras de uma oportunidade de brincar com uma bola; assim Bloom e Friedman presumiram que ouvi-las novamente colocaria Mal em um estado de espírito feliz. Assim que a foto foi tirada, Mal foi liberado de sua posição sentada e a bola foi jogada para ele. Dessa forma, Bloom e Friedman montaram uma coleção de três fotografias para cada uma das sete expressões faciais, que, além das que já mencionamos, incluíram expressões de surpresa, raiva e neutra.

Mal, o Malinois no estudo de Bloom e Friedman, mostrando (em sentido horário, do alto à esquerda) sua cara feliz, triste, de medo e raiva

Bloom e Friedman, então, mostraram essas 21 fotografias para 25 pessoas com experiência considerável no treinamento de cães e para outro grupo de 25 pessoas que nunca tiveram cachorro e tinha exposição mínima à raça canina. Foi pedido para cada um classificar cada fotografia pela falta de qualquer emoção em particular (neutra) ou por alguma das seis emoções básicas: felicidade, tristeza, repugnância, surpresa, medo e raiva.

No geral, os avaliadores foram muito precisos na identificação das emoções de Mal, embora fosse mais fácil categorizar algumas fotografias do que outras. A emoção mais difícil de reconhecer foi repugnância: apenas 13% das respostas foram corretas e as pessoas eram mais propensas a perceber a cara de repugnância de Mal como triste. A surpresa quase nunca era identificada corretamente: apenas cerca de uma a cada cinco respostas indicava a emoção correspondente à cara de surpresa de Mal. Mas para todas as outras fotografias, os humanos participantes escolheram, com mais frequência, a emoção correta. Cerca de quatro em dez pessoas identificaram corretamente a cara triste de Mal; cerca de metade escolheu a resposta correta para a fotografia do medo e sete em dez reconheceram a cara de raiva de Mal (provavelmente, uma coisa boa para sua segurança — Mal é um cachorro bem grande e forte).

A emoção identificada com mais sucesso? Felicidade. Impressionantes nove em cada dez participantes classificaram como felizes as fotografias da expressão feliz de Mal. O reconhecimento foi ligeiramente maior[7] para pessoas com muita experiência com cães (mais de nove em dez respostas corretas) do que para pessoas com exposição mínima a cães (um pouco mais de oito em dez respostas). Mas mesmo a proporção mais baixa de reconhecimento ainda corresponde a mais de três quartos das pessoas que participaram, então, sem dúvida, parece que as pessoas são muito boas em identificar cães felizes. E como é essa cara feliz? Ela mostra boca relaxada e ligeiramente aberta curvando-se um pouco para cima nos cantos — tal como Darwin e McConnell a descreveram e tal como Xephos, muitas vezes, mostra para mim.

O estudo de Bloom e Friedman tomou as afirmações de Darwin e McConnell que os cães expressam emoções com a cara e apresentaram provas empíricas sólidas de que esses observadores próximos de cães estavam inteiramente corretos — no que se refere, particularmente, à felicidade mostrada pelo sorriso de um cachorro. Esse experimento não requer nenhum equipamento caro e complexo, embora demonstre que a cara de um cachorro, claramente, pode ser uma janela precisa do que o animal está vivenciando e, consequentemente, reforça a cadeia de evidências para a crença de que, quando nossos cães nos olham com caras felizes, eles estão experimentando uma ligação emocional poderosa conosco. Essa é uma boa notícia para quem, como nós, sente que nossos cachorros estão felizes por estarem conosco e acrescenta peso ao caso de que os cães estão vivenciando uma ligação emocional com seus humanos.

Claramente, as expressões faciais dos cães não são a única forma de eles demonstrarem felicidade ao nos ver. A cauda é outra ferramenta importante para comunicar esse prazer com nossa presença. Falando de modo geral, as pessoas reconhecem muito bem uma cauda abanando de felicidade — como uma expressão facial canina sorridente e feliz. Na verdade, muitas vezes eu me surpreendo com o fato de as pessoas reconhecerem prontamente uma cauda de cachorro abanando como expressão de felicidade, uma vez que não temos cauda para abanar. Mas, ao que parece, a cauda de um cachorro esconde um pouco mais de segredos do que sua cara e pode ser mais difícil para os humanos interpretar o que podem estar pensando.

Recentemente, um grupo de cientistas italianos fizeram um estudo detalhado sobre o abano da cauda de um cachorro e descobriram que ele possui dimensões de expressividade em que ninguém jamais havia pensado. Giorgio Vallortigara e seus colegas da University of Trieste, na Itália, encontraram trinta cães que se sentiam confortáveis ficando dentro de uma caixa preta, não muito maior que o próprio cachorro, olhando por uma janela de um dos lados da caixa. Enquanto cada cachorro olhava pela janela, a equipe de Vallortigara mostrava a eles quatro coisas diferentes, uma de cada vez: seu tutor, um humano desconhecido, um cachorro desconhecido e um gato. Enquanto o cachorro na caixa olhava o que era apresentado, câmeras gravavam o movimento da cauda.

Esses cientistas descobriram que os cães mostravam uma tendência crescente de abanar a cauda para a direita, quando viam algo do qual gostariam de se aproximar — algo que os fazia felizes. Esse abano para o lado direito era mais forte em resposta ao tutor, mas também foi visto para um humano desconhecido. Fico fascinado em saber que a cauda de um cachorro pode enviar esses sinais específicos do seu afeto pelas pessoas — isso foi até mais preciso do que muitos séculos de observação tenham sugerido. Isso mostra como o afeto de um cachorro por nós está programado em todo o seu corpo.

Claramente, os humanos não são a única coisa da qual os cães gostam de ficar próximos. Eles abanavam suas caudas muito pouco quando mostraram a eles um gato, mas, de maneira interessante, o abano observado foi também para a direita. Quando deixados sozinhos[8] sem nada para olhar e quando lhes mostraram outro cachorro, os cães abanaram suas caudas mais em direção à esquerda.

Desde que li essa pesquisa, tentei observar os movimentos da cauda de Xephos para ver se as descobertas da Itália batiam com o que acontece no Arizona — e convidei vários dos meus amigos a fazer o mesmo. Infelizmente, é mesmo muito difícil julgar para que lado a cauda de um cachorro está abanando enquanto a vida real está se desdobrando ao nosso redor. Como a maioria dos cães que conheço, Xephos raramente fica parada e abana a cauda de forma isolada; geralmente, ela está em movimento contínuo. Assim, não consegui confirmar, com base na cauda de Xephos, os resultados do estudo de Vallortigara e sua equipe.

Entretanto, essas descobertas na Itália adicionam objetividade à observação que, certamente, milhões de pessoas têm feito: quando seu cachorro o vê, ele fica feliz e se comunica abanando a cauda. Mas o grupo de Vallortigara também descobriu que há mais na comunicação da cauda dos cães do que compreendemos instintivamente. Este é o poder do método científico. Se todos os cientistas afirmassem (e, ocasionalmente, contradissessem) o que as pessoas leigas acreditam sobre seus cães — seria uma tarefa inútil. Mas descobrir o que estava previamente escondido da visão humana — neste caso, que a cauda dos cães comunicam coisas diferentes quando abanam para a esquerda ou para a direita — é o verdadeiro abalo da ciência.

Saber como ficam os cães quando estão felizes, certamente, acrescenta ao conjunto de provas que eles possuem um vínculo com seus humanos, porque, muitas vezes, os vemos com as caras e caudas felizes quando estão conosco. Mas se eu for afirmar que os cães são especiais por causa da sua capacidade de formar vínculos com as pessoas, eu desejaria provas até mais fortes do que essa.

Para ter certeza, eu já tinha reunido um conjunto de provas de pesquisa. Encontrei estudos que remontam a Pavlov e Gantt em São Petersburgo, no início do século XX, e chegam até os dias atuais em Calcutá, Moscou, Budapeste e Flórida Central; todos indicam que os cães têm algum tipo de vínculo fundamental com as pessoas. E também havia nossos estudos do Wolf Park, que mostraram que os cães gravitam em direção às pessoas muito mais do que seus primos caninos mais próximos.

Todas essas linhas de evidência apontavam para uma conclusão, mas também podiam ser objeto de outras interpretações. Afinal, nossos cães dependem de nós para tudo de que precisam — comida, abrigo, calor e até suas necessidades fisiológicas — assim, seu interesse em nós poderia surgir apenas pelo papel crucial que desempenhamos em suas vidas.

Eu sabia que precisava fazer mais do que simplesmente mostrar que os cães estão satisfeitos com as pessoas. Precisava mostrar que somos importantes para eles. Precisava de provas de que os cães, efetivamente, fazem algo para ajudar os humanos quando estamos angustiados. Isso mostraria que a ligação emocional entre as pessoas e os cães é recíproca — um suporte bem mais forte para a noção de que os cães não só estão ligados a nós, mas também se importam conosco. Evidências desse tipo trariam novas percepções das vidas emocionais desses animais e luz sobre o lado canino da relação cão–humano.

Quando comecei a pensar na possibilidade de que os cães pudessem, realmente, fazer alguma coisa para as pessoas, tive uma sensação péssima. Eu pude lembrar, claramente, de uma apresentação em uma conferência da qual participei. Ela tratava exatamente dessa questão, e os resultados foram amargamente decepcionantes.

Isso foi no início do meu interesse científico pelo comportamento dos cães — acho que em 2004 ou 2005 — e eu estava na Conferência de Cognição Comparada em Melbourne, na Flórida. Participo de muitas reuniões científicas e tenho que confessar que, às vezes, acho difícil manter meu interesse em longas sessões em salas lotadas. Cá entre nós, muitas vezes caio no sono nas sessões depois do almoço. Em um encontro desses, no entanto, tive a felicidade de estar acordado e não pude acreditar no que ouvi.

Nesta tarde em particular, o palestrante era Bill Roberts, da Universidade de Ontário Ocidental. Ele não costuma ser um dos palestrantes mais dramáticos de uma conferência, Bill tem um estilo seco e lacônico, que pode, às vezes, depreciar sua ciência sempre de primeira classe. Eu já me preparava para minha soneca pós-almoço, mas percebi que Bill estava apresentando algo bem diferente dos seus habituais cuidadosos estudos laboratoriais sobre pombos. Em vez disso, o tema de sua apresentação tinha claras e chocantes implicações para minha pesquisa sobre a singularidade dos cães.

Bill estava explicando[9] como tinha, recentemente, conduzido um estudo no qual uma série de voluntários, ao passear com seus cães em um gelado parque canadense em novembro, fingia ter um ataque cardíaco. Uma aluna de Bill na época, Krista MacPherson, ficava escondida atrás de uma árvore com uma câmera de vídeo e outro assistente ficava sentado em um banco do parque, fingindo estar lendo um jornal. Bill mostrou os vídeos que Krista tinha feito, um por um. Uma pessoa após a outra entrava em cena caminhando, parava de repente, perto do "estranho" no banco e, com um grito de dor e apertando o peito, caía no chão. Os cachorros cheiravam, cuidadosamente, seu tutor prostrado e depois respondiam em uma de duas maneiras. Ou se deitavam ao lado de seus donos ou (nos casos mais engraçados) davam duas voltas cuidadosas em torno da pessoa e, percebendo que não tinha ninguém segurando a outra ponta da coleira, fugiam que nem loucos. Nem um único cachorro se aproximou da pessoa no banco, que poderia ter fornecido ajuda médica.

Eu nunca estive em uma reunião científica onde houve tanta risada. O impacto em ver esses cães fugindo, principalmente depois da introdução seca de Bill à pesquisa, foi absolutamente hilário.

Posteriormente, as críticas ao estudo apontavam que, talvez, os cães soubessem que os tutores estavam fingindo um ataque cardíaco e não estavam em nenhuma dificuldade real. Ou talvez os cães não buscaram ajuda porque não conheciam a pessoa sentada no banco. Em resposta a essas críticas, MacPherson e Roberts reformularam o experimento, desta vez providenciaram uma estante para cair na cabeça do tutor do cachorro. Eles se certificaram de que, antes de o "acidente" ocorrer, o cachorro fosse apresentado ao "estranho" que poderia oferecer ajuda. Krista e Bill até permitiram a cada tutor, enquanto estava preso ao chão, que instruísse os cachorros a buscar ajuda. Mas, mesmo com essas melhorias no projeto, os resultados foram exatamente os mesmos. Como no experimento do ataque cardíaco, nem um único cachorro fez nada que pudesse ajudar a libertar seu dono de debaixo da estante.

Vários anos depois[10], outro estudo foi publicado que intensificou ainda mais o apoio à noção de que os cães não pareciam inclinados a ajudar as pessoas. Juliane Bräuer e seus colegas do Max Planck Institute for Evolutionary Anthropology, em Leipzig, Alemanha, construíram um compartimento de aproximadamente 2,5m por 1,5m, inteiramente de acrílico. A porta também era de acrílico, a qual era aberta assim que um botão no chão do lado de fora do compartimento fosse pressionado. O grupo de Bräuer treinou doze cães para abrir a porta do compartimento pressionando o botão do chão com a pata. Uma vez que todos conseguiam abrir a porta de forma confiável, os pesquisadores colocaram um pedaço de comida de cachorro ou uma grande chave dentro do compartimento. Uma vez que o compartimento era totalmente transparente, os cães podiam de imediato ver o que tinha dentro antes de pressionar o botão. Quando havia comida, os cães quase sempre pressionavam o botão para abrir a porta — mostrando que eles tinham compreendido como funcionava o mecanismo. Quando havia a chave grande no chão, somente um cachorro em três abriu a porta. Não fazia nenhuma diferença se um humano olhasse para o cachorro e depois para a chave, pedisse para o cachorro pegar a chave, tentasse abrir a porta puxando-a ou até dissesse: "Abra!", em um tom severo de comando.

Em um experimento complementar, a equipe de Bräuer conseguiu que a proporção de cães que abrisse a porta subisse para 50%, apontando direto para o botão. No entanto, presumo (e Bräuer e seus colegas apoiam a ideia) que os cães interpretaram o gesto de apontar como uma instrução para pressionar o botão — ainda assim, isso não apoia a ideia de que os cães estavam interessados em ajudar as pessoas.

Tanto o experimento de MacPherson e Roberts quanto o do grupo de Leipzig têm evidências muito claras *contra* a alegação de que os cães se preocupam o suficiente com seus humanos para ajudá-los. Também parece que eles foram muito cautelosos em conduzi-los. Se formos julgar apenas por esses experimentos, teremos que concluir que os cães não se preocupam tanto com as pessoas.

Felizmente, outros estudos sugerem que os cães têm, sim, alguma preocupação pelo que acontece com as pessoas. Ted Ruffman e Zara Morris-Trainor, que trabalham em duas universidades na Nova Zelândia, tiveram a brilhante ideia de expor os cães às pessoas (ou, pelo menos, aos sons das pessoas) que estavam em estados de angústia emocional extrema, sem pedir para os cães fazerem nada em particular — só para ver se eles pareciam ter alguma experiência emocional em resposta aos humanos em estados emocionais extremos.

Ruffman e Morris-Trainor conseguiram gravações de humanos na fase mais desinibida da vida — a infância. Nenhum bebê foi ferido na realização dessa pesquisa: os pesquisadores registraram choros e risos perfeitamente espontâneos de bebês. Ruffman e Morris-Trainor montaram um par de alto-falantes e, alternadamente, tocaram as gravações de bebês chorando ou rindo. Um cachorro foi posicionado a igual distância de cada alto-falante e cada gravação foi tocada por vinte segundos. Os pesquisadores, então, mediram a tendência do cachorro em se aproximar de um alto-falante ou do outro (ou de nenhum). Ruffman e Morris-Trainor descobriram[11] que todos os cães testados eram mais propensos a se aproximarem do alto-falante quando reproduzia o som de choro de bebê.

Essa descoberta é intrigante, mas não nos diz tanto assim. Talvez seja possível que implique que os cães se preocupam com o sofrimento dos bebês, mas o som de um choro de bebê pode ser apenas um barulho estranho, mais forte ou mais intrigante do que a risada de um bebê; pode estar atraindo a curiosidade dos cães, não sua simpatia e preocupação. No entanto, Deborah Custance e Jennifer Mayer de Goldsmiths, Universidade de

Londres, pensou em uma forma de expandir o experimento de Ruffman e Morris-Trainor para fazer uma demonstração mais significativa da preocupação dos cães com as pessoas.

Ao elaborarem o estudo[12], Custance e Mayer reconheceram uma interessante distinção entre empatia e simpatia. A empatia, argumentam eles, é um tipo de infecção. Ver você triste me deixa triste. Se empatia é tudo o que estou experimentando, minha resposta é buscar alívio para sua tristeza. Se eu fosse uma criança pequena, eu procuraria minha mãe. (Como não sou, eu me sirvo de uísque.) Simpatia, por outro lado, é mais complexo. Se eu vejo que você está triste e sinto simpatia por você, não fico necessariamente triste, mas motivado a tentar aliviar sua tristeza. Se eu fosse seus pais, talvez lhe desse um abraço. Visto que não sou, eu lhe serviria um uísque. Embora seria, certamente, interessante se descobríssemos que nossos cães mostram empatia quando estamos sofrendo, se os cães se importam mesmo com seus humanos, então é simpatia, não empatia, que devemos procurar.

Após o estudo de Ruffman e Morris-Trainor, Custance e Mayer também expuseram os cães ao sofrimento das pessoas, mas aperfeiçoaram o projeto experimental de várias formas. Para maximizar as chances de conseguir uma reação normal dos cães para pessoas em sofrimento, eles testaram cada cachorro em sua própria casa e incluíram o tutor como uma das pessoas que ficariam angustiadas. Por vinte segundos cada vez, o tutor chorava da forma mais natural possível perto de seu cachorro. Como condição de controle, para garantir que a resposta que o cachorro tivesse diante do choro da pessoa não fosse apenas uma reação a um som estranho vindo de um humano, o tutor também murmurava para o cão por vinte segundos. Mayer — um total estranho para os cães — também teve, exatamente, as mesmas atitudes. Entre os episódios de choro e murmúrio, Mayer e o tutor conversavam tranquilamente por dois minutos, para dar ao cachorro um tempo para relaxar da reação que o choro e o murmúrio tinham provocado. As duas pessoas ficaram presentes o tempo todo: só o que variava em cada etapa era se o tutor ou o estranho faziam os barulhos, e se o barulho era de choro ou sussurro. A ordem em que as diferentes pessoas e seus diferentes comportamentos eram apresentados também era aleatória para cada cachorro.

Se os cães estivessem motivados a se aproximar das pessoas que estavam chorando apenas por curiosidade por esse som relativamente raro, então deveriam se aproximar mais prontamente das pessoas que sussurravam, visto que sussurrar era também um som raro para um humano fazer perto dos cães. Não foi o que Custance e Mayer descobriram. Em seu experimento, os cães se aproximaram muito mais das pessoas que choravam do que das pessoas que sussurravam.

Se os cães estivessem sentindo empatia — ou seja, se ver e ouvir uma pessoa triste os fizessem se sentir tristes também — então, assim como as crianças que procurarão suas mães quando encontram alguém chorando, os cães deviam se aproximar dos seus tutores pedindo apoio quando ouvissem uma pessoa chorar, mesmo que essa pessoa não fosse seu tutor. Não foi isso o que Custance e Mayer descobriram também.

Custance e Mayer relataram que os cães neste estudo se aproximaram de seus tutores quando eles choraram, mas também se aproximaram do estranho quando ele chorou. Isso é consistente com o que seria esperado da capacidade de sentir simpatia — preocupação com o bem-estar do outro ser e um desejo de oferecer apoio emocional para quem estiver sofrendo.

Para ficar claro, a conclusão a que cheguei sobre esse experimento não é como Custance e Mayer interpretaram seus resultados. Eles argumentaram que a explicação mais provável para suas descobertas era que os cães, com sua extensa experiência de convívio com os humanos, provavelmente, tinham sido recompensados no passado por se aproximarem das pessoas que pareciam tristes.

Como expliquei, eu aprecio explicações simples e parcimoniosas para descobertas científicas como essas. Mesmo que não tenha conseguido comprar uma navalha no vilarejo de Ockham, ainda acredito que o princípio da parcimônia — limitar o número de princípios explicativos utilizados — é o núcleo fundamental da explicação científica. Mas, neste caso em particular, não estou convencido de que a hipótese reducionista de Custance e Mayer está correta. Será verdade que os cães recebem mais recompensas de pessoas que estão tristes do que das que estão felizes? Nunca testei essa ideia, mas, pessoalmente, eu sou mais propenso a dar um petisco a minha Xephos quando estou de bom humor do que quando estou deprimido. Não acho que eu seja particularmente excepcional nisso e não acho que seja um exagero dizer que a felicidade inspira a generosidade mais do que a tristeza.

Além disso, se é a expectativa da recompensa que faz os cães se aproximarem de pessoas que choram, por que eles se aproximaram do estranho em vez dos seus tutores? Lembre-se, as duas pessoas estavam presentes em todas as etapas do teste. Eu teria pensado que, se o choro leva a uma expectativa de comida, então essa expectativa certamente estaria concentrada no tutor — que teria dado comida para ele muitas vezes no passado, em vez de um estranho, que nunca tinha alimentado o cachorro. E, ainda assim, quando o estranho chorou, os cães do experimento se aproximaram dele, e não do tutor.

Não, sem dúvida a melhor explicação dessas descobertas fascinantes não é que os cães esperam que as pessoas tristes deem alguma coisa para eles, mas que estão, de fato, preocupados com as pessoas que estão angustiadas. Eles se aproximaram da pessoa que chorava — fosse ela seu tutor ou um estranho — porque eles estavam experimentando empatia ou simpatia — estavam preocupados com o sofrimento da pessoa. Esse experimento fornece evidências convincentes de que nossos cães se preocupam com o que acontece conosco.

Esse experimento de Custance e Mayer é o tipo de teste que eu amo. Como o teste de sociabilidade de Mariana Bentosela, ele é bem simples de conduzir, e mesmo assim o resultado é realmente convincente. É também objetivo o bastante para você tentar fazer em casa sozinho, se morar com um cachorro. Não precisa de equipamento — só de uma pessoa que seja estranha para o seu cachorro e de você. Um sofá ou duas cadeiras — embora eu ache que você possa fazer sentado no chão, se tiver flexibilidade. Precisa de um lugar livre de distrações, depois, é só um de cada vez chorar e sussurrar por vinte segundos, fazer vinte minutos de intervalo entre uma vez e outra. Você será capaz de ver qual será a reação do seu cachorro em comparação com os cães de Custance e Mayer. O seu cachorro se importa se você está sofrendo e com um estranho também? Nem todos os cães testados por Custance e Mayer se comportaram do mesmo jeito, assim, é perfeitamente possível que o seu próprio cachorro mostre um padrão de reações diferentes daquelas que resumi aqui. Você pode aprender coisas sobre o seu cachorro que poderão surpreendê-lo — espero que positivamente.

Muitos desses estudos sobre como os cães reagem ao sofrimento dos humanos sugerem que eles se importam conosco — ou pelo menos que as pessoas são importantes o bastante para os cães experimentarem uma reação emocional, quando parecemos estar em aflição. Mas, à primeira vista, os experimentos que mostram que os cães não ajudam seus humanos com um aparente ataque cardíaco ou por estarem em uma armadilha debaixo de uma estante parecem contradizer essa conclusão. Como devemos conciliar essas descobertas aparentemente opostas?

Uma forma de resolver essa pretensa contradição é procurar fora do laboratório por exemplos de cães que ajudam humanos. É claro, alguns cães assistem, rotineiramente, as pessoas: dois exemplos óbvios são os cães-guias, que ajudam os cegos e os cães de resgate São Bernardo, que encontram pessoas soterradas na neve alpina. Mas esses cães são treinados para ajudar, então seu comportamento reflete as intenções de seus adestradores, não os seus — e, portanto, suas ações não podem ser usadas para responder à questão se os cães, enquanto espécie, são motivados a ajudar as pessoas.

E, ainda assim, há muito mais exemplos de cães comuns desempenhando proezas incríveis para ajudar as pessoas em aflição. Bem, eu certamente acredito que temos que ser cautelosos quando interpretamos as coisas que as pessoas dizem que seus cães têm, porque nosso amor por eles pode prejudicar nosso julgamento e nossa lembrança. Ao mesmo tempo, no entanto, o grande número de relatos de cães tentando ajudar quando as pessoas experimentam traumas agudos, óbvios e não fingidos exige que levemos a sério esse corpo de provas casuísticas.

Alguns dos exemplos mais claros de cães ajudando humanos foram documentados durante um dos pontos mais sombrios do século XX. Durante a Segunda Guerra Mundial, os jornais do Reino Unido continham vários relatos de cães que desenterraram espontaneamente seus tutores dos escombros de casas bombardeadas. Por exemplo, em dezembro de 1940, o *Daily Mail* relatou: "Foi Chum[13], um companheiro Airedale de doze anos, que resgatou Marjorie French. Sua casa desmoronou e ela estava presa nos escombros quando viu as patas do cachorro cavando furiosamente para soltá-la, arrastando-a pelos cabelos para fora em segurança."

Aqui temos uma situação em que o sofrimento do tutor era autêntico, não encenado. O seu choro de dor foi, sem dúvida, completamente convincente. As ações exigidas de seu cachorro foram fáceis de compreender e o que ele precisava fazer (cavar) foi algo completamente natural a muitos da raça do Chum. Sem dúvida, sob essas condições, os cães realmente ajudam seus tutores. (Chum, a propósito, foi posteriormente premiado com a medalha de bravura da Our Dumb Friends League — uma importante organização de bem-estar animal britânica.)

Essa é uma prova bastante convincente de que os cães ajudarão as pessoas com as quais eles se importam e há muitas histórias incríveis como essa. Mas essas provas são pálidas em comparação com as descobertas de um experimento muito inteligente feito com ratos na Universidade de Chicago.

Divulgação total: uma vez namorei uma garota que tinha um rato de estimação. Aquela coisinha corria com entusiasmo pelo apartamento dela, mas, apesar de sua vivacidade, nunca pensei em ratos como criaturas particularmente sociais. Descobri que eu estava errado; ratos, na verdade, formam vínculos fortes uns com os outros e dois ratos que compartilham a mesma gaiola se tornam amigos e aliados de verdade. Saber quão poderosa é sua camaradagem despertou o interesse de pesquisadores — e, no devido tempo, atraiu minha atenção também.

Para mensurar a força do sentimento de companheirismo entre dois ratos que compartilham uma gaiola, Peggy Mason e seu grupo desenvolveram um pequeno recipiente cilíndrico, mas largo o bastante para um rato ser espremido ali. É uma experiência intolerável para um rato ficar preso dessa forma, e o pobre ratinho dava guinchos de angústia em um tom muito alto para os humanos ouvirem, mas são claramente audíveis para outros de sua própria espécie. O recipiente foi feito com uma porta que fecha ao deslizar, de maneira que o rato não conseguia abrir por dentro sozinho, mas outro rato do lado de fora podia abrir para ele — se o rato solto[14] estiver propenso a ajudar seu compadre na armadilha. Mason e seus colegas primeiro demonstraram que, se o rato preso e o rato solto forem amigos de gaiola, muitos abrirão o recipiente para tirar seu companheiro de lá. O grupo de Mason prosseguiu para mostrar que os ratos farão isso, mesmo se tiver um recipiente com chocolate perto. O rato solto abrirá os dois recipientes e dividirá o chocolate com seu amigo.

Quando ouvi isso, eu tive que acreditar que, se ratos libertam outro indivíduo que é importante para eles, os cães certamente fariam isso também. Este poderia ser o teste ideal para saber o quanto os cães se importam com seus humanos. Eu percebi que bastava fazer uma armadilha humana especial, com um trinco no exterior que não fosse difícil para um cachorro abrir, uma pessoa disposta a ficar trancada na armadilha e que fosse capaz de chorar de forma convincente.

Começamos construindo o que chamamos de "caixão de papelão" com caixas de mercearia, unidas com fita isolante. Foram necessárias três caixas para construir um caixão grande o suficiente para alguém entrar. Deixamos sem fita a parte de cima da caixa e fizemos um buraco na lateral, grande o suficiente para o cachorro ver o que tinha dentro. O cachorro podia colocar o focinho dentro do buraco para deslizar a caixa para abrir — se quisesse.

Xephos foi a primeira cachorra a ser testada com esse aparato de alta tecnologia e estou mortificado em relatar que ela não tentou me libertar do meu túmulo enquanto eu gritava pedindo ajuda. Eles me falaram (minha esposa e meu aluno Joshua Van Bourg, que fez o projeto), que ela correu em círculos, aparentemente muito angustiada, e parecia estar tentando chamar minha esposa para ajudar — mas ela não abriu a caixa. Por outro lado, quando minha esposa entrou na caixa e pediu socorro, rapidamente, Xephos abriu a caixa e resgatou a pessoa "não tão indefesa assim". Vamos apenas chamar essa descoberta em particular de um resultado misto.

Depois dessa experiência inicial, Josh construiu uma caixa mais robusta e pediu para muitas pessoas entrarem nela e gritarem aflitas para seus cachorros. Enquanto escrevo este livro, esse experimento ainda está sendo conduzido, mas já há claras evidências de que muitos cães resgatarão seus tutores da caixa, quando a pessoa gritar angustiada. Josh também encontrou diferenças reveladoras entre os resultados do estudo do rato e do seu cachorro. No primeiro dia, os ratos eram colocados dentro do aparato, Mason e seus colegas observaram que cerca de 40% deles libertavam seu amigo — mas levou em média uma hora para que eles se movimentassem para fazer isso. Mesmo depois de uma semana de testes diários, somente cerca de metade dos ratos estavam libertando os outros e ainda levavam cerca de vinte minutos para isso. Por outro lado, com os cães que está testando, Josh observou que, em um único teste de dois minutos, cerca de um terço libertou seu tutor.

Até onde sei, o estudo de Josh é o primeiro em que o cientista verifica se indivíduos de uma espécie ajudará membros de outra. Esta não é só uma fronteira emocionante da ciência, mas também acho que fornece claras evidências de que os cães têm um forte desejo de ajudar seus tutores. Com base em outros estudos, sabemos que os cães sentem interesse na companhia humana — mas, agora, também sabemos que eles se esforçarão muito para ajudar as pessoas com as quais têm vínculos especiais.

Claramente, nem todos os cães nesse estudo — ou outros como esse — agiram de forma a ajudar. Mas suspeito que isso foi um fracasso do experimento, não dos próprios cães. Os testes são, necessariamente, curtos, no intuito de atrair voluntários e para evitar que seus gritos de ajuda soem ensaiados demais; além disso, nem todos os tutores fingiram sua angústia de forma totalmente convincente. Essas questões, sem dúvida, contribuíram para que nem todos os cães agissem de forma útil.

Eu também acho que alguns cães queriam ajudar, mas não compreendiam o que precisavam fazer. Suspeito que isso é o que pode ter acontecido no experimento de MacPherson e Roberts no Canadá. Por mais divertido que o comportamento dos cães possa parecer, muitos podem ter ficado angustiados com o sofrimento de seus humanos quando pareciam estar tendo um ataque cardíaco ou quando ficaram presos embaixo de uma estante — os animais simplesmente não tinham ideia do que deviam fazer em uma situação como essa.

Da mesma forma, alguns dos cães da nossa experiência podem não ter compreendido como abrir a caixa para deixar a pessoa sair. Essas são limitações inevitáveis nesse tipo de experimento comportamental. Embora tenhamos feito o projeto do estudo para oferecer a forma mais simples possível para um cachorro mostrar sua preocupação e desejo de ajudar, é claro que isso ainda constitui um desafio intelectual para muitos cães. Como poderia ver, se tentasse isso com seu cão, muitos cães ficaram muito intrigados com a situação e inseguros em como proceder.

No entanto, nas gravações de vídeo que fizemos dos cães nesse experimento, descobrimos que quase sempre o comportamento do cachorro indica que ele está angustiado pela situação, mesmo que não abra o recipiente e liberte seu tutor. Além disso, nossos experimentos mostram que muitos cães ajudam seus humanos, quando estão em aflição, se o problema for simples o bastante para um cachorro compreender e a solução envolver um comportamento que ele tem prontamente disponível. Cavar e puxar são coisas que os cães sabem como fazer. Se trabalharmos dentro desses parâmetros básicos, parece bem claro que os cães se importam bastante conosco para ir nos ajudar.

Mais de um século atrás, um dos pioneiros da psicologia animal, Edward Thorndike (muitas vezes, como Pavlov, visto como o fundador do behaviorismo), fez uma reclamação dura em um dos primeiros livros de psicologia animal: "Os cães se perdem[15] centenas de vezes e ninguém nunca percebe ou envia um relato para uma revista científica, mas basta que um encontre seu caminho de Brooklyn a Yonkers e o fato, imediatamente, se torna uma anedota em circulação."

O ponto de vista de Thorndike é bom: somos naturalmente atraídos por histórias do excepcional e do maravilhoso. Às vezes, essas histórias podem conter um pitaco de verdade, mas muitas vezes elas são exageradas e não representativas do que os animais podem fazer. Para que nossa compreensão dos cães se torne objetiva e científica, conferindo grandes vantagens em termos de conhecimento de como cuidar deles, precisamos desenvolver testes e experimentos que possam estabelecer, sem espaço para controvérsia, o que os cães podem, verdadeiramente, fazer.

Consequentemente, neste capítulo, evitei histórias ficcionais ou de segunda mão sobre o afeto e preocupação dos cães. Da mesma forma que contos de façanhas da Lassie pode ter pouco peso científico, não significaria nada para mim que o *Daily Mail*, em 1940, tenha relatado que um cachorro resgatou sua dona dos escombros de uma casa bombardeada, se eu não fosse capaz de encontrar uma forma de testar por experimentos se isso é, de fato, algo que os cães fariam (sem bombardear a casa de ninguém, é claro). A demonstração de MacPherson e Roberts de que os cães parecem tentar ajudar os humanos em aflição é tão importante para refinar nossa compreensão sobre nossa relação com nossos companheiros caninos quanto os resultados muito mais positivos do estudo do meu aluno Josh. Sem evidências objetivas, eu até estaria disposto a levantar dúvidas sobre o significado das caras felizes dos cães e do abano das caudas (embora eu confesse, a alegria que o abano das caudas transmite seria difícil até mesmo para eu questionar).

Eu levo a sério o comportamento como indicador de como os animais se relacionam com o mundo — e há amplas evidências comportamentais de que os cães, na verdade, se importam com os seres humanos. Os cães nos procuram; ignoram comida para estar conosco; expressam alegria por meio de suas caudas e caras em nossa presença; demonstram desejo de nos ajudar quando estamos precisando. Tudo isso sugere que eles têm fortes ligações emocionais com as pessoas, que nós somos *importantes* para os cães em um nível mais profundo do que a maioria dos cientistas e especialistas se sente confortável em admitir.

Mas também reconheço que é difícil captar as motivações pelo estudo apenas de suas ações. Como os cães se sentem em relação às pessoas? Seu comportamento pode conter pistas — mas a resposta está em seus corpos.

4

CORPO E ALMA

XEPHOS MUITAS VEZES faz barulhos que parecem uma mistura de choro e uivo. Eu falo brincando que é a tentativa dela de falar inglês. Geralmente, consigo entendê-la muito bem apesar da barreira da linguagem. Sei que ela ama passeios, os membros humanos da família também, mas ela é ambivalente quanto ao nosso gato, ela gosta mais de comida humana do que do alimento de cães, e por aí vai. Mas o fato de ela e seus irmãos não conseguirem nos dizer diretamente como se sentem, de maneira efetiva, coloca uma divisória entre cientistas, como eu, e esses sujeitos peludos.

Sem dúvida, as ferramentas da psicologia nos ajudam a espreitar através do véu que separa nossas espécies. Experimentos engenhosos nos possibilitam observar as relações entre as coisas que acontecem no mundo (como uma pessoa especial aparecendo ou um gesto humano em direção a um objeto) e o comportamento dos nossos cães (buscar proximidade com seus humanos ou seguir a direção de um gesto de apontar para um objeto). Esses e muitos outros testes são, certamente, informativos e um grande avanço na nossa compreensão dos cães. Mas é extremamente difícil chegar às profundas motivações subjacentes ao comportamento com somente esses tipos de estudos comportamentais.

Assim, mesmo com um corpo crescente de pesquisas ao alcance das minhas mãos — e uma crescente suspeita de que Xephos sente um vínculo emocional comigo — eu estava me aproximando dos limites do meu conjunto de habilidades behavioristas. Eu também estava muito consciente de que muitos outros psicólogos de cães não compartilham minha crescente paixão pela pesquisa das emoções animais e, portanto, não seriam, particularmente, úteis na inovação neste aspecto. Felizmente, no entanto, enquanto os psicólogos estão se arrastando, outro grupo de cientistas — biólogos — está caminhando a todo vapor.

Vários estudos científicos recentes estão concentrados em encontrar os fundamentos biológicos das respostas dos cães às pessoas. Esses experimentos incluem alguns dos mais intrigantes e criativos projetos de pesquisa em andamento na ciência canina atualmente. E esse corpo de pesquisa, eu sabia, poderia ter exatamente o tipo de evidência indiscutível de que eu precisava para provar que os cães são especiais porque se importam com as pessoas.

Se os cães têm envolvimento emocional com nossa espécie, então deveríamos ver evidências disso em seus corpos — especificamente, na ativação dos mecanismos biológicos subjacentes à emoção. Os cientistas hoje descobriram uma série de marcadores neurológicos, hormonais, cardíacos e fisiológicos que estão relacionados com experiências emocionais específicas em humanos. O fato de todos os animais estarem inter-relacionados por meio da história evolucionária compartilhada sugere que a atividade similar desses mesmos marcadores em uma espécie não humana pode sugerir que eles estejam experimentando estados internos semelhantes.

Se os cães verdadeiramente se importam com os seres humanos, seu afeto deveria ser refletido em seus corpos. Enterrada na biologia dos cães, a prova da sua singularidade deveria ser visível assim que tivermos as ferramentas certas para iluminá-la.

Quando falamos de emoção, naturalmente, tendemos a falar do coração. E por uma boa razão: nossas emoções podem, literalmente, acelerar nossa pulsação. Pavlov e Gantt perceberam isso há um século, quando foram as primeiras pessoas a grudar eletrodos no peito de um cachorro e medir quanto sua frequência cardíaca se alterou quando percebeu uma pessoa entrando em seu ambiente. Esses dois cientistas foram capazes de deduzir que a presença de uma pessoa familiar acalmava a ansiedade do animal.

Essa linha de pesquisa foi retomada, mais recentemente, por dois pesquisadores na Austrália: Craig Duncan, da Universidade Católica Australiana, e Mia Cobb, da Monash University. Juntos, eles fizeram uma bonita demonstração que capturou, literalmente, como dois corações podem bater como um só quando os cães e seus humanos estão emocionalmente sincronizados. O estudo foi realizado com o apoio de uma empresa de alimentos para cães e um vídeo está disponível na internet (faça uma busca no YouTube por "Pedigree hearts aligned" [Pedigree, corações alinhados, em tradução livre]). Conheço os cientistas envolvidos e tenho falado com Mia Cobb sobre esse estudo. O vídeo pode não ser profissional, mas a pesquisa é real e os resultados são completamente convincentes.

Duncan e Cobb prenderam monitores de verificação da frequência cardíaca em três pessoas e em seus cachorros. Esses instrumentos não só detectam o quão rápido o coração de alguém está batendo, mas também, quando indivíduos estão sendo gravados simultaneamente, se seus corações batem em sincronia.

Para esse estudo, Duncan e Cobb escolheram três indivíduos que tinham forte interdependência com seus cães. Glenn é um construtor que sofreu ferimentos graves quando o andaime em que estava trabalhando desabou em um canteiro de obras; ele diz que caminhou por uma "estrada escura" depois de seu acidente e acredita que seu cachorro, Lyric, trouxe de volta a vontade de viver. Por sua vez, Alice é surda de nascença: seu cachorro, Juno, age como seus ouvidos, dando-lhe consciência do que está acontecendo ao seu redor, que ela não teria capacidade de perceber por si mesma. E Sienna, uma jovem que estava devastada pela morte de seu cachorro, Max. Ela não conhecia nenhum cachorro que significasse tanto para ela quanto o Max, mas seu novo cachorro, Jake, estava determinado a provar que estava errada.

Os pesquisadores simplesmente pediram para cada participante humano sentar no sofá, e ligaram o monitor que mede a frequência cardíaca no peito da pessoa. Nos três testes, Duncan e Cobb puderam ver, pelos traços dos batimentos que apareciam nas telas de seus computadores, que os sujeitos humanos estavam um pouco estressados com a situação. Ter um aparelho preso em seu peito é uma sensação estranha se não está acostumado, e sentar em um sofá com câmeras voltadas para você, capturando cada contração, tende a causar pelo menos um pouco de ansiedade. Uma vez que cada participante tinha se acomodado, o cachorro da pessoa, também usando um monitor para medir a frequência cardíaca, entrou na sala.

Assim que o cachorro e a pessoa estavam juntos, as frequências cardíacas começaram a diminuir, indicando relaxamento, e rapidamente os padrões dos batimentos cardíacos humanos e dos cães ficaram sincronizados: literalmente, dois corações batendo como um só, uma linda demonstração do quanto se poderia pedir da intimidade que pode existir entre o humano e o cachorro.

Esse é um experimento que talvez você não deva tentar em casa. Mesmo que tenha o seu próprio monitor de frequência cardíaca, não recomendo que tente prendê-lo em um cachorro sem assistência profissional. No entanto, você pode encontrar evidências desse mesmo fenômeno na sensação contínua de calma e relaxamento profundo que surge ao ter seu cachorro perto de você. Todos que desfrutaram de uma relação com um cachorro experimentaram essa união serena.

Monitores de frequência cardíaca não são particularmente caros ou difíceis de obter, por isso eles oferecem uma forma relativamente acessível aos cientistas de estudar o que acontece com o corpo de um cachorro quando há uma relação próxima com um ser humano em particular. Mas os estudos de Gregory Berns, da Emory University em Atlanta, Geórgia, utilizam um aparato muito mais caro. Sua análise das bases biológicas de como os cães respondem às pessoas vai até o núcleo do órgão que controla todas as nossas motivações — o cérebro.

Por volta de 2012, Berns era um professor bem estabelecido na relativamente nova disciplina de neuroeconomia, que utiliza ferramentas da neurociência para compreender como os humanos tomam decisões econômicas. Berns e seus colegas treinam as pessoas para ficarem deitadas quietas nos scanners da IRM (imagem por ressonância magnética). Essas máquinas usam um campo magnético poderoso para gerar imagens fantasticamente detalhadas do cérebro vivo, enquanto está acordado. Ao comparar as imagens do cérebro capturadas enquanto um indivíduo está envolvido em diferentes tipos de atividades mentais, os cientistas conseguem deduzir, usando uma técnica conhecida como imagem por ressonância magnética funcional (fMRI), quais áreas do cérebro são responsáveis pelos diferentes domínios do pensamento. As imagens da atividade cerebral que a equipe de Berns obteve enquanto seus sujeitos enfrentavam diferentes tipos de problemas econômicos são tão detalhadas que eles podiam identificar quais centros do cérebro são responsáveis por diferentes aspectos do processamento da informação econômica.

Como manter a cabeça de alguém perfeitamente imóvel é importante para o sucesso desse método, os únicos indivíduos cujos cérebros haviam sido escaneados desta forma tinham sido membros da nossa própria espécie. Berns sempre teve cães como parte de sua família e era fascinado com o enigma do que suas amadas e afetuosas criaturas poderiam estar pensando ao longo da vida. Mas nunca lhe ocorreu que o fMRI poderia ser utilizado para compreender melhor o que se passa no cérebro de um cachorro.

Berns teve um flash de inspiração, no entanto, quando soube da operação que matou Osama bin Laden em maio de 2011. O que chamou sua atenção foi que a equipe de SEALs da marinha norte-americana, que completou sua missão, incluía um cachorro, especificamente, um Pastor-belga Malinois. Enquanto Berns relata[1] em suas fascinantes memórias como desenvolveu essa nova linha de pesquisa, ele ficou chocado com uma fotografia de um cachorro militar preso ao peito de um soldado que saltava de paraquedas de um avião. Ele ficou extremamente impressionado ao ver que um cachorro podia ser treinado a lidar com um ambiente extremo. O cachorro (como o soldado) usava uma máscara de oxigênio e o barulho do avião devia ser intenso — sem falar da sensação de queda de uma altura tão grande.

O fato de cães poderem ser treinados para realizar proezas incríveis sob condições tão extremas instigou a imaginação de Berns e o inspirou a conduzir uma série de experimentos inovadores sobre o cérebro canino — estudos que acabariam por fornecer evidências robustas para apoiar a teoria de que o que torna os cães especiais é o seu envolvimento emocional com os humanos.

Berns tinha levado seu cachorro, Callie, para fazer aula de treinamento de filhotes com um adestrador especialista, Mark Spivak. Berns perguntou a Spivak se um cachorro poderia ser treinado para ficar deitado em um escâner cerebral.

Berns sabia que, para obter dados de um fMRI dos cérebros dos cães, ele precisaria da cooperação dos animais. Para que a máquina de IRM produzisse uma imagem detalhada sobre o que está acontecendo dentro da cabeça do indivíduo, um paciente ou um sujeito de pesquisa, eles devem ficar completamente parados em um escâner barulhento e opressor. As máquinas de IRM tendem a causar ansiedade nas pessoas que recebem uma explicação da inocuidade do procedimento. Como poderia um cachorro, que não pode ser assegurado por essa explicação, ser induzido a ficar deitado completamente quieto em um local totalmente desconfortável?

Spivak, rapidamente, convenceu Berns de que poderia ser feito. Com métodos modernos de treinamento inteligente, ele argumenta, seria possível fazer os cães ficarem deitados quietos o suficiente para serem estudados no escâner cerebral.

Berns e Spivak combinaram uma colaboração. Juntos, construíram uma estrutura simples de madeira, na qual os cães eram treinados para deitar, como a esfinge, com as patas ao lado da cabeça. Berns conseguiu uma gravação do barulho feito pela máquina IRM durante o escaneamento do cérebro, e Spivak treinou os cães a usar fones de ouvido, através dos quais ele passava esses sons perturbadores até que os cães se sentissem totalmente confortáveis com os cliques e zumbidos do escâner.

Berns e Spivak passaram então a construir uma maquete do escâner do IRM, assim, os cães poderiam se acostumar a estar no escâner estreito, um túnel opressor. Eles até passaram a maquete para uma mesa e treinaram os cães a subir os degraus e entrar na estrutura de madeira do escâner, onde depois ouviram pelos fones de ouvido os barulhos cansativos que encontrariam dentro da máquina verdadeira de ressonância magnética. Ao longo desse processo longo, para cuidadosamente moldar o comportamento dos cães, Spivak e Berns usaram somente reforço positivo (petiscos) e não avançavam para a etapa seguinte do treinamento até que pudessem dizer, pelo comportamento dos cães, que eles estavam completamente confortáveis e prontos para seguir adiante.

Finalmente, depois de vários meses de treinamento, Spivak e Berns acharam que dois dos cães estavam prontos para a tarefa de entrar no escâner real e permanecerem imóveis dentro dele. Durante o treinamento, esses cães tinham se comportado bem o suficiente para assegurar aos pesquisadores que podiam lidar com o confinamento dentro do túnel estranho, com o barulho e as vibrações que ocorreriam durante o teste.

Assim que ele e Spivak colocaram os cães confortavelmente em posição na máquina, Berns começou a trabalhar em vários estudos. Berns compartilha minha fascinação por como os cães se sentem sobre seus humanos e estava determinado a ver se podia identificar, em seus cérebros, evidências do vínculo emocional dos cães com os humanos. Mas, para interpretar como os cérebros dos cães respondem à companhia de seus humanos, ele primeiro precisava confirmar que sua técnica poderia identificar as regiões do cérebro implicadas no processamento de recompensas simples e incontroversas, como alimento. Somente quando ele soubesse como um cérebro de cachorro responderia às recompensas de petiscos inequívocas ele conseguiria deduzir a natureza gratificante da companhia humana com base na atividade cerebral dos cães.

Para ver quais partes do cérebro de um cachorro se tornariam ativas quando percebesse que a recompensa era iminente, Berns não poderia apenas mostrar o petisco a ele no escâner. O cachorro podia começar a ficar inquieto e a salivar quando visse a comida, e essa inquietação poderia arruinar a tentativa de conseguir imagens claras da atividade cerebral. Em vez disso, Berns e Spivak ensinaram aos cães um sinal manual (a mão esquerda na vertical) que implicava que eles poderiam esperar alimento e um segundo sinal manual (as duas mãos na horizontal, com os as pontas dos dedos se tocando) indicava que não tinha alimento para ele. Os dois cães[2] conseguiram manter a cabeça parada durante tempo suficiente, a cada sinal, para que Berns e seus colaboradores pudessem dar uma boa olhada em quais partes do cérebro ficavam ativas.

Neste estudo inicial, Berns e seus colegas de trabalho descobriram que, quando os cães esperam por algo que os atrai, seus cérebros trabalham da mesma forma que os cérebros das pessoas. Os neurônios disparam em uma área muito específica do cérebro, chamada de estriado ventral. Essa área, uma sub-região do grupo de neurônios chamado de estriado, tem um importante papel no sistema de recompensas do cérebro, que por sua vez está associado com todos os tipos de comportamento. Assim, descobrir que esta área estava também ativa nos cães que esperavam uma recompensa validava a abordagem de Berns e seus colegas.

Esse experimento inicial envolveu apenas dois cães. Por causa do extenso treinamento exigido, Berns, Spivak e seus colegas não quiseram investir mais tempo nem esforço para treinar um número substancial de cães, a menos que estivessem convencidos de que o método pudesse dar frutos. Mas, com esse resultado inicial nas mãos, a equipe adestrou mais cães — agora eles têm mais de noventa cães que ficam perfeitamente deitados no escâner do IRM.

Após terem demostrado que eles podiam visualizar os padrões específicos de atividade cerebral dos cães em resposta às recompensas alimentares, Berns, Spivak e sua equipe seguiram para a essência do que buscavam — evidências de atividade cerebral da afeição dos cães pelas pessoas. Eles testaram doze cães, deixando cada um farejar um pano que tinha seu próprio odor, um pano com o odor de uma pessoa familiar e também outros panos com odores de uma pessoa desconhecida, um cachorro familiar e um cachorro desconhecido. Desta vez, os pesquisadores descobriram que o estriado ventral era ativado, primeiramente, pelo odor da pessoa familiar — o principal cuidador do cachorro. Essa atividade nos centros[3] do cérebro relacionados com recompensas alimentares demonstra os processos cerebrais dos cães à presença de um ser humano amado como uma situação altamente gratificante.

Uma pessoa cética poderia dizer que a ativação do estriado ventral em resposta ao cheiro do tutor do cachorro não mostra, realmente, que ele está sendo recompensado somente pela lembrança do humano com o qual ele vive. Pelo contrário, essa pessoa já alimentou o cão tantas vezes que o cheiro desse humano em especial o lembra do alimento, e o centro de recompensas do seu cérebro é ativado por associação.

Encontrei Gregory Berns em uma conferência e expliquei minhas dúvidas a ele. Eu até sugeri que ele tentasse esse experimento com algumas pessoas que tinham fortes relações com seus cães mas que, por alguma razão, nunca os tinham alimentado. Ele, muito corretamente, salientou que seria muito difícil encontrar pessoas que morassem com seus cães mas que nunca os tivessem alimentado, e me assegurou que tinha um experimento em processo que assegurava que responderia às minhas preocupações e mitigaria minha incerteza.

Sem dúvida, Berns e a equipe da Emory University criaram um experimento muito mais inteligente do que eu tinha sugerido. Esse estudo tinha três estágios, por isso era um pouco mais complexo — mas sua notável compensação faz valer a pena examiná-lo.

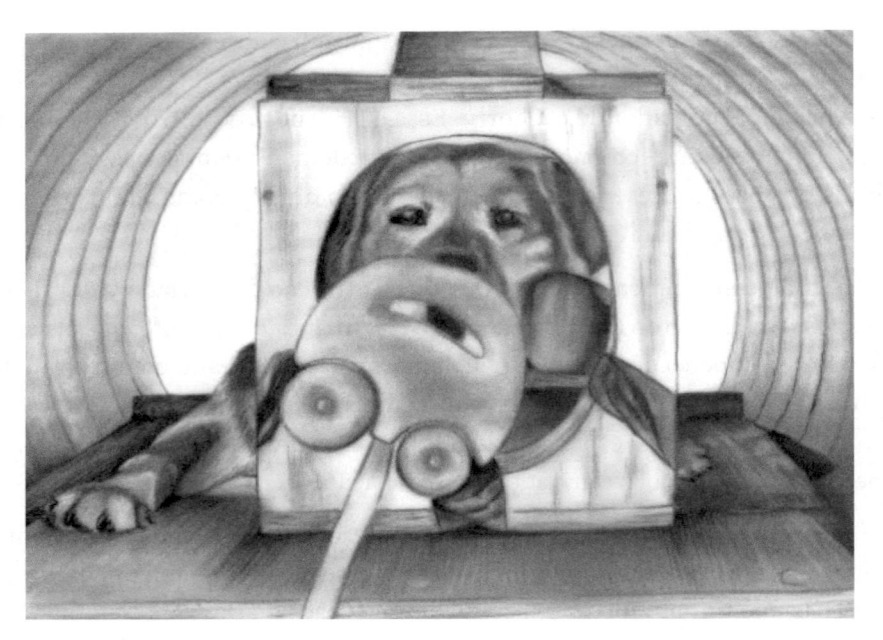

Kady, um dos sujeitos de Gregory Berns dentro da maquete do escâner do IRM. O brinquedo de plástico anuncia o iminente aparecimento de seu cuidador primário

Primeiro, Berns e sua equipe recrutaram quinze cães e os treinaram para ficar deitados e quietos no escâner do IRM. Enquanto ficava deitado ali, os pesquisadores mostravam ao cão sinais que indicavam que ou uma recompensa alimentar ou um elogio de um humano importante era iminente. Se o pesquisador mostrasse ao cachorro um carro de plástico de brinquedo na ponta de um longo bastão, significava que em três segundos o elogio do tutor seria feito. Se fosse mostrado para ele um cavalo de plástico, então um pequeno pedaço de salsicha seria apresentado. Dessa forma, para cada cachorro, os cientistas obtiveram uma dimensão do quanto os centros de recompensa do cérebro eram ativados pelo alimento em relação ao elogio dado por uma pessoa especial.

Em um segundo experimento, eles repetiram esse procedimento apenas com o carro de plástico como sinal de elogio. Mas, desta vez, ocasionalmente, eles deixavam de dar a recompensa (a pessoa fazendo o elogio) que em geral era feita depois da presença do carro de plástico. O sinal do cérebro para esse desapontamento, quando a recompensa prometida não se materializava, é a medida inversa da atividade cerebral que é subjacente à felicidade induzida, quando a recompensa ocorre de fato.

A partir desses dois experimentos, Berns e sua equipe agora tinham dois sinais neurais que indicavam o quanto os cães valorizam as recompensas sociais dos seres humanos. No primeiro experimento, quando a recompensa alimentar ou social era sinalizada consistentemente, eles puderam mensurar a magnitude da ativação cerebral no estriado ventral relacionado ao elogio humano e compará-lo ao nível de ativação à resposta ao alimento. A diferença entre esses dois sinais representa uma dimensão do quanto cada cachorro valoriza o elogio humano em relação ao alimento. No segundo experimento, o contraste entre obter o elogio esperado comparado ao desapontamento e o fracasso em não obter é a segunda dimensão do valor do elogio humano.

Essas duas dimensões mostraram estar intimamente relacionadas. Uma cachorra como Pearl, que Berns descreveu como uma "golden retriever compacta e cheia de energia"[4], reagiu com uma ativação muito mais forte no cérebro diante do elogio que do alimento, e também mostrou uma diferença maior na atividade cerebral quando o sinal que indicava que o elogio humano seria feito não aconteceu como o esperado. No outro extremo, um cachorro como Truffles, cujo cérebro mostrou pequena excitação ao receber o elogio (em relação ao alimento), também mostrou uma evidência neurológica pequena de desapontamento quando o elogio não ocorreu. Apenas quinze dos cães mostraram maior ativação cerebral em relação ao alimento do que ao elogio humano — os cérebros dos outros treze foram mais ativados pelo elogio ou não mostraram diferença na ativação entre esses dois tipos de recompensa.

Mas a parte mais engenhosa deste estudo ainda estava por vir. No terceiro experimento, os mesmos cães foram trazidos, um por um, para uma sala grande e lhes deram uma escolha entre dois caminhos — um que levava ao seu tutor, que estava sentado pronto para oferecer carinhos e elogios e outro caminho que levava a uma tigela contendo petiscos de cachorro. O tutor e a tigela amarelo brilhante estavam claramente visíveis no ponto onde o cachorro tinha que fazer sua escolha entre os dois caminhos. Cada cachorro foi testado vinte vezes — vinte chances de escolher entre os petiscos e o carinho de seu tutor.

Berns e seus colegas descobriram que a maioria dos cães mostrou preferência pelo elogio do tutor em vez de uma tigela de comida, mas o que eles observaram vai além da indicação de uma preferência por carinho do que por petiscos. Como esses mesmos cães tinham também sido escaneados na máquina de IRM, a equipe de Berns foi capaz de observar esse comportamento à luz dos padrões de atividade cerebral dos cães. A descoberta mais empolgante foi que toda preferência dos cães pelos seus tutores ou pela tigela de alimento poderia ser prevista com notável precisão com base nos padrões da ativação cerebral revelados no escâner. Uma cachorra como Pearl, cujo cérebro mostrou uma preferência sólida por elogios sociais humanos em detrimento dos petiscos, também, quando foi dada a livre escolha entre dois caminhos, selecionou a pessoa que lhe faria elogios mais do que o dobro das vezes em relação à comida. Por outro lado, um cachorro como Truffles, cujo cérebro foi muito menos receptivo ao elogio (em relação ao alimento), escolheu o alimento em vez do humano, três para um, quando lhe foi dada uma escolha direta entre os dois. Berns resumiu suas descobertas ao *New York Times*: "Concluímos que a grande maioria[5] dos cães nos ama, pelo menos o tanto quanto ama alimento." O estudo de sua equipe, no entanto, revela mais. Ele mostra que não só muitos cães preferem seus humanos em vez do alimento, mas também que a área no cérebro dos cães onde o processamento dos seus interesses por nós acontece é a mesma região responsável pela análise das recompensas básicas como o alimento.

O sucesso de Berns em desvendar os mistérios de como o cérebro dos cães processa sua preferência pelas pessoas é impressionante. Os cães podem não falar nossa linguagem, mas, por meio da inventividade de Berns e sua equipe, seus cérebros podem agora falar diretamente conosco — e a mensagem é retumbante e clara. A afinidade dos cães com os humanos se origina nas profundezas do seu cérebro e sua atividade neural pode até determinar o quanto eles se importam conosco. Pode não ser um exagero dizer que os cães foram feitos para o afeto.

Ao adestrar cães para permanecerem deitados quietos em um escâner cerebral e observar quais partes dos seus cérebros ficam mais ativas quando são lembrados dos seus humanos especiais, Gregory Berns e seus colegas mostraram onde o investimento emocional dos cães nos humanos se origina na geografia geral do cérebro.

Mas a geografia não é toda a história do cérebro. A química é outra dimensão extremamente importante da atividade cerebral. Sem as substâncias químicas, de fato, não teríamos função cerebral alguma. Nossas células nervosas se comunicam umas com as outras usando substâncias químicas especializadas conhecidas como neurotransmissores e nosso cérebro também coordena a atividade de nosso corpo por meio de hormônios.

O estudo desses neuroquímicos é um dos avanços mais interessantes da biologia atual, ajudando os cientistas a superarem a barreira da linguagem entre humanos e uma série de outras espécies. Os cães são a principal entre elas. Visto que a geografia do cérebro contém pistas robustas sobre o quão significativo os humanos podem ser para os cães, as substâncias químicas nos cérebros dos cães também produzem percepções sem paralelo na relação entre nossas duas espécies — e uma evidência incrível do quanto significamos para nossos cães.

Uma pesquisa recente mostra que um hormônio em particular desempenha um papel importante na relação cão–homem. É a oxitocina — uma palavra derivada do grego, que significa "nascimento rápido". Essa substância foi descoberta[6] pelo inglês Sir Henry Hallett Dale que, em 1909, identificou que algo em uma certa parte do cérebro faz o útero se contrair. Vincent du Vigneaud[7] (apesar de seu nome bem francês, era norte-americano), ganhou o Prêmio Nobel em Química de 1955 por identificar essa substância química, tornando-a o primeiro peptídeo (uma substância química biológica composta de aminoácidos) a ser completamente caracterizado pelos cientistas. A oxitocina é um neuropeptídeo — o que significa que é um peptídeo com impacto direto na atividade das células cerebrais.

Primeiro implicado nas atividades exclusivamente femininas de dar à luz e na produção de leite, agora se sabe que esse peptídeo crucial está presente nos corpos de mamíferos machos e fêmeas e tem um papel amplo nas relações íntimas de todas as espécies. Por exemplo, quando a rata fica prenha, seus níveis de oxitocina aumentam e essa mudança nos níveis de neuropeptídeos a estimula a ter um interesse maior por filhotes. Ao dar injeções desse peptídeo materno em ratas virgens, os cientistas fizeram com que elas se interessassem mais pelos filhotes. Com as ovelhas também, a liberação da oxitocina durante o parto faz a mãe ovelha se lembrar do cheiro do cordeiro recém-nascido e, assim, identificar e cuidar dos seus próprios filhotes e não dos de outras ovelhas.

Estudos do importante papel da oxitocina na consolidação dos vínculos emocionais entre os indivíduos estão fornecendo as bases para uma nova e mais robusta imagem das relações dos cães com seus humanos. Eles sugerem que o afeto dos cães pelos humanos vai além do comportamento, além até mesmo das varreduras cerebrais até o nível da neuroquímica dos cães. As substâncias químicas nos cérebros dos cães, agora descobrimos, trabalham em conjunto com sua geografia, orquestrando respostas emocionais com estímulos externos que têm a chave para entender, exatamente, como os cães se sentem sobre os humanos — e onde e como seu afeto por nós se origina no cérebro.

Uma parte desproporcional do nosso conhecimento de como a oxitocina pode motivar o comportamento afetuoso vem do estudo de um pequeno roedor que vive nas planícies do meio-oeste dos Estados Unidos até no centro do Canadá. O arganaz-do-campo, diferente de outras espécies de arganazes mais intimamente relacionadas, são, geralmente, monogâmicos e os pais cuidam do filhote juntos. Os pesquisadores descobriram que a oxitocina regula como os arganazes-do-campo reagem à presença e ausência de seus parceiros da vida toda. Por exemplo, a fêmea do arganaz-do-campo, normalmente, mostra preferência por seu companheiro, mas ela pode ser incentivada a mostrar interesse por um macho desconhecido se injetarem oxitocina quando estiver em sua companhia. (Um efeito similar parece ocorrer nos arganazes-do-campo machos, embora os resultados sejam pouco claros.)

A oxitocina desempenha um papel significativo na forma como os arganazes-do-campo reagem aos seus filhotes e também aos seus parceiros — mas também o faz na parte do cérebro que é mais receptiva a este neuroquímico. Os pesquisadores perceberam isso pela primeira vez quando observaram que o interesse que uma fêmea de arganaz-do-campo mostra para os jovens da sua espécie difere quando está isolada e que essa variabilidade está proximamente relacionada a quantos receptores de oxitocina elas têm em uma parte em particular de seus cérebros chamada — adivinhem só — de estriado ventral.

O estriado ventral é, obviamente, a região do cérebro que Gregory Berns e seus colegas descobriram ser energizado nos cães, quando em presença de uma pessoa importante. Essa área é uma sub-região do conjunto de neurônios chamado de estriado, que desempenha um papel importante no sistema de recompensa do cérebro, que por sua vez está associado a muitos tipos de comportamento. É também, significativamente, uma região do cérebro com uma densidade muito alta de células nervosas receptivas ao estímulo de oxitocina.

Em conjunto, essas descobertas dos arganazes-do-campo (assim como os estudos sobre ratos, ovelhas e outros animais) nos deram uma compreensão mais clara do que nunca de como regiões cerebrais específicas e substâncias cerebrais específicas trabalham juntas para consolidar os vínculos sociais entre indivíduos emocionalmente ligados da mesma espécie. Nos últimos anos, os pesquisadores têm ampliado essa pesquisa para analisar a relação entre pessoas e nossos amigos caninos.

Há cada vez mais evidências de que os mesmos neurônios e neuroquímicos que regulam os vínculos intraespécies em outros animais sejam responsáveis por possibilitar as relações interespécies entre cães e humanos. A oxitocina no estriado ventral parece desempenhar um papel importante no interesse dos cães por nós — assim como entre a fêmea do arganaz-do-campo e seu companheiro ou seus filhotes. Talvez o estudo mais marcante desse fenômeno venha do Japão; ele concentra-se no papel da oxitocina no desenvolvimento e manutenção dos vínculos emocionais.

Takefumi Kikusui e seus colegas da Azabu University, nos subúrbios de Tóquio, lideram a tarefa de ampliar nossa compreensão de como a oxitocina intermedeia as respostas dos cães às pessoas. Em junho de 2011, tive a sorte de visitar sua estrutura de pesquisa. Tenho que confessar: fiquei com muita inveja do seu estabelecimento. Kikusui tem um edifício especial dedicado à pesquisa com cães, com instalações não só para o estudo comportamental, mas também para análise hormonal. Mas o que me deixou com mais inveja foi que eles têm permissão para trazer seus cachorros de casa para o laboratório. Quando visitei Kikusui e seus colegas no escritório, partilhamos a sala com três poodles.

Além da pesquisa do papel da oxitocina no comportamento de animais de laboratório em relação aos indivíduos importantes para eles, também é possível estudar os efeitos da oxitocina em nossa própria espécie. Um pouco de oxitocina entra no cérebro quando o peptídeo é pulverizado no nariz de um voluntário humano e vários cientistas usam esse truque para manipular a quantidade de oxitocina nos cérebros dos sujeitos humanos, permitindo-lhe observar os resultados das alterações nos níveis deste potente neuroquímico. Por exemplo, os pesquisadores demonstraram que as pessoas que experimentaram níveis elevados de oxitocina confiam mais em estranhos. As pessoas, cujos níveis de oxitocina foram artificialmente estimulados, também se lembram melhor de rostos e são mais bem-sucedidas na identificação de expressões de emoção mostradas em fotografias de rostos. A razão para isso[8] parece ser que os níveis de oxitocina elevados levam as pessoas a olharem mais em direção aos olhos de outras pessoas.

O grupo de Kikusui combinou várias técnicas de pesquisa para alcançar várias descobertas realmente interessantes. Por exemplo, eles colheram amostra de urina de um voluntário humano e treinaram os cães voluntários para urinar ao seu comando, assim, eles podem analisar as alterações dos níveis de oxitocina no corpo do cachorro e no da pessoa enquanto interagem. Com essa forma de obter informações sobre os níveis de oxitocina, eles também utilizam, nos dois lados da relação cão–homem, a técnica indolor de vaporizar oxitocina no nariz de um indivíduo para manipular os níveis desse neuropeptídeo. Enquanto a pessoa e seu cachorro estão interagindo, o grupo de pesquisa também tem câmeras de vídeo voltadas para os dois, possibilitando a avaliação de como os comportamentos do cachorro e da pessoa mudam em conjunto com seus níveis de oxitocina.

Utilizando essa abordagem inovadora para mensurar os neuroquímicos nos sujeitos humanos e caninos, Kikusui e seus colaboradores descobriram algo incrível: os níveis de oxitocina nos humanos e seus cães subiram quando um olhou para os olhos do outro. A magnitude desse efeito depende da força do vínculo emocional entre o cão e seu tutor: foi observado que os tutores com maior vínculo emocional com seus cães olhavam para eles por períodos mais longos. Isso, por sua vez, levou essas pessoas a experimentarem aumentos maiores nos níveis de oxitocina do que os tutores com vínculos mais fracos com seus cães. O grupo de Kikusui também descobriu que, ao usar oxitocina nos cães, eles olharam mais para seus tutores. Quando, então, mediram os níveis de oxitocina na urina do humano, observaram que os níveis da pessoa aumentaram, mesmo que fossem os cães e não os tutores, que tivessem recebido a dosagem. A equipe de pesquisa da Azabu University[9] também descobriu que, depois de receberam a oxitocina, os cães ficaram mais inclinados a brincar com as pessoas e com outros cães.

Essas descobertas refletem, belamente, as observações de mães e bebês da nossa própria espécie: mães com altos níveis de oxitocina olham por mais tempo o rosto de seus filhos do que mães com níveis mais baixos. Qualquer pai, macho ou fêmea, pode se identificar com a poderosa onda de emoção que as mães, sem dúvida, estão experimentando nesse momento. Apenas imagine as profundas correntes de emoção que devem passar entre um humano e um canino em semelhante cenário, pois os exatos mesmos elementos de sua maquinaria neural estão disparando furiosamente.

Essas descobertas são imensamente empolgantes — e são apenas a ponta do iceberg. Pesquisas de última geração sobre o papel da oxitocina no poderoso vínculo entre humano e cachorro estão acontecendo no mundo todo. Se eu fosse classificar as contribuições das nações para a pesquisa da oxitocina em humanos e caninos, outro grande concorrente para a posição de líder, além do Japão, seria a Suécia.

Em uma visita recente à Suécia, eu queria muito conhecer o máximo possível de pesquisadores suecos da oxitocina, mas minha agenda estava apertada por diversos fatores, e uma das jovens cientistas, cujo trabalho eu admirava, Therese Rehn, estava ocupada com um bebê recém-nascido. No entanto, conseguimos tirar algumas horas para tomar um café e chá na estação ferroviária de Estocolmo e nos refestelamos em nosso *fika* (coffe break em sueco) com tempo limitado. Rehn conseguiu adicionar mais detalhes impressionantes sobre o papel da oxitocina no vínculo cão–humano.

Em conjunto com colegas da Universidade Sueca de Ciências Agrícolas, em Uppsala, Rehn examinou o fenômeno que sempre me pareceu um dos mais profundos significados do afeto dos cães por nós: a forma como eles respondem quando retornamos para casa. Quando penso em como os cães que conheci demonstraram seus sentimentos comigo, é seu comportamento quando nos encontramos após uma separação que se revela a expressão mais forte de sua afeição. Aqui em Phoenix, no Arizona, é permitido que as pessoas tragam seus cães ao aeroporto. É muito emocionante ver a excitação de Xephos quando minha esposa ou meu filho aparecem no canto do cordão de segurança. Eu poderia ficar até meio enciumado do quanto Xephos demonstra melhor do que eu, em sua linguagem corporal e comportamento, o quanto fica emocionada quando minha esposa e meu filho voltam. O meu lado britânico reservado me impede de fazer tamanha festa para as pessoas que amo em um lugar público, mas Xephos não conhece esse tipo de inibição. Ela chora, abaixa o corpo e abana a cauda antes de pular e tentar roubar um beijo. Estranhos se viram e olham, mas ela não conhece a inibição.

Adoro a ideia de estudar o que está acontecendo dentro dos cérebros dos cães neste momento familiar, porém misterioso — essa aparente explosão de afeto para um membro de outra espécie. Para sua experiência, Rehn e seus colegas mediram os níveis de oxitocina em doze beagles antes e depois que um humano importante deixou a sala por 25 minutos. Os humanos foram divididos em três grupos, cada um com instruções diferentes sobre como se comportar quando se reunissem com o cachorro após um breve período de separação. Um terço das pessoas foi instruído a fazer contato físico e verbal amigável (como falar gentilmente e acariciar) com o cachorro, outro terço devia apenas falar com o cachorro em um tom de voz agradável e o outro terço foi instruído a não fazer nada, mas se sentar, passivamente, e ler um livro. Durante cada reunião, o humano e o cachorro foram observados juntos por quatro minutos.

A equipe de Rehn observou que, até mesmo quando ignorados por seus humanos, os cães registraram aumento nos níveis de oxitocina ao se reunirem. No entanto, quanto mais envolvida a pessoa estava com seu cachorro, mais se sustentava o aumento de oxitocina. Esses resultados demonstram como a reação aparentemente emocional dos cães ao reaparecimento de seu humano especial é, de fato, sustentada por mecanismos cerebrais que são conhecidos por estarem ligados ao vínculo emocional mais importante entre os indivíduos.

A outra jovem sueca com quem pude conversar enquanto estava na Suécia foi Mia Persson, da Linköping University, que está direcionando uma investigação do papel da oxitocina na relação a um nível ainda mais profundo e mais empolgante — até os genes que codificam os receptores que permitem os impactos da oxitocina no cérebro. Ao observar a relação entre o DNA dos cães e sua inclinação em ser mais ou menos estimulado pelo contato humano, Persson e seus colaboradores estão, verdadeiramente, sondando a intensidade dos sentimentos dos cães pelos humanos no nível mais profundo possível da análise biológica.

Persson e seus colegas trouxeram sessenta golden retrievers, um por um, para uma sala de teste com seus tutores. Os pesquisadores então vaporizaram oxitocina no nariz de um cachorro enquanto ele tentava resolver um problema impossível. Para essa tarefa, ofereceram ao golden uns petiscos claramente visíveis, mas fechados dentro de um recipiente especialmente construído para isso. Muito rapidamente, um cachorro nessa situação olhará implorando para o humano que estiver por perto pedindo ajuda. (Essa parte do estudo pode ser tentado facilmente por você. Chega a ser quase embaraçoso o quão rápido a maioria dos cães desiste de tentar pegar alguma coisa se há um humano para quem eles podem pedir ajuda.) Talvez surpreendentemente, considerando o que vimos nos estudos do Japão, esses cães com altos níveis de oxitocina — na média — não olharam mais para seus humanos do que os cães do grupo de controle, os quais não receberam a vaporização do neuroquímico.

Mas a pesquisa de Persson tinha uma etapa extra. Utilizando um cotonete, ela e sua equipe colheram uma amostra do DNA do lado interno das bochechas dos cães e usaram esse material genético para analisar o gene responsável pelos receptores cerebrais, que são estimulados pela oxitocina. O que eles descobriram sugere que nem todos os cães respondem à oxitocina da mesma forma — o que ajuda a explicar por que a intensidade da resposta emocional aos humanos varia de um indivíduo canino para outro.

Os pesquisadores em Linköping descobriram que os genes que codificam os receptores da oxitocina no cérebro são escritos usando apenas duas das quatro letras do DNA: A e G. Visto que todo organismo possui duas cópias de cada gene, qualquer cachorro pode ter um gene receptor de oxitocina escrito de uma das seguintes formas: AA (duas cópias de A), GG (duas cópias de G) ou AG (uma cópia de cada tipo). Essas pequenas diferenças parecem ter um grande impacto na forma como os cães processam a oxitocina — e como eles se relacionam com os humanos.

Os indivíduos com a primeira combinação do gene receptor de oxitocina exibiram, notadamente, um comportamento mais orientado para o ser humano do que os cães com a segunda e terceira combinações. Cães com a versão AA[10] buscaram ajuda com seus humanos mais rapidamente do que os cães com uma das duas outras versões e, quando a oxitocina foi vaporizada em seus narizes, os cães com o tipo AA do gene receptor de oxitocina ficaram ainda mais inclinados a procurar ajuda humana.

Essa descoberta estonteante conecta a afeição dos cães por nós aos blocos de construção mais básicos de sua (e nossa) biologia — o código genético. A pesquisa que Persson e sua equipe conduziram nos mostra como uma forma particular de gene influencia o impacto de um neuropeptídeo no comportamento de cães em relação às pessoas, conecta a linha longa e serpenteante do nível mais profundo da identidade biológica ao nível alto de comportamentos que expressam estados emocionais. É uma coisa espantosa de conseguir — o primeiro passo de uma nova onda excitante de pesquisas sobre os sentimentos dos cães pelas pessoas.

Pesquisadores descobriram outra diferença intrigante na relação entre o DNA dos cães e sua relação com os humanos. Anna Kis e seus colegas do pioneiro projeto Family Dog Project, em Budapeste, Hungria, por exemplo, demonstrou a incrível complexidade da genética canina ao mesmo tempo que adicionou uma reviravolta ao estudo de Mia Persson dos genes dos receptores de oxitocina. Kis e seus colegas investigaram duas raças diferentes de cães e descobriram padrões diferentes nos resultados. Quando espirraram oxitocina no nariz de um pastor alemão e depois em um border collie, o resultado dependia não diretamente dos tipos de gene receptores de oxitocina que o cachorro possuía, mas da combinação da forma do gene e da raça do cachorro. Um pastor alemão agiria de forma amistosa quando a oxitocina era espirrada em seu nariz se ele tivesse uma forma particular de genes receptores de oxitocina. Mas um border collie seria amistoso se tivesse a forma de gene que levou o pastor alemão a ser menos amistoso.

Isso mostra quão complexa pode ser a relação entre genes e comportamento. Os genomas dos pastores alemães e dos border collies devem ser diferentes o bastante para causar essas diferenças sutis em suas respostas comportamentais ao neuropeptídeo oxitocina. Especificamente, as variantes no código genético dessas duas raças devem influenciar como os genes receptores de oxitocina interagem com o próprio neuroquímico, para produzir os padrões de comportamento afetuoso que vemos nesses dois tipos de cães.

Do comportamento afetuoso, aos hormônios de afeto, aos genes que codificam os receptores no cérebro para esses hormônios, os cientistas estão indo cada vez mais fundo na essência biológica do cachorro, encontrando cada vez mais evidências de que o corpo deles é programado para essas relações emocionais. Mas essa evidência, apesar de convincente, não prova que os cães são únicos a esse respeito. Não responde a questão que me fez partir nessa busca: o que faz com que os cães sejam tão especiais?

Como um cientista behaviorista, estou naturalmente mais bem informado sobre as pesquisas sobre o comportamento dos cães. Não posso negar, no entanto, que as diferenças de definição — comportamental ou não — entre duas espécies quaisquer devem se resumir no DNA de cada um.*

Se há uma coisa singular sobre os cães, portanto, eu sabia que devia ser por causa de seus genes. Qualquer diferença persistente, inalienável entre os padrões de comportamento dos lobos e dos cães deve estar escrita em seu código genético. Pode não ser fácil de encontrar, é claro, mas deve estar lá em algum lugar. As descobertas de Mia Persson e Anna Kis ofereceram uma pista de como os genes influenciam os comportamentos característicos dos cães, mas deve haver mais evidências como essas por aí.

Agora, conhecemos cada letra do grande livro que escreve o código genético do cachorro. Isso porque, em 2004, um boxer chamado Tasha tornou-se apenas o quarto mamífero a ter seu genoma completo sequenciado, em um projeto liderado por Kerstin Lindblad-Toh do Broad (eles pronunciam "bro-ed") Institute, em Cambridge, Massachusetts. Essa informação revelou-se imensamente útil para nos ajudar a compreender as doenças genéticas, como o câncer, em cães. As revelações provenientes[11] desse único avanço também é a chave para desvendar o mistério do que torna os cães tão especiais.

Cinco anos após a publicação do primeiro genoma canino, uma jovem geneticista da Universidade da Califórnia, em Los Angeles, Bridgett vonHoldt, liderou uma equipe que publicou um artigo cujo título prometia revelações atraentes de "uma história rica por trás da domesticação dos cães". Isso foi o bastante para despertar minha atenção — e não é exagero dizer que o que li nesse artigo acadêmico mudou minha compreensão do que torna os cães os seres únicos que são.

VonHoldt e seus colegas explicaram como eles procederam com o genoma do cachorro (na verdade, os genomas de 912 cães), comparando-o com o genoma do lobo (na verdade, o genoma de 225 lobos). Os pesquisadores observaram um pequeno pedaço do material genético após o outro, verifi-

---

* Ou subespécies: a maioria dos zoólogos, hoje, vê o cachorro como uma subespécie do lobo, em vez de uma espécie distinta.

cando se ele mostrava sinais da recente evolução. Quando falamos de cães, "evolução recente" significa o processo pelo qual certos lobos tornaram-se cães — o processo comumente chamado de domesticação. Assim, vonHoldt e seus colegas[12] estavam procurando, essencialmente, pelas alterações genéticas que tornaram os cães, cães.

Suspeito que todos achem a linguagem das disciplinas científicas com as quais não se está familiarizado muito difícil de entender, mas parece para mim que os geneticistas batem o recorde. Eu e minha aluna da pós--graduação na época, Monique Udell (hoje, professora da Universidade do Estado do Oregon), lemos e relemos esse artigo da vonHoldt e seus colaboradores. No início, não conseguimos detectar nada que parecesse relevante à questão que nos preocupava — o que, no nível psicológico, faz com que os cães sejam especiais. Havia algumas coisas sobre genes para a "formação da memória e/ou sensibilização comportamental" e outras coisas intrigantes, mas nada que parecesse abordar a questão sobre se os cães se destacam pelo seu intelecto ou pela sua capacidade de formar vínculos emocionais.

Então, deparamos com uma parte do "genetiquês" que nos chamou a atenção: os pesquisadores tinham observado uma mutação próxima ao "gene responsável pela síndrome de Williams-Beuren[13] nos humanos... que é caracterizada por traços sociais como o excepcional gregarismo".

"Excepcional gregarismo" — não é uma adição perfeita ao fenômeno que estávamos vendo nos nossos estudos comportamentais? Não foi essa uma forma técnica de falar do vínculo emocional intenso que define as relações dos cães com as pessoas? Eu, imediatamente, corri e fiz algumas pesquisas sobre a síndrome de Williams-Beuren e rapidamente descobri que a síndrome de Williams (como é mais conhecida) tem muitos sintomas, mas sua característica mais marcante é a sociabilidade muito exagerada.

As pessoas com síndrome de Williams não têm noção do "estranho". Para eles, todos são amigos. A descrição padrão da pessoa com síndrome de Williams é "extrovertida, altamente sociável, cativante, envolvente, mostra um interesse extremo por outras pessoas e não tem medo de estranhos".

No *ABC News* online, consegui encontrar um segmento do programa de TV 20/20 sobre um acampamento de verão no norte de Nova York para crianças com essa síndrome. Recebeu o apelido de *Where Everybody Wants to Be Your Friend*[14] [Onde Todos Querem Ser Seu Amigo, em tradução livre] e o jornalista Chris Cuomo ficou claramente impressionado pela calorosa boas-vindas que recebeu. Sem medo das câmeras de TV, as crianças encheram Cuomo de perguntas: De onde você é? Qual é sua cor favorita? Você tem filhos? A certa altura, uma garotinha, talvez com doze anos de idade, perguntou a ele se gostava de garotas e depois cobriu o rosto, rindo de vergonha enquanto ele respondia: "Eu gosto de garotas."

Assistindo a esse vídeo, eu me lembrei, imediatamente, de muitos segmentos cômicos do YouTube nos quais pessoas fingem ser cães. E sou fã[15] do "Cat-friend vs. Dog-friend" [Amigo-gato versus Amigo-cachorro, em tradução livre] do Jimmy Craig e Justin Parker, que foi visto mais de 26 milhões de vezes, enquanto escrevo este livro. Justin Parker, como o cachorro, é tudo o que se diz que as crianças com síndrome de Williams são: extremamente amigável, carinhoso, envolvente... todos os adjetivos que vêm à mente e descrevem tão bem as crianças no segmento do 20/20.

Tenho que admitir que assistir às crianças com síndrome de Williams foi meio chocante. Pode soar absurdo, mas parece que estamos assistindo a um acampamento inteiro com crianças que fingem ser cachorros. E, assim que eu tive esse pensamento, fiquei envergonhado. Não importa quanto se ame os cães, ninguém (espero) quer, realmente, pensar em seus filhos como cachorros. Meu próprio filho estava, na época, mais ou menos com a idade de algumas crianças do programa da TV. Eu não gostaria que ninguém o desumanizasse, comparando-o com um cachorro.

Emocionalmente, eu estava bastante confuso com o que eu tinha visto — mas, cientificamente, eu estava extremamente empolgado. A conexão entre o comportamento das crianças com síndrome de Williams e como os cães se comportam intuitivamente era muito forte. Poderia ser esse o elo perdido? A pista muito procurada de o que torna os cães os seres notáveis que são?

Quanto mais eu pensava nas implicações científicas do que estava vendo, mais começava a sentir uma certa agitação científica também. Em nossa pesquisa em que comparamos os comportamentos dos cães e dos lobos, eu e Monique sempre salientamos que a maneira como um indivíduo se comporta não é simplesmente um resultado direto da herança genética em particular. A influência dos genes é fortemente condicionada pelas experiências de vida. Quando estávamos em disputa com outros cientistas sobre se os lobos podiam ou não seguir o gesto humano de apontar, tivemos que explicar que fazer algo como seguir um gesto feito por um membro de uma espécie diferente não é o tipo de comportamento que surge no mundo totalmente formado quando um filhote de cachorro — ou um bebê — nasce. Mesmo nossos próprios filhos não nascem seguindo os gestos de apontar feitos por pessoas ao seu redor — só depois do primeiro aniversário é que as crianças seguem com confiança mãos apontando e outros gestos corporais. Eu e Monique conseguimos mostrar que certos lobos, indivíduos em particular que foram criados ao redor de humanos, o que é muito excepcional para um lobo — embora bem comum para um cachorro — estavam, de fato, prontos e dispostos a seguir gestos humanos de apontar e compreendiam suas implicações.

Depois de colocarmos muito esforço na ênfase da grande importância da experiência sobre a identidade genética, eu e Monique nos sentimos um pouco estranhos por estarmos empolgados com uma descoberta da genética. Mas nós nunca negamos a relevância da genética para compreender como os cães funcionam. E, mais obviamente, o que distingue a subespécie de lobos que chamamos de cães de outras subespécies de lobos, que ainda são reconhecidos como lobos, deve estar em seus códigos genéticos.

Logo depois de partilharmos esse momento de empolgação, Monique foi estabelecer seu próprio laboratório na Universidade do Estado de Oregon. Ela e eu ficamos em contato, é claro, e sempre conversamos sobre nossas fascinações científicas partilhadas. Talvez depois de um ano que Monique se mudou para Oregon, ela me falou que tinha encontrado Bridgett vonHoldt em uma conferência. Bridgett tinha identificado os genes da síndrome de Williams como uma alteração genética fundamental na evolução dos cães a partir dos lobos. Eu e Monique queríamos encontrar uma forma de verificar se essa pequena alteração nos genomas dos dois canídeos era a causa da diferença essencial nos comportamentos dos lobos e dos cães. Decidimos formar uma colaboração para atacar esse problema emocionante.

Monique, Bridgett e eu precisávamos encontrar[16] uma forma de descobrir se os genes que Bridgett tinha identificado como alteração na trajetória do lobo para o cachorro eram responsáveis pelo "gregarismo extremo dos cães" e não algum outro sintoma da síndrome de Williams menos relevante ao caráter dos cães. Tínhamos que ter em mente que a síndrome de Williams envolve um grande número de genes (cerca de 27) e que as pessoas com a síndrome mostram uma grande variedade de desordens além do gregarismo que nos intrigava. A sua estrutura facial é descrita como "élfica", podem sofrer de problemas cardíacos, a audição é supersensível e eles são, tipicamente, intelectualmente limitados, entre outras questões.

Foi no meio da reflexão de tudo isso que tive a oportunidade de visitar o Wolf Science Center da Universidade Veterinária de Viena. Para mim, o que vi lá tornou a grande diferença comportamental entre cães e lobos realmente concreta.

Fundado pelos biólogos e cientistas comportamentais Kurt Kotrschal, Friederike Range e Zsófia Virányi, o Wolf Science Center é o que chega mais perto de criar cães e lobos sob condições idênticas. Localizado em um lindo vilarejo junto a um castelo em uma região vinícola, ao sudoeste de Viena, o Wolf Science Center possui uma população de lobos — cerca de duas dúzias — que foi criada pelo homem, por isso aceitam, prontamente, a companhia humana. Quando visitei o centro, já havia passado um período com lobos criados por humanos em Wolf Park, em Indiana, em várias ocasiões, por isso, embora sempre fique impressionado pelo seu porte nobre, não era especialmente os lobos que eu queria ver. Eram os cães do centro que me intrigavam.

A fim de estabelecer, da melhor forma possível, comparações controladas do comportamento do lobo e do cachorro, o Wolf Science Center cria e mantém cerca de uma dúzia de cães sob condições o mais próximas possível das dos lobos. Isso significa que os filhotes dos cães são afastados da mãe nas primeiras semanas de vida e são criados por cuidadores humanos. Então, quando já têm idade suficiente para serem independentes, eles são colocados em uma área cercada, onde vivem, principalmente, entre os de sua espécie. Porque foram criados por humanos, eles os aceitam alegremente como companhia social, tal como os cães de estimação. Tanto os cães quanto os lobos veem e interagem com pessoas todos os dias, mas ainda seguem com suas vidas principalmente entre os da sua própria espécie. E, porque os cães e os lobos foram criados quase da mesma forma, qualquer diferença que os cientistas observem entre as duas espécies nos testes psicológicos que aplicam são certamente por outras causas que não a criação.

No dia frio de fevereiro que os visitei, Zsófia, Friederike e Kurt me cumprimentaram e me mostraram o local. As instalações do centro eram incríveis, com múltiplos recintos que abrigam lobos e cães e um prédio de pesquisa lindo que é quase como um clube no meio da floresta.

Em nosso tour no recinto, vimos os lobos primeiro. Eles estavam descansando tranquilamente sob o sol suave entre montinhos de neve da tempestade que tinha caído no começo da semana. Quando os lobos nos ouviram chegando, muitos, mas não todos, levantaram-se, espreguiçaram-se e vieram até a cerca. As pessoas que estavam conosco e eram conhecidas dos lobos os acariciaram pela cerca. A maioria deles parecia interessada e apreciava o carinho. Suas caudas abanavam suavemente e eles avançavam para ser acariciados, mas mantiveram bem controlado seu interesse pelos visitantes. Alguns nos ignoraram completamente.

Então, seguimos para o recinto onde os cães viviam. Mesmo antes de chegarmos lá, os cães correram em nossa direção, latindo, ganindo com empolgação e abanando as caudas intensamente. Os primeiros cães que nos viram alertaram os outros e logo havia uma cacofonia doida, cães entusiasmados, correndo para cima e para baixo ao longo da cerca quando chegamos mais perto.

Nesse momento, tive que fazer uma pausa e refletir no quanto era diferente estar tão perto de duas subespécies de animais tão próximas. É difícil entrar em um recinto de lobos sem, no fundo da alma, ficar ansioso com sua segurança pessoal, mesmo que saiba que os lobos do Wolf Science

Center nunca feriram ninguém. Com os cães, por outro lado, não temíamos por nossa segurança — eu só estava preocupado em ficar todo sujo de neve e lama, porque os cães saltavam nas pessoas com tremendo entusiasmo.

O contraste entre o leve interesse dos lobos pelas pessoas e o cumprimento frenético dos cães foi uma demonstração muito convincente de como esses primos canídeos mostram níveis muito diferentes de apego pelos seres humanos.

Trouxe para casa essa impressão vívida do quanto essas duas subespécies de canídeos podem ser tão diferentes. Isso fundamentou minhas discussões com a Monique e a Bridgett sobre como testar a possibilidade de os genes da síndrome de Williams sustentarem os comportamentos tão diferentes desses animais.

Claramente, precisávamos ir além do tipo de impressões informais que eu tinha adquirido no Wolf Science Center sobre o entusiasmo dos cães e dos lobos pelas pessoas. O ideal era utilizar um teste simples e rápido que poderia quantificar a capacidade de afeto das duas espécies, cães e lobos, de maneira que possibilitasse uma comparação científica. Isso nos permitiria dizer o quanto sua capacidade de afeto por outras espécies os cães adquiriram e quanto eles herdaram de seus ancestrais, os lobos.

Havia muitos testes em potencial para considerar, mas percebi que já tínhamos conduzido uma tarefa que obteve exatamente o que precisávamos. No Capítulo 2, narrei como nossa amiga, Mariana Bentosela, de Buenos Aires, tinha apresentado para Monique e para mim o que tinha se tornado um dos meus experimentos favoritos. Em uma área aberta, ela simplesmente colocou uma pessoa sentada em uma cadeira dentro de um círculo de um metro em torno da pessoa. Ela traz um cachorro que fica por dois minutos e depois calcula quanto desse tempo o cachorro passou dentro do círculo. Em Wolf Park, conseguimos repetir o teste com os lobos.

Os lobos que Mariana testou no Wolf Park, apesar de encontrem com pessoas desconhecidas na maioria dos dias, quase não se mostraram inclinados a interagir com alguém que não conheciam e passaram apenas um quarto do teste de dois minutos dentro do círculo de um metro quando um humano amigo estava dentro do recinto de teste. Cães, por outro lado, passaram mais tempo dentro do círculo com uma pessoa desconhecida do que os lobos passaram com uma pessoa que eles conheciam a vida toda. E, se tivesse alguém conhecido do cachorro sentado na cadeira, ele passava o tempo todo do teste de dois minutos com seu humano.

Monique e seus alunos também aplicaram um segundo teste muito simples com os mesmos lobos no Wolf Park e com os cães em Oregon. Ela deu a eles um recipiente de plástico com um pedaço de salsicha dentro. Para deixar a tarefa bem fácil, ela passou um pedaço de corda grossa na tampa, assim, os animais que queriam poderiam abri-lo rapidamente. Os lobos, de forma geral, arrancavam a tampa do recipiente para pegar o petisco gostoso lá dentro. Mas a maioria dos cães, se tivesse uma pessoa por perto, preferia olhar implorando para o humano ajudar do que ir direto para o recipiente. Essa tendência de olhar para a pessoa perto deles nos deu uma dimensão adicional do interesse do animal no contato social, desta vez em um contexto em que o cachorro ou o lobo tem um problema e gostaria de vê-lo resolvido.

Depois disso, recorremos à nossa nova colaboradora geneticista para nos ajudar. Monique enviou à Bridgett vonHoldt as amostras genéticas (colhidas da parte interna da boca com um cotonete) dos cães e lobos que haviam sido submetidos a esses testes comportamentais, para que Bridgett pudesse identificar se as diferenças entre cães e lobos nesses testes ocorreram por causa dos genes da síndrome de Williams que ela já tinha identificado como sujeito da evolução recente dos cães.

Embora a genética seja complexa no nível do procedimento, conceitualmente a questão que levantamos era simples e profunda. Os cães e os lobos que estudamos diferiam em seu comportamento; eles também diferiam em seus genes. Havia uma relação entre os níveis de diferença de apego comportamental em nossos dois testes simples de sociabilidade e os genes dos animais que testamos?

Embora minhas expectativas fossem altas, eu não tinha certeza de que conseguiríamos encontrar uma ligação direta entre padrões simples de comportamento, tais como se aproximar de alguém sentado, olhar para uma pessoa para pedir ajuda e o nível mais básico da biologia — o código genético. Consequentemente, quando Bridgett nos mandou um e-mail dizendo que o interesse exagerado dos cães pelas pessoas estava ligado a três dos genes envolvidos na síndrome humana de Williams, eu fiquei tão empolgado quanto tinha ficado anos antes, quando eu e Monique descobrimos que os lobos seguiam o gesto humano de apontar. Aqui estávamos nós, mostrando o que é que distingue os cães na natureza — o segredo de seu sucesso conosco.

Bridgett conseguiu demonstrar que um dos genes (com um nome nada poético, WBSCR17) tinha estado sob intensa seleção durante a recente evolução dos cães. Em outras palavras, ele se alterou durante a domesticação. Essa análise revelou que, para esse gene[17], e outros dois, conhecidos como GTF2I e GTF2IRD1, diferentes formas do gene foram responsáveis pelos diferentes níveis de sociabilidade encontrados nos cães e nos lobos.

Além dessa demonstração importante de uma alteração genética nos cães em sua jornada em se tornar uma espécie distinta dos lobos, o estudo revelou mais duas descobertas interessantes. Uma é que raças diferentes de cães possuem versões diferentes desses três genes e a maneira como isso ocorre é consistente com as descrições típicas das raças como sendo amistosas ou indiferentes. Atualmente, Monique e Bridgett estão conduzindo um estudo com amostras maiores de cães de muitas raças para tentar uma imagem mais precisa de como a variação genética leva aos diversos padrões de sociabilidade em diferentes cães. Uma segunda descoberta surpreendente é que os experimentos anteriores com ratos, em que os genes foram experimentalmente manipulados, demonstraram diretamente que os genes GTF2I e GTF2IRD1 estão envolvidos na sociabilidade. Uma reviravolta adicional interessante é que uma minoria de pessoas com síndrome de Williams não manifesta a sociabilidade exagerada que é comumente um aspecto da definição da síndrome. Mostrou-se que essas pessoas têm formas normais nesses dois genes.

Tudo isso confirma que há um parentesco entre nossos cães e as pessoas com síndrome de Williams. Uma nova pesquisa feita por Mia Persson e sua equipe em Linköping, Suécia, sugere que outros genes, com nomes menos poético ainda, BICF2G630798942 e BICF2S23712114, podem também desempenhar um papel no interesse dos cães pelas pessoas. Esses genes, nos humanos, estão associados ao autismo. O autismo é um transtorno caracterizado por uma redução — em vez de exagero — do interesse no contato social, mas as variantes do gene podem ter efeitos diferentes, até opostos, nos cães. Isso contribui com o processo[18] que é trabalhar arduamente para encontrar as relações entre os genes dos cães e seu notável padrão de comportamento.

Por tudo isso, fiquei entusiasmado por estar envolvido nesse empolgante avanço científico e receava que os pais das crianças com síndrome de Williams tivessem se ofendido por nossa descoberta, na qual há similaridades genéticas entre seus filhos e os cães. Eu não precisava me preocupar: a ligação fez um sentido intuitivo imediato para eles. Um jornalista, que relatou nossas descobertas, entrevistou um membro do conselho da Associação da Síndrome de Williams dos Estados Unidos. Comentando sobre essas crianças, ele disse: "Se elas tivessem caudas[19], iriam abaná-las."

Na literatura científica, o típico padrão de comportamento das pessoas com síndrome de Williams é chamado de "hipersociabilidade" ou "gregarismo extremo". Isso reflete a linguagem descritiva cuidadosa que eu utilizo no meu estudo científico, no qual sempre emprego termos como "afiliação", "busca por contato" ou "sociabilidade" para caracterizar como os cães reagem aos humanos. Essas palavras rotulam comportamentos específicos que podem ser medidos objetivamente. Eu posso observar como um cão chora quando é deixado sozinho, sem um cuidador familiar. Posso ver a energia que um cachorro tem ao cumprimentar uma pessoa bem conhecida: sua postura corporal baixa, como ele salta para tentar lamber seus humanos nos cantos da boca. Eu posso ponderar como um cachorro reage para consolar uma pessoa que parece chateada.

Valorizo a precisão da terminologia científica, mas também acredito que chega um momento em que apenas rotular e contar comportamentos individuais torna-se obtuso — isso equivale a, deliberadamente, perder padrões maiores. Para cães ligados às pessoas, os comportamentos e os padrões neurais e hormonais de resposta que acabei de mencionar, além de muitos outros, somam-se a um quadro maior e esse quadro merece ser chamado de algo mais do que "sociabilidade" ou "gregarismo".

Os cães não são meramente sociáveis; eles demonstram *afeto* verdadeiro e autêntico — o que nós, humanos, se fôssemos caracterizá-los como membros da nossa própria espécie, chamaríamos de amor. O essencial sobre os cães, como também para as pessoas com síndrome de Williams, é o desejo de formar relações estreitas, de ter relações pessoais calorosas — amar e ser amado.

Depois de testemunhar o incrível comportamento das crianças com síndrome de Williams e depois de participar desses experimentos revolucionários entrelaçando as alterações genéticas únicas dessa síndrome com o comportamento afetuoso dos cães, eu não precisava mais ser convencido. Depois de considerar uma série de evidências científicas e de ter compreendido os paralelos entre os cães e os humanos que partilham desses marcadores genéticos distintos, me sinto à vontade para dar nomes aos bois. Foi somente por causa dessa longa jornada científica que me senti capaz de proclamar o amor dos cães pelos humanos — e faço isso com muita convicção que eu trouxe anteriormente com meu ceticismo. Eu fui o mais impiedoso possível ao interrogar as possibilidades de que os cães tinham uma inteligência excepcional, por um lado, e experimentar vínculos afetivos com as pessoas, por outro. O desafio que lancei para as duas possibilidades considerou muitos amantes de cães, na melhor das hipóteses, desnecessários, e, na pior das hipóteses, maldosos e cruéis. Sei disso, porque muitas pessoas não demoraram para me falar, desde estranhos dentro de aviões até muitos dos meus melhores amigos. Sempre me falavam para parar de me preocupar e amar minha cachorra, e, quanto ao meu dia a dia com Xephos, é exatamente o que tenho feito.

Mas há uma recompensa pela exploração sistemática — lutar, na medida do possível, para deixar de lado ideias preconcebidas e coletar evidências de maneira imparcial. Essa recompensa é a imensa alegria de chegar a uma conclusão estabelecida em terreno sólido, onde pode ser construída. Com esses resultados relativos aos genes da síndrome de Williams e as descobertas de Mia Persson sobre os genes do autismo, estamos no nível mais fundamental da organização dos seres vivos — estamos olhando para o DNA, o código no qual a vida está escrita. E podemos ver no material genético dos cães sinais inequívocos de sua disposição para cuidar de nós. Podemos seguir esse sinal de volta, por meio dos hormônios e estruturas cerebrais, passando por corações que batem juntos, quando as pessoas e seus cães se encontram, observando as reações de felicidade dos cães em estar com as pessoas com as quais eles se importam e a angústia quando nos separamos deles, vendo como se aproximar de seus humanos pode, às vezes, ser tão gratificante para os cães quanto o alimento que ele come e como eles tentarão ajudar as pessoas quanto estão em aflição — se eles conseguirem entender o que precisa ser feito. Em todos os níveis de análise, em estudos de grupos de pesquisas independentes espalhados pelo mundo, vemos as mesmas mensagens serem transmitidas:

A essência do cachorro é o amor.

O amor, por sua vez, é o que torna os cães tão excepcionais — verdadeiros, únicos e boas companhias para os humanos. Sua capacidade de amar distingue os cães de todos os outros animais do planeta, inclusive seu parente canídeo mais próximo, o lobo. Cães se esforçam muito para chegar perto e interagir afetuosamente com as pessoas familiares, mas eles são interessados nos estranhos também. Nesse aspecto, eles são completamente diferentes dos seus parentes selvagens. Os lobos tirados de suas mães o mais cedo possível e criados integralmente por seres humanos não mostram esse nível de vínculo emocional, mesmo com suas mães substitutas. Os lobos podem fazer amizade com os seres humanos, mas essa relação nunca incluirá o amor abrangente que os cães desenvolveram pelas pessoas.

Hoje, depois que cheguei a essa compreensão difícil sobre os cães como seres amorosos, sempre sinto que estou segurando algo muito especial nas mãos. Agora eu sei o que faz os cães se destacarem no reino animal. Eu encontrei meu santo graal profissional e pessoal.

Mas esse conhecimento só me deixou mais faminto. Especificamente, ele leva a muitas novas questões cruciais às quais vou me referir nos capítulos restantes deste livro:

Primeiro, como os cães ficaram desse jeito? Agora sabemos que sua capacidade aberta de afeto amoroso não é compartilhada por seus ancestrais, os lobos, e esse conhecimento abre-se para um outro grande mistério. Quando e por qual processo os cães adquiriram esse poder de amar?

Segundo, como o amor cresce na vida de cada cachorro? Eu sabia, por minhas observações de cães selvagens no mundo todo, que nem todos os cães amam os humanos igualmente, mesmo tendo a capacidade de fazer isso. Como esse amor se desenvolve — e como podemos criar isso?

Finalmente, e o mais importante, o que a natureza amorosa dos cães significa para esses animais e nossas vidas com eles? O que possuir esse discernimento, que a essência dos cães é sua capacidade de amar, sugere sobre a relação que partilhamos com eles? De todas as questões que me fiz, essa pode vir a ser a mais importante, urgente e profunda.

5

ORIGENS

AMOR É O direito nato de todos os cães. Mas como eles o conquistaram — e quando?

Relatos sobre o comportamento amoroso dos cães remontam ao começo da linguagem escrita. Um que nunca ficou conhecido por sua intensidade emocional foi escrito cerca de 2 mil anos atrás, na Grécia Antiga, por um homem chamado Arriano de Nicomédia.

Arriano foi um filósofo, historiador e soldado, que conquistou a fama por suas crônicas sobre as explorações de Alexandre, o Grande. Quando jovem, Arriano era próximo do Imperador Romano Adriano, que o retirou das fileiras do exército para assumir uma cadeira no Senado Imperial. Mas, ao registrar suas lembranças no final da vida, a mente de Arriano não estava em Adriano ou em qualquer outro de seus amigos humanos. Em vez disso, Arriano estava pensando em seu cachorro.

Arriano (que se autointitulava "Xenofonte, o Ateniense" em homenagem a um escritor ainda mais antigo, que falava sobre cães) estava escrevendo um livro sobre como caçar com cães. De repente, no meio da seção que descrevia as qualidades ideais de um cão de caça, ele passa a elogiar Hormé, a cachorra que descansava aos seus pés, enquanto escrevia. Arriano descreve como ele "criou a hound com os olhos mais cinzentos[1] dos cinzentos" que era a

> mais gentil e a mais apaixonada pelos humanos e nunca antes nenhum outro cachorro desejou estar comigo... como ela... ela me acompanha ao ginásio, senta-se enquanto faço exercícios e vai na frente quando estou voltando, frequentemente se virando como que para verificar se eu não saí da rua em algum ponto; quando vê que estou lá, ela sorri e continua a andar... Quando nos vê, mesmo depois de um pequeno período de tempo, salta no ar gentilmente, como se estivesse nos cumprimentando, então dá um latido de boas-vindas mostrando sua afeição. Por isso, acho que não devo hesitar em escrever o nome dessa cachorra, para que ela sobreviva mesmo no futuro, a saber, que Xenofonte, o Ateniense, tinha uma cachorra chamada Hormé, muito rápida, muito inteligente e de outro mundo.

Esse tributo emocionante de Arriano para sua amada cachorra de caça não só captura o amor profundo que os humanos podem sentir pelos seus cães; ele também descreve lindamente como os cães expressam afeição pelas pessoas. E deixa claro que o amor dos cães pelas pessoas não é uma afetação moderna, mas sim uma constante em nossa relação com essa espécie maravilhosa, que data de milhares de anos.

As raízes dessa relação afetuosa se estendem até mais no passado do que esse exemplo de há dois milênios. O registro escrito mais antigo que consegui encontrar com indicações do vínculo emocional entre humanos e cães é uma inscrição em um túmulo egípcio antigo de mais de 4 mil anos. Com apenas 68 palavras, esse breve registro não descreve nada a respeito do comportamento do cachorro com as pessoas, mas o mero fato de ter sido esculpido em uma pedra e perdurar por milênios nos dá um vislumbre da antiga relação afetuosa entre nossas duas espécies:

> Cachorro que era guarda da Sua Majestade[2]. Abuwtiyuw é o seu nome. Sua Majestade ordenou que ele seja enterrado, que seja dado a ele uma urna funerária do tesouro real, linho puro em grande quantidade, incenso. Sua Majestade deu unguento perfumado e [ordenou] que um túmulo fosse construído para ele pela equipe de pedreiros. Sua Majestade fez isso por ele para que ele possa ser honrado.

Linho, incenso, perfume, uma urna valiosa, um túmulo construído especialmente para ele: se ler esse epitáfio, e se perguntar se o seu próprio enterro terá a metade da grandiosidade do desse cachorro, não desanime — sem dúvida, você não será o único. Ao longo de milênios, o amor desse governante egípcio pelo seu cão certamente impressionou inúmeras pessoas que depararam com a inscrição no túmulo. Mas, novamente, esse era o objetivo.

A literatura antiga apresenta muitos indícios fragmentados como esse da forte relação entre as pessoas e seus cães, mas só há registros escritos de um passado não muito distante. Escritas com as complexidades que expressam a estima como a do governante egípcio não identificado por Abuwtiyuw (crédito extra para quem conseguir pronunciar esse nome!), provavelmente, eram inexistentes há alguns poucos séculos antes de esses hieróglifos serem gravados na pedra.

Felizmente, temos uma grande quantidade de evidências arqueológicas sobre os cães, anteriores a esses registros escritos. O quão longe no tempo esse corpo de evidências alcança, no entanto, é questão de intensas controvérsias entre arqueólogos. Isso porque essa evidência é composta, em sua maioria, de ossos — cujos segredos podem ser terrivelmente difíceis de decifrar. Tão difícil, na verdade, que há debates acalorados em muitos círculos científicos sobre quais ossos pertencem a cães e quais não.

Pode parecer simples diferenciar antigos ossos de cachorro dos de lobos, mas, na prática, é muito mais difícil diferenciar os espécimes arqueológicos do que se pode imaginar. O problema é que cães e lobos da antiguidade eram, anatomicamente, muito semelhantes. Enquanto hoje pensamos nos lobos como animais temíveis e grandes, e em cães como criaturas muito menores e mais gentis, essas diferenças não eram tão acentuadas em uma época mais distante, quando os primeiros cães surgiram em cena.

Os primeiros cães teriam sido muito semelhantes aos lobos. Podemos fazer essa afirmação, com certeza, porque é infimamente improvável que todas as alterações genéticas que ocorreram para tornar os cães o que são hoje tenham acontecido instantaneamente; em vez disso, teria levado muitas gerações para que as duas populações de caninos se diferenciassem completamente. Essa grande área indefinida do registro evolutivo deixa extremamente difícil a distinção precisa entre ossos do lobo e do cachorro da antiguidade de que precisamos para reconstruir as partes mais antigas da história do cachorro.

Os restos mortais caninos mais antigos — que os arqueólogos envolvidos concordam que sejam, definitivamente, de um cão — pertencem a um filhote de sete meses, datados, precisamente, de 14.223 anos atrás (com diferença de 58 anos para mais ou para menos). Esses ossos foram descobertos em uma pedreira próxima a Bonn, na Alemanha, há mais de um século e há muito esquecidos em uma gaveta de um museu. Apenas recentemente eles foram cuidadosamente analisados com técnicas mais modernas e agora estão dando pistas fascinantes sobre a possibilidade — e de que maneira — esses primeiros caninos poderiam ter tido relações afetuosas com os humanos.

Uma reanálise recente do filhote de Bonn sugere que seus restos mortais podem apresentar sinais da preocupação humana com o bem-estar do animal. Uma equipe liderada por Luc Janssens da Universidade de Leiden, nos Países Baixos, sugeriu que o filhote sofria de cinomose e, para sobreviver por tanto tempo, provavelmente, foi cuidado por pessoas. Essa conclusão é um pouco controversa[3], apoiando-se na habilidade de interpretação das marcas no esmalte dos dentes que ficaram na terra por mais de 14 mil anos. Se, no entanto, essa informação for verdade, ela proporcionaria um forte testemunho da relação entre esse filhote, há tanto tempo morto, e seus cuidadores humanos.

Seja qual for o caso com os ossos de Bonn, há uma vasta evidência de que os cães têm amado as pessoas há milênios, independentemente de elas terem correspondido a esse amor ou não. De fato, tenho uma suspeita muito forte — com base nos registros escritos da Grécia Antiga, nas inscrições em túmulos egípcios da antiguidade e muitas outras fontes além dessas — que mesmo as pessoas ao longo de toda a história que podem ter evitado os cães teriam reconhecido que esses animais se sentiam fortemente atraídos por elas. E, é claro, os primeiros registros escritos contêm uma série de evidências de que muitas pessoas retribuíram, e muito, o amor dos cães.

A história desse longo relacionamento é fascinante e, embora muitos detalhes permaneçam obscuros, ela sugere um conto incrível de amor entre espécies que precede o início da história documentada. Assim que concluí que os cachorros têm a capacidade de nos amar, esse enredo não saía da minha cabeça. Exatamente onde essa capacidade surgiu? Como os lobos com personalidade um pouco arredia, com inclinação natural para relacionamentos pouco intensos, transformaram-se em cães que têm atitude contrastivamente aberta de afeição entre espécies? Onde e como o poder do amor dos cães começou?

A jornada do lobo ao cachorro ocorreu enquanto havia pessoas ao seu redor observando — mas elas deviam ter outras coisas em mente, pois não deixaram nenhuma indicação de como esse processo se desenvolveu. Além disso, o resíduo desse processo deixa bastante espaço para suposições. É por isso, talvez, que os vestígios restantes dessa jornada evolutiva dos cães sejam tão ambíguos que arqueólogos e geneticistas, estudiosos da surpreendente origem dos cães, estejam muito inclinados a discordar sobre como eles evoluíram e qual o papel desempenhado pelos humanos no processo.

Felizmente, com o intuito de compreender como se originou a capacidade de amar dos cães, não precisamos ficar presos na data exata em que os cães surgiram. O que é crucial é o processo da evolução deles e o papel que uma grande capacidade de afeto teria desempenhado nessa história evolutiva.

Uma versão da história da origem dos cães — talvez a mais reiteradamente repetida hoje em dia — é a de que os cães se originaram de filhotes de lobos amistosos que nossos antepassados caçadores-coletores adotaram para os ajudarem a caçar. O naturalista francês do século XVIII[4], Georges Cuvier pode ter sido o primeiro a sugerir esse modelo. Ao longo de gerações, teorizou ele, a seleção dos filhotes mais amáveis de uma ninhada para ser os pais dos próximos pode ter, gradualmente, criado o animal que conhecemos hoje como o cachorro. Atualmente, esse relato é respaldado pelo fato de que muitos caçadores acham que os cães são complementos úteis para suas atividades predatórias; além disso, algumas das primeiras representações dos cães os mostram cumprindo exatamente esse papel.

A atribuição dos cães da antiguidade como companheiros de caçada para os humanos provavelmente desempenhou um papel importante em sua evolução. Além disso, como explicarei mais tarde neste capítulo, acredito que a capacidade dos cães em amar as pessoas se deve, em grande parte, a nossa colaboração comprovada como caçadores. Mas uma experiência que tive em Israel me levou a duvidar de que podemos creditar a criação dos cães aos nossos antepassados caçadores por si sós.

Em 2012, o ano em que minha família adotou Xephos, fiz uma peregrinação a Israel. Muitas pessoas visitam a Terra Santa para ver o local de nascimento de sua religião. Eu estava atrás de algo diferente, mas talvez tão primordial quanto: a origem dos cães.

Viajei para Israel para ver o que acreditava ser, na época, os restos mortais mais antigos de um cachorro. Eram os ossos de um cachorro enterrado há pouco menos de 12 mil anos, ao lado de uma mulher, cuja mão repousa na barriga do cão. Essa descoberta arqueológica alimentou a crença de que os cães surgiram no Oriente Médio, e, naturalmente, eu queria ver os ossos com meus próprios olhos.

Eu também queria ver a subespécie do lobo que tem o Oriente Médio como sua casa: o lobo árabe. Eu sabia que esse lobo era consideravelmente menor que os grandes lobos norte-americanos com os quais estava familiarizado. Eu já sabia que ele tinha mais ou menos o tamanho de um grande labrador retriever. Eu fiquei especialmente curioso para saber se era mais fácil domesticar essa subespécie de lobo do que os grandes lobos cinzentos que eu já conhecia um pouco. Se fosse assim, aumentaria a possibilidade de os cães terem surgido naquela parte do mundo.

Só no último dia da semana que fiquei em Israel consegui chegar perto de alguns lobos árabes, graças a uma dica de um atendente de um museu, que me falou para visitar o Kibbutz Afikim, a 5km do Mar da Galileia. Essa experiência mudou radicalmente minha visão de como os cães podem ter surgido.

Esse kibbutz é o lar de uma dupla de cineastas de documentários, Yossi Weissler e Moshe Alpert. O atendente do museu me incentivou a visitá-los porque sabia que Moshe tinha criado vários filhotes de lobo árabe para participarem de um documentário em que ele e Yossi estavam trabalhando. O tema: como, há milhares de anos, os caçadores[5] tinham conseguido domesticar lobos para auxiliá-los em caçadas e assim iniciar o processo que ao final criaria os cães.

Infelizmente, Moshe estava extremamente ocupado no dia em que fui lá e mal pude conversar com ele. Yossi, por outro lado, tinha bastante tempo para bater papo. Ele, gentilmente, me mostrou um curta-metragem de quatro minutos que ele e Moshe fizeram como veículo para conseguir apoio financeiro para seu documentário. Era um filme bem simples, mas me deixou surpreso. Nele, um homem vestindo tanga, carregando arco e flecha, sai para caçar com dois jovens lobos. Ele localiza um cervo e atira uma flecha nele. A imagem corta para os lobos guardando o cervo morto enquanto o caçador o pega, coloca a carcaça nos ombros e volta para casa — os lobos caminham obedientemente ao seu lado.

Parece uma sequência simples, mas a filmagem me deixou completamente impressionado. No início, pensei que não tinha compreendido o que Yossi tentava me dizer. Será que, afinal, eles não eram lobos, eram cachorros (ele pareciam mais com os cães lobos checoslovacos)? Não, eles eram, na verdade, os lobos que Moshe tinha criado. Bom, então, como foi possível que o ator que fazia o caçador simplesmente erguesse o cervo diante dos lobos? Os lobos que conheci em Wolf Park nunca teriam tolerado que seu jantar fosse retirado bem diante de seus focinhos.

Por um instante, pensei que descobrira que os lobos árabes eram uma subespécie muito mais fácil de tratar do que os grandes lobos cinzentos. Se era assim tão fácil conviver com os lobos árabes, isso poderia sugerir que a afeição pelas pessoas já estava presente nessa subespécie em particular de lobo, da qual os cães possivelmente descendem.

Minha cabeça estava rodando com tantas implicações abrangentes deste vídeo — mas, felizmente, ou infelizmente, minha confusão durou pouco. Yossi me explicou que a filmagem real do documentário não tinha sido assim tão fácil quanto parece no produto final. O próprio Yossi estava aterrorizado com os lobos. Como diretor, ele tinha permanecido em seu carro durante todo o difícil processo, gritando instruções por uma pequena abertura da janela.

Devo mencionar que, durante as guerras de Israel na década de 1960, Yossi foi paraquedista. Sempre achei que paraquedistas eram os soldados mais corajosos de todos. Eu ficaria aterrorizado em pular de paraquedas de um avião em movimento, fora a excitação adicional das pessoas do solo atirando em sua direção, enquanto está flutuando indefeso até a terra. Assim, Yossi, claramente, era um cara corajoso e seu medo dos lobos não era tão irracional — como ele logo explicaria para mim.

Yossi me falou que os lobos, na verdade, tinham atacado o ator de forma bastante violenta na primeira vez que ele pegou a carcaça. As filmagens tiveram que ser interrompidas para que as feridas do ator fossem tratadas. Quando voltaram a filmar a cena, Moshe segurou os lobos enquanto o ator erguia o cervo morto.

Esse fato — que os lobos tinham se recusado a partilhar a presa na dramatização da caça — alinhava-se muito melhor com a forma que eu esperava que os lobos se comportassem. Isso também significava que um filme de curta-metragem, que pretendia mostrar como os lobos poderiam ajudar as pessoas em uma caçada, era, na verdade, uma clara demonstração de que utilizar lobos para ajudar em caçadas só aconteceria na ficção.

Só tinha mais uma coisa que queria esclarecer. Yossi disse que, embora ele e o restante do kibbutz ficassem aterrorizados com os lobos, perto de Moshe e das crianças de sua família, os lobos não representavam nenhum perigo. Será que esses lobos eram capazes de formar um vínculo com algumas pessoas, mesmo atacando ferozmente outras?

Moshe estava extremamente ocupado editando um filme com prazo de entrega apertado. Ele não queria se envolver em uma sessão de perguntas com um acadêmico estranho que tinha aparecido em seu kibbutz, mas estava disposto a me conhecer e me cumprimentar. Seus olhos avermelhados deixaram claro que ele tinha trabalhado durante a noite. Ele me deixou fazer uma única pergunta: "É verdade que os lobos que criou não representam perigo para você e sua família?"

Silenciosamente, Moshe ergueu a manga da camisa direita. Grandes marcas de cicatrizes em sua pele davam um mudo testemunho de que nem todas as suas interações com os lobos que criou tinham sido sem percalços. Ele não precisou dizer nada para eu saber o que queria. Caçar com lobos criados por humanos é completamente impraticável e perigoso. A origem evolutiva dos cães está em outro lugar.

Não posso dizer que fiquei surpreso ao descobrir que os lobos não são bons companheiros em uma caçada. Eu já tinha sido preparado mentalmente pelo grande falecido Ray Coppinger, um personagem maior que a vida no mundo da ciência canina e um homem que me ensinou muito do que sei sobre a origem dos cães.

Ray foi a primeira pessoa a encontrar falhas na concepção de que os cães tinham sua origem como auxiliares de caçadores. Ele chamava essa teoria, pejorativamente, de "hipótese de Pinóquio" — não por causa do nariz do boneco, que ficava maior quando ele mentia (embora eu tenha certeza de que Ray não se importava com essa associação), mas pela primeira parte da história, quando o pobre carpinteiro Gepeto monta a marionete para aliviar sua solidão.

Com sua esposa[6], Lorna Coppinger, Ray escreveu um livro marcante chamado *Dogs: A New Understanding of Canine Origin, Behavior, and Evolution* [Cães: Uma Nova Compreensão da Origem, Comportamento e Evolução Canina, em tradução livre] no qual descreve as razões pelas quais os cães não poderiam ter sido criados pela seleção humana dos lobos mais amistosos para ajudar em caçadas. Neste livro, os Coppingers enumeram as razões pelas quais essa tese não merecia ser levada a sério. Seus pontos são ainda muito valiosos e merecem um breve resumo aqui.

Primeiro, lobos não têm motivação para ajudar as pessoas a caçar. Se tentar caçar com um lobo de estimação, assim que o soltar, sua companhia lupina estaria a quilômetros de distância, alegremente enchendo seu estômago, enquanto você caminha pela floresta, perdido e faminto. Horas depois, seu lobo alegre e saciado voltaria para você, mas isso não significa que aí sim você ficaria bem. O lobo não traria comida alguma para você, nem o levaria até alguma presa.

Segundo, lobos são muito perigosos, principalmente perto de crianças, por isso nossos antepassados não os toleraram por muito tempo. Sem dúvida, tive muitas interações amistosas e gratificantes com lobos criados por humanos e não voltei com nenhuma cicatriz das minhas experiências. Mas os lobos que conheci foram criados com base em uma compreensão científica do tipo de criação que seria possível incutir mansidão e afabilidade nessas criaturas (um tópico ao qual retornarei no próximo capítulo). Mesmo assim, nem todos os animais criados dessa forma podem ser apresentados a pessoas desconhecidas e são mantidos atrás de cercas com 3,5m de altura por uma boa razão.

Terceiro, no intuito de selecionar lobos amistosos para procriação, os humanos primitivos precisariam de muito mais clarividência — e ter mais conhecimento sobre genética — do que podemos lhes atribuir. Quatorze mil anos atrás (ou mais), não havia outros animais domesticados. As pessoas não tinham condições de saber que os carnívoros grandes e assustadores ao seu redor poderiam um dia se tornar companhias amistosas e úteis, se eles tentassem procriá-los, seletivamente, por alguns séculos.

Ray e Lorna Coppinger argumentam que os primeiros cães não tinham lugar como companheiros de caçada com os seres humanos. Em vez disso, é muito mais provável que os cães evoluíram para desempenhar um papel mais prosaico e até lamentável: o de necrófagos em torno dos assentamentos humanos. Os Coppingers salientaram que, quando as pessoas se fixaram na terra, elas também começaram a produzir montes de lixo. Esses resíduos teriam atraído (e, apesar de nossos melhores esforços, continuamos a atrair) muitas espécies de animais. Certos lobos, teorizam eles, estavam entre aqueles que vasculhavam o lixo.

Os cães, provavelmente, se originaram nesses lugares, onde nossos antepassados descobriram recursos excepcionalmente ricos de caça e coleta e assim se fixaram por anos, ou até gerações. Onde os humanos se estabelecem, inevitavelmente, produzem o marcador único da nossa espécie: montes de lixo. Ao fazer isso, eles criam uma nova oportunidade. Lixo é material que nós, como humanos, achamos inútil, mas ele pode ser valioso para outra espécie. Como disse Aristóteles: "A natureza abomina o vácuo", e os ossos de onde os humanos retiraram a carne ainda contêm nutrientes que outras espécies podem explorar.

Até hoje, em muitas partes do mundo, diversas espécies se reúnem em aterros sanitários. Em Calcutá, na Índia, o gado vagueia pelo aterro da cidade; no Alasca, as pessoas devem tomar cuidado com os ursos polares que andam vasculhando o lixo amontoado. Milhares de anos atrás, os lobos devem ter adotado a mesma tática para encontrar comida, farejando restos perto dos acampamentos dos nossos antepassados.

A necrofagia é um hábito que, em algumas partes do mundo, os lobos ainda possuem, como tive a oportunidade de ver em primeira mão na mesma viagem que fiz para Israel. No início de minha viagem, fui ao deserto de Negev, no sul do país, para ver os lobos árabes na natureza. O guarda-florestal dos parques nacionais que, gentilmente, me levou em busca desses animais, foi direto para os aterros da cidade, que estão espalhados pelo deserto. Como o guarda explicou, esses aterros são os locais mais prováveis de reuniões de lobos em Negev, porque o ambiente desértico proporciona poucos aglomerados de material comestível e certamente nenhum outro é tão grande quanto os aterros.

Evidências abundantes em todo o mundo atestam a forma como os lobos são atraídos para os lixos dos humanos. O mesmo vale para os cães — até mais ainda. A necrofagia canina seria algo mais comum se não fossem os investimentos dos governos do primeiro mundo em cercas e resgate de cães para manter esses animais longe dos aterros da cidade. E não é preciso viajar para muito longe dessas bolhas de prosperidade para encontrar cães nos montes de lixo atualmente, não importa o quão desenvolvido seja o país. Eu já os vi em lugares tão diversos quanto Sicília, Bahamas e Moscou. Apesar de nenhum deles pertencer à classificação de terceiro mundo, todos acolhem muitos cães que se esforçam para sobreviver em qualquer depósito de lixo que não esteja cercado e vigiado.

Para um animal, canídeo ou outro qualquer, a chave para lucrar com o lixo que os humanos criam é tolerar os humanos — e, em troca, ser tolerado por eles. Mas os lobos e os cães, embora similares de tantas outras formas, são extremamente diferentes neste aspecto. Infelizmente, nenhum estudo foi feito nos aterros da cidade que visitei em Israel, nem em qualquer outro local onde tanto cães quanto lobos buscam a sobrevivência nos lixos dos humanos lado a lado. Pesquisadores, no entanto, têm analisado separadamente os lobos e cães necrófagos na Suécia e na Etiópia, respectivamente. Os lobos na Suécia correm quando detectam a presença de humanos em um raio de 200m. Os cães na Etiópia permitem a pessoas desconhecidas que se aproximem cerca de 5m antes de se afastarem.

A diferença em uma simples medida — o que os biólogos chamam de "distância de fuga" — soma uma enorme diferença em quanto de comida os dois canídeos, parentes próximos, podem extrair de um aterro de humanos. Por serem mais tolerantes com os humanos — e tolerados por eles — os cães conseguem muito mais dos depósitos de lixo do que os lobos. Essa habilidade de tolerar a presença das pessoas é, portanto, uma grande vantagem adaptativa para os cães — em situações de busca pelo alimento, pelo menos.

Reconheço que a ideia de os cães surgirem nos aterros de lixo é muito menos atraente do que a história alternativa dos caçadores pegando os filhotes de lobo para ajudá-los a perseguir uma presa. O jornalista Mark Derr[7], em seu relato sobre a origem dos cães, *How the Dog Became the Dog* [Como o Cachorro se Tornou Cachorro, em tradução livre], ficou enojado com a ideia de que suas companhias caninas amadas tinham se originado como vasculhadores de lixo. Ele escreveu com asco ao pensar que "o lobo teria voluntariamente[8] se tornado um especialista em lixeiras, comedor furtivo e mal-humorado de refugo de aldeia, 'lambedor de fraldas'". Mas a verdade é que, por mais que queiramos acreditar que nossos antepassados tenham sido lordes e ladies caçando montados em um cavalo, a maioria de nós tem que enfrentar o fato de que viemos de uma longa linhagem de camponeses, lutando para sobreviver de restos reciclados. E o que é verdade para nós também é verdade para nossos melhores amigos caninos.

Por mais que queiramos, não podemos escolher nosso passado. Nós e nossos amigos caninos somos uma espécie de necrófagos. Talvez haja algo apropriado nessa história em comum — que partilhamos o modo de agir. Poderia ser isso que explica sua afeição por nós? Ou a origem do amor dos cães está em outro lugar?

———————

Com as evidências científicas disponíveis, não temos como saber se os primeiros lobos–cães amavam as pessoas como os nossos cães nos amam hoje. Mas meu melhor palpite é que não amavam.

Suspeito que, no estágio inicial da evolução canina, quando os cães, basicamente, ainda eram lobos (embora uns tivessem desistido de caçar grandes presas e desenvolveram maior tolerância pelos seres humanos no intuito de se banquetearem em nossas lixeiras), esses animais ainda tinham personalidades lupinas. Talvez tivessem inclinação para um pouco de vínculos fortes, quase sempre com membros de sua própria espécie; esses primeiros cães, em outras palavras, não seriam as criaturas socialmente promíscuas que nossos melhores amigos caninos são hoje.

Isso não quer dizer que os nossos antepassados não tenham notado que esses animais eram diferentes dos lobos. Os primeiros cães podem ter provocado menos medo em seus vizinhos humanos do que os lobos "de verdade". Como não tinham mais interesse em caçar presa viva, os primeiros cães, provavelmente, eram menos ferozes e temíveis. É possível que tenham sido menores e desenvolvido mandíbulas e dentes menos potentes e seu desenvolvimento comportamental pode ter começado a diminuir, assim, quando adultos, mantiveram o comportamento juvenil, como brincar e fazer amizades. Eles podiam bufar e rosnar — o som precursor do latido, que é raro em lobos — quando animais de que eles tinham medo (como ursos e lobos de "verdade") se aproximavam do acampamento. Essas vocalizações de aviso podem ter sido útil de alguma forma para os humanos que os abrigavam.

Deixando essas distinções de lado, não estou inclinado a ver esses animais como as máquinas cheias de amor de cuja companhia desfrutamos em nossos lares hoje. Pelo menos, resistirei a essa conclusão até que a ciência prove o contrário — o que certamente o fará, em um futuro não muito distante.

Com o intuito de descobrir quando os cães se tornaram os seres intensamente amáveis e hipersociais que são hoje, os cientistas precisarão identificar em que ponto de sua história evolutiva os genomas dos cães sofreram mutações para incluir os genes da síndrome de Williams (descrita no Capítulo 4). Neste momento, meu amigo e colaborador da Oxford University, o zooarqueólogo e geneticista Greger Larson, está pesquisando vestígios arqueológicos dos primeiros cães em busca de sinais desses genes. Ele pode produzir respostas para nós a qualquer momento. Se, e quando, ele o fizer, ele acenderá uma luz nas histórias entrelaçadas dessas duas espécies, iluminando o momento preciso em que humanos e cães se apaixonaram — ou, pelo menos, quando o amor dos cães pelos humanos começou a incitar sentimentos semelhantes da nossa parte. Enquanto isso, temos que nos contentar com especulações informadas, mas não verificadas.

Pessoalmente, acredito que os cães adquiriram o poder de amar não durante a fase mais primitiva de necrofagia da história da sua espécie, mas em uma fase mais recente da sua jornada evolutiva. A mudança crítica, eu acho, teria ocorrido quando seus antepassados e os nossos partiram dos assentamentos onde esses animais agiam como necrófagos e embarcaram juntos em uma caçada.

Como já expliquei, os lobos não eram companhias de caça viáveis para os humanos — mas esses novos canídeos tolerantes com os humanos não eram lobos. Eles não teriam as mesmas tendências agressivas que os lobos e, provavelmente, não eram tão bons na caça independente (que é uma das características que fazem dos lobos parceiros de caça tão ruins para as pessoas). Além disso, eles teriam evoluído para serem mais tolerantes com os humanos em um momento crucial da história da nossa própria espécie: uma época em que precisávamos especialmente da ajuda dos cães.

Como os cientistas sabem agora que os cães surgiram há pelo menos 14 mil anos (e alguns arqueólogos acreditam que foi até muito antes que isso), nós também podemos ter certeza de que os cães surgiram durante a última era glacial. Depois de cobrir o planeta por muitas dezenas de milhares de anos, as camadas de gelo começaram a desaparecer cerca de 12 mil anos atrás. Está claro que os cães tiveram origem em algum ponto dentro desse período glacial.

Como se pode imaginar, essa onda de frio que durou milênios colocou uma pressão única nos humanos que viviam naquela época. Mas eles estavam bem acostumados a esse clima na época em que o planeta começou a se aquecer de novo. Embora eu não goste da ideia de viver na era glacial, nossos antepassados tiveram bastante tempo para se adaptar a essa época gelada e sabiam como sobreviver nela. Os humanos modernos já existiam há algumas centenas de milhares de anos neste ponto e, embora o mundo com o qual estavam acostumados fosse muito mais frio do que esse que conhecemos, foi também o lar de muitos animais maiores do que os que vemos hoje. Criaturas enormes como os mamutes e as preguiças gigantes terrestres vagueavam pela tundra, proporcionando aos nossos antepassados oportunidades de caça incríveis.

Depois que as pessoas se adaptaram ao meio ambiente da era glacial, o aquecimento do planeta teria dado a eles uma tremenda dor de cabeça. A mudança na temperatura criou novas oportunidades para encontrar comida — com novos desafios. Felizmente, para a nossa espécie e a deles, os cães foram equipados de forma ideal para ajudar os humanos a resolver esses novos problemas.

A excelente visão humana tinha feito dos nossos frágeis antepassados os mais bem-sucedidos caçadores do ambiente da era glacial de estepes e florestas abertas de pinheiros. Desenvolvemos armas eficazes para operar à distância: lanças, atlatls e arcos e flechas, tudo para estender o alcance do ser humano e nos tornar predadores formidáveis. No final da última era glacial[9], no entanto, florestas que antes eram pontilhadas escassamente com árvores (pense na Escandinávia e no nordeste da América do Norte) transformaram-se em massas densas e ficou muito mais difícil para os humanos caminharem, e nosso poderoso sentido da visão se tornou inútil quando uma espessa vegetação rasteira preencheu os níveis mais baixos das florestas.

Nossos antepassados desses ambientes transicionais precisaram de uma nova tecnologia para serem bem-sucedidos nas caçadas nesse mundo estranho. Essa tecnologia teve que proporcionar a capacidade de detectar a presa no meio da densa vegetação rasteira do sub-bosque florestal, como também a de mover-se rapidamente por ela. A tecnologia também precisaria de motivação e velocidade para perseguir e capturar a presa, mas também ser capaz, ou pelo menos querer, de abster-se de matar por conta própria. Assim que encontrasse o animal, precisaria avisar, assim os caçadores humanos saberiam onde ela estava e depois esperar para que eles chegassem e despachassem a presa. Mais uma coisa: essa tecnologia traria um risco mínimo de ferir os humanos.

Os lobos não possuem essas qualidades — mas essas habilidades estão entre as dos cães. Os cães herdaram um nariz altamente sensível de seus antepassados lobos, o que lhes permite achar as presas em condições em que a visão é inútil. Os cães também herdaram de seus predecessores a motivação para caçar, e são, em geral, pequenos o bastante para que não seja um desafio para a maioria penetrar na floresta densa. No entanto, sua capacidade em finalizar a presa diminuiu em uma proporção considerável, deixando-os dispostos a pedir ajuda no estágio final da caçada. A adequação dos cães a essa série de tarefas proporcionou o apoio essencial aos nossos antepassados famintos. Conforme os humanos lutavam para se adaptar a um meio ambiente mais quente e instável, os cães devem ter sido para eles como seres mágicos.

Suspeito que a parceria de caçador e cachorro começou com um acidente: alguns cães primitivos, comendo um lanche na pilha de lixo da aldeia, decidiram seguir uns homens em uma caçada. Mas tenho certeza de que rapidamente se transformou em uma relação forte, caracterizada por fortes emoções dos dois lados. Creio eu que foi quando a ligação entre humanos e cães, verdadeiramente, se transformou no forte vínculo emocional a que estamos acostumados hoje. A necrofagia criou um nicho evolutivo para os canídeos que conseguiam tolerar os humanos; caçar deu aos primeiros cães uma chance de provar seu valor para as pessoas. Como explicarei adiante, caçar ao lado dos humanos também teria favorecido exatamente o tipo de mutação genética que tornou os cães os animais amáveis de hoje.

Para realmente compreender como os cães ajudaram nossos antepassados a caçar — e como a emoção em geral, especificamente o amor, pode ter desempenhado um papel na busca por este vínculo — eu precisava ver por mim mesmo como era caçar com cães.

Comecei a ler sobre o que os antropólogos tinham descoberto em relação às diferentes pessoas do planeta que ainda caçam com cães de forma semelhante aos nossos antepassados. No processo, deparei com o trabalho de um pesquisador da Universidade de Cincinnati, Jeremy Koster, que conduziu análises detalhadas da prática da caça do povo Mayangna. Os Mayangnan são um povo indígena que vive na Reserva de Biosfera Bosawás, em uma parte remota da Nicarágua, perto da fronteira hondurenha. Eles praticam agricultura, plantam feijão, plátanos e arroz, mas, além disso, como os estudos de Koster deixaram claro, a caçada com cães oferece um benefício real para essas pessoas. A carne da caça é uma das poucas fontes de proteína de alta qualidade em suas dietas.

Por sorte, logo depois que encontrei seus trabalhos acadêmicos, eu estava em Cincinnati em uma conferência e entrei em contato com Koster sugerindo tomarmos uma cerveja. Talvez tenhamos tomado cervejas demais, porque no dia seguinte vi que tinha concordado em viajar para a Nicarágua com Koster, na sua próxima visita aos Mayangnan.

Koster me assegurou que era muito fácil chegar ao assentamento dos Mayangnan de Aran Dok, onde estava conduzindo sua pesquisa. Levaria apenas três dias, de estrada e de barco, da capital da Nicarágua, Manágua — ela própria a apenas duas horas e meia de voo de Miami. O que ele não mencionou foi que o dia viajando pela estrada seria passado espremido no banco da frente de passageiros de um Toyota Land Cruiser com mais duas pessoas em estradas que ficariam cada vez mais acidentadas. Depois, descobri que os dois dias de "barco" eram dois dias em uma canoa. Uma grande canoa com motor, mas, ainda assim, uma canoa. Foi a viagem mais desconfortável que já fiz na vida.

Mas, depois que passamos por pedras e corredeiras no território Mayangna, a experiência foi arrebatadora. Foi tão maravilhoso quanto entrar no Jurassic Park. Só o que faltavam eram os dinossauros, mas o que descobrimos foi quase tão impressionante quanto eles: cães viviam com as pessoas com o mesmo tipo de relacionamento que seus antepassados talvez tenham tido com os nossos antepassados há milhares de anos.

Os Mayangnan moram em cabanas resistentes de madeira sobre palafitas ao longo da margem do rio. Quando ficamos à vista, eles correram para a margem e ficaram olhando, com certa ansiedade, para os estranhos. No entanto, assim que acenei para eles e sorri, eles acenaram de volta, com um grande sorriso e muito entusiasmo. As pessoas que reconheceram Koster o cumprimentaram muito calorosamente. A certa altura, nossa embarcação quase virou ao lado de uma canoa menor com quatro homens, pois todos queriam dar um grande abraço em Koster.

Depois que colocamos nossas redes dentro da cabana de hóspedes, desfrutamos de uma tigela de arroz com alguns pedaços pequenos de carne no jantar e outra tigela de arroz sem carne alguma no desjejum, parti para a caçada com alguns homens Mayangnan (apenas os homens caçam). Os rapazes colocaram galochas, pegaram seus machetes, chamaram os cães e seguiram em frente!

No início, fiquei impressionado pelas semelhanças entre as expedições de caça Mayangna e as caminhadas no bosque que dava com meu cachorro, Benji, quando criança. Primeira regra: colocar a coleira no cachorro. Os Mayangnan não têm coleiras nem guias, mas têm cordas, que colocam de qualquer jeito no pescoço do cachorro. A corda fica só enquanto estão andando por dentro da aldeia. Assim que chegam à floresta, tiram a corda e deixam o cachorro solto.

Neste ponto, Benji e os cachorros Mayangnan parecem agir da mesma forma — mas o comportamento humano era bem diferente. Quando era criança e passeava com Benji, era importante não permitir que ele andasse para longe de mim. Eu teria problemas se chegasse em casa sem ele. Ele ficava todo entusiasmado com os odores e sons que detectava no bosque perto de casa, e eu precisava ficar chamando por ele para que ficasse à vista. Para os homens Mayangnan, ao contrário, o objetivo da expedição era deixar o cão correr, perseguir o que encontrasse na floresta densa. Se o cachorro ficasse perto deles, os homens irritados o repreendiam para ir trabalhar. De vez em quando, eles paravam no topo de uma colina e ouviam o cachorro — e, ocasionalmente, gritavam "Sulu"[10] — a palavra "cachorro" na língua deles, com o som do "u" muito prolongado ("Suuuu-luuuu"). Eles esperavam ouvir um latido excitado ou um ganido, uma indicação de que tinha encontrado alguma coisa. Se isso acontecesse, os homens saíam o mais rápido possível para encontrar com ele.

Homem Mayangna caçando com seu cachorro

Quando corriam para encontrar o cachorro, os homens Mayangnan conseguiam abrir caminho com as machetes pela floresta mais depressa do que eu conseguia acompanhar, eu só conseguia me arrastar pelo caminho que tinham aberto. Provavelmente, por causa do gringo lento que estavam arrastando com eles, não conseguimos pegar nada nas duas caçadas que fui, mas, mesmo assim, tive uma grande sensação do processo. Eu pude ver que não era uma ciência complexa — o cachorro não precisava de nenhum treinamento especial. A operação dependia das inclinações e capacidades intrínsecas ao cachorro: detectar e perseguir a presa, com a incapacidade de terminar de matar a presa por conta própria. Ao encontrar e encurralar o animal, o cachorro chama os humanos — embora não possa afirmar se o cachorro late por frustração ou porque sabe que as pessoas virão terminar de matar a presa. De qualquer forma, o efeito é o mesmo: as pessoas correm e completam a caçada.

Ir caçar com os Mayangnan me lembrou o quanto é importante que os cachorros dos caçadores não matem por si mesmos, mas uivem[11] e, com isso, tragam os humanos até eles. Se os cães se comportassem como os lobos, matassem e comessem o que encontrassem, eles não seriam úteis em nada para as pessoas. Isso ressalta a impossibilidade de nossos antepassados terem caçado com lobos. Pelo contrário, tiveram que esperar que os cães existissem antes de envolverem companhia tão útil em uma caçada.

Que esses pequenos peludos companheiros de caça sejam igualmente eficazes até hoje é uma prova do poder e resistência da relação humano–canino. De acordo com os dados de Koster, os cachorros de Mayangna, em geral, pesavam cerca de 9kg, porém cada cachorro traz para casa, em média, mais de 5kg de carne. É uma contribuição impressionante para as necessidades proteicas das pessoas. Por causa disso, um resultado bem-sucedido leva a uma grande manifestação de emoção, compartilhada pelas pessoas e pelos cães. Essa experiência positiva, sem dúvida, fortalece a relação entre as pessoas e seus companheiros caninos.

Em Aran Dok, a principal aldeia de Mayangna, dois dos homens possuem rifles. Koster descobriu que os cães magrelos eram, em média, tão eficazes em trazer presas quanto as armas.

Observando os homens Mayangnan e seus cães caçando, eu também fiquei surpreso com a intensidade da relação entre eles. Pude ver que, para os cães, ajudar as pessoas a caçar exigia um conjunto de habilidades totalmente diferente da necrofagia. Vasculhar os aterros de lixo é uma busca muito solitária; os cães ocupados em cavar no aterro de lixo não estão interessados em companhia — humana ou canina. Por outro lado, quando eu estava na floresta com os homens Mayangnan, tive a forte impressão de que a atividade demandava coordenação e compreensão mútua entre cães e homens. Seu sucesso dependia da comunicação precisa. Os homens avisavam os cães que estava na hora de procurar a presa e os cães deviam detectá-las e persegui-las. Os cães, por sua vez, depois que encontravam a presa, tinham que comunicar às pessoas, indicando onde estavam na floresta densa. Os caçadores até afirmaram que, pelo tom do ganido do cão, podiam dizer o que ele tinha apanhado — mas, visto que não pegamos nada nas duas caçadas que fui, não consegui verificar isso por mim mesmo.

Ao voltar da Nicarágua, fiquei ligeiramente obcecado com a questão de como a caça seria a chave para explicar por que os cães desenvolveram a capacidade de amar os humanos. Como acólito de Ray Coppinger, fiquei hesitante em pensar que a caçada tivesse desempenhado um papel de qualquer significância na origem dos cães e na sua capacidade de ter relacionamentos interespécies. Ray não só encontrou falhas na teoria de que os humanos tinham "criado" cachorros para servir como companheiros de caça, ele também tinha sido cético sobre a possibilidade de que pessoas, há muito tempo, tinham se beneficiado em caçadas com cães. Ele suspeitava que precisava de muito esforço para treinar um cachorro. Ele achava que essa história toda da caça era mais uma "coisa de macho", que os homens usavam para impressionar as mulheres, do que uma prática com benefícios econômicos.

Mas agora estou reconsiderando minha posição. Mesmo que não tivesse começado o caminho evolutivo que, finalmente, os distinguiria dos lobos, eu me perguntava se a caçada ajudou, de fato, os caninos a irem além.

Eu suponho que cães com mutações genéticas que os deixaram mais inclinados a criar vínculos mais fortes com as pessoas teriam ficado em vantagem sobre aqueles que se mantiveram afastados. Esses cães amistosos seriam mais propensos a seguir as pessoas em uma expedição de caça e a pedir assistência humana para completar a morte da presa, e, assim, ter uma chance maior de partilhar o resultado da caçada. Isso teria levado a melhores possibilidades de sobrevivência e a mais filhotes, que por sua vez significaria que os genes dos cães amistosos teriam se tornado onipresentes na tribo.

Eu me perguntava se meus amigos arqueólogos poderiam me apontar evidências que lançariam luz sobre a possibilidade de uma relação forte entre as pessoas e cães quando a era glacial estava terminando e nossos antepassados precisaram de ajuda para caçar. Angela Perri, uma zooarqueóloga da Universidade de Durham, no Reino Unido, que tem um interesse especial na importância dos cães para nossos antepassados, ficou feliz em ajudar. Ela me mostrou que, na verdade, há provas de que, por volta da época em que caçar com hounds começou a acontecer, nossos antepassados deixaram indícios de que se importavam profundamente com seus cães —

evidências de que um forte vínculo emocional entre cães e pessoas estava se desenvolvendo em correlação com sua crescente parceria predatória. Apesar de a correlação certamente não provar causalidade, a pesquisa de Angela aponta para uma forte relação entre esses dois eventos importantes: humanos e cães caçando juntos e a formação de fortes vínculos emocionais entre nossas duas espécies.

Para sua pesquisa de doutorado, Perri se concentrou não nos restos mortais enterrados de pessoas com seus cães, mas nos enterros cuidadosos de cães somente. A sua motivação para essa tônica foi que há muitas razões pelas quais um animal pode ser enterrado com uma pessoa — a maioria das quais não nos diz nada sobre uma possível relação entre a pessoa falecida e a criatura morta. A sala do Museu de Jerusalém, que mantém uma cópia em resina de ossos[12] de uma mulher sepultada com um filhote há 12 mil anos, também tem em displays pessoas enterradas com chifres de cervos, cascos de tartarugas, dentes de raposas e uma variedade de outras partes de animais. Nada disso deve ser considerado como uma implicação de que as pessoas daqueles tempos estavam desenvolvendo relações emocionais com cervos, tartarugas, raposas ou qualquer outro animal. As pessoas que sepultaram essa mulher tinham suas razões ritualísticas, agora perdidas, para colocar partes de animais nas sepulturas com seus parentes.

Quando pensamos mais profundamente sobre o sepultamento de um cachorro com uma pessoa, não se pode deixar de pensar como esse cachorro foi parar ali. Será que ele morreu, fortuitamente, na mesma época, foi morto intencionalmente para decorar o túmulo ou talvez para acompanhar a pessoa falecida na viagem para o além? Considerando que a morte espontânea do animal de estimação de causas naturais na mesma época em que seu tutor ou tutora falece não acontece com frequência (embora a última cachorra de Charles Darwin, Polly, tenha falecido três dias depois que seu tutor deu seu último suspiro), a maioria dos sepultamentos duplos de cães com pessoas deve representar a morte intencional dos cachorros. É claro que não há como saber o que as pessoas de milhares de anos atrás estavam pensando. Não é totalmente impossível que eles tenham tido relações afetuosas com cães, porém, isso não exclui a possibilidade de materem um cachorro para enterrá-lo com a pessoa que ele, aparentemente, amava.

Como Perri salienta, as implicações emocionais do sepultamento duplo de cachorro e humano são, na melhor das hipóteses, ambíguas. Mas inferências muito mais claras podem ser tiradas de casos em que pessoas sepultam os cães por conta própria, com grande cuidado e respeito.

Quando não há humano no túmulo, o significado do cachorro para as pessoas que o enterraram é inequívoco. Se, como nossos antepassados fizeram em certos períodos, um cachorro for enterrado com muito cuidado em um túmulo tão ricamente decorado como qualquer enterro humano da época, temos um sinal claro do quanto essas pessoas se importavam com o cachorro.

Perri analisou sepultamentos de cães da antiguidade em três partes do mundo: leste do Japão, norte da Europa (inclusive Escandinávia) e a região leste dos Estados Unidos, que cobre regiões do Kentucky, Tennessee, Alabama e partes de outros estados. Ela revisou relatórios de centenas de sepultamentos de cachorros nessas três partes do mundo. Ela observou quando os cães eram enterrados e como. Eles foram sepultados em túmulos ricos com outros sinais de cuidado e respeito ou foram sepultados casual e aparentemente de forma irrelevante? Em outras palavras, havia sinais de amor e afeição mútuos ou as pessoas só estavam tirando do caminho a carcaça de um cachorro velho e fedido?

O que é muito interessante nas regiões extremamente dispersas em que Perri se concentrou são os desenvolvimentos cruciais da história humana que aconteceram em momentos bem diferentes nos três locais. O final da última era glacial, a dificuldade que nossos antepassados tinham com a caça em florestas cada vez mais densas, a indução dos cães como auxiliares de caçadores e, finalmente, o desenvolvimento da agricultura, que diminuiu a dependência dos humanos da caça ocorreram em épocas que divergem em milhares de anos nesses três locais.

Perri fez uma descoberta incrível. Para cada local, ela traçou um gráfico com o número de sepultamentos cuidadosos e intencionais de cães ao longo do tempo — desde a era glacial até tempos relativamente recentes (recente para um arqueólogo ainda significa alguns milhares de anos atrás). Em todos os casos, ela encontrou o gráfico com a mesma forma geral — um formato simples de U invertido. Recuando bastante no tempo em cada local, percebe-se que as pessoas não se importavam em sepultar seus cães com qualquer tipo de consciência — o ponto baixo do gráfico. Avançando muito no tempo, o gráfico também fica baixo: as pessoas também não se incomodavam muito. Mas, em cada local, havia uma "corcova" no gráfico — um longo período de tempo em que as pessoas, das três partes do mundo, tiveram um enorme cuidado e esforço ao sepultar suas companhias caninas.

As datas exatas desse período diferem em cada local, mas o ponto na história humana em que ocorreram foi sempre o mesmo. As pessoas aumentavam o cuidado que tinham ao sepultar seus cães durante o período seguinte do final da última era glacial, quando o planeta estava aquecendo e caçar estava ficando muito difícil. Durante essa fase da história humana e depois de centenas de milhares de anos de caçadas bem-sucedidas por conta própria, nossos antepassados se viram frustrados pelas matas onde não conseguiam enxergar bem ou se moverem direito. É nesta janela de tempo que as pessoas começaram a sepultar seus cães com muito cuidado. Essas pessoas estavam espalhadas em três extensas áreas separadas no globo. Durante este período, em algum lugar entre 3 e 9 mil anos atrás, em lugares diferentes (mais recentemente no norte da Europa, anteriormente na América do Norte), não havia a menor possibilidade de essas pessoas saberem nada uma das outras. Elas devem ter tomado as decisões de tratar os cães dessa nova forma afetuosa de maneira completamente independente. Em cada local, essas práticas diminuíram com o advento da agricultura.

Em alguns casos, os cães que Perri analisou foram sepultados com tanta riqueza que os arqueólogos, que os descobriram, não conseguiam acreditar que os restos mortais pertenciam mesmo a apenas cães. Um arqueólogo propôs[13] que os cães eram "cenotáfios" — corpos de animais substitutos de guerreiros humanos perdidos. Acho que Perri objetou com um ótimo contra-argumento. As pessoas da antiguidade compreendiam esses cães como cães — eles não eram substituições de seres humanos importantes — e os sepultaram em lugares luxuosos porque os animais provaram seu valor ajudando na atividade crucial da caça. É muito possível que nossos antepassados também tenham sepultado esses cães com grandes honras porque tinham expressado forte afeição pelas pessoas ao seu redor, assim elas se sentiram compelidas a retribuir.

Em conjunto, essas evidências arqueológicas sugerem veementemente que, embora seja improvável que a origem dos cães tenha ocorrido ao ajudar caçadores humanos, ser ferramentas indispensáveis na captura de proteína fez nascer o vínculo poderoso de afeição entre humanos e cães. O que o registro arqueológico não nos diz — pelo menos não ainda — é se as mutações genéticas que permitiram aos cães que retribuíssem o amor dos humanos também ocorreram precisamente durante esse período.

Nossos amigos paleogeneticistas ainda não encerraram a análise genética dos ossos dos cães da antiguidade, mas com um pouco de sorte esses restos mortais nos dirão quando esses genes de hipersociabilidade — a base genética para o amor dos cães — começaram a surgir na espécie canina. Com a falta de uma entrevista com um antepassado humano de 7, 8 ou 9 mil anos atrás, essa análise genética é o melhor relatório futuro que podemos ter de como os cães de há muito tempo interagiam com as pessoas.

Muito embora eu esteja ansioso para ter essa prova genética em mãos, não consigo deixar de ficar triste porque nunca teremos um relato pormenorizado de como, onde e quando os cães se tornaram essas criaturas amáveis que são hoje. Claramente, as pessoas que estavam presentes nessa fase crítica da história dos cães já se foram, então nunca poderei fazer essa entrevista. Fiz o melhor que pude para me contentar com a pesquisa que tinha em questão, que, felizmente, vai além até das descobertas que exemplifiquei até o momento.

Hoje temos provas científicas de como os cães podem ter surgido, em um intervalo de tempo relativamente curto, do entrelaçamento genético de seus antepassados selvagens. A prova chegou a nós não pelos lobos, mas por outro canídeo próximo: a raposa. E não vem da paisagem gelada da Europa, mas da Sibéria da era Soviética, por incrível que pareça. A partir de 1959, foi realizado um dos maiores experimentos relacionados à evolução já visto: um teste experimental direto para determinar se a evolução pode criar amor.

A Sibéria da era Soviética parecia ser um local improvável para fazer um teste sobre a história do amor dos cães. Apesar de a União Soviética ser pioneira em genética, Stalin desaprovou essa ciência burguesa e, nos anos 1930, enviou os geneticistas para os gulags e até mandou que fossem mortos.

Com a morte de Stalin[14] em 1953, no entanto, a pesquisa genética ressurgiu na União Soviética. Um dos líderes da nova geração de cientistas da genética foi Dmitri Belyaev. Seu irmão, Nikolai, também geneticista, foi executado por suas convicções científicas em 1937.

Dmitri Belyaev queria vingar a morte de seu irmão com um experimento que demonstraria que a evolução não leva, inevitavelmente, a uma conclusão absoluta sobre a natureza, "rubra em dentes e garras"[15]. Pelo contrário, pode formar um caminho para a afeição — até mesmo para o amor. Belyaev queria provar que a simpatia pelos humanos poderia ter sido herdada — um conceito radical para a época. Embora se soubesse que as formas corporais eram hereditárias, era muito menos evidente que os padrões complexos de comportamento poderiam estar sujeitos à evolução.

Para investigar essas questões, Belyaev escolheu trabalhar com raposas. As peles de raposa eram muito importantes na gélida União Soviética, mas as raposas eram também uma escolha inteligente para uma investigação do que está por trás da origem da natureza notadamente afetuosa dos cães. Como os cães e os lobos, as raposas são membros da família Canidae, mas, diferentemente deles, elas não fazem parte do gênero *Canis*. Isso é significativo. Significa que as raposas têm relação suficientemente próxima dos lobos e dos cães para que um experimento com raposas esclareça a origem dos cães. Mas as raposas também se distinguem o suficiente dos lobos e cães para afirmarmos, com confiança, que as raposas nunca se reproduziram com nenhum deles. Isso significa que, seja o que for que descubra em seu experimento, não poderia estar contaminado pelo cruzamento entre raposas e cães ou lobos.

Toda primavera, Belyaev selecionava as raposas que eram menos temíveis e mais amigáveis com os humanos para serem os pais da geração seguinte. No terceiro ano do estudo, algumas das raposas já se deixavam ser abraçadas, em vez de agirem com a maldade características das raposas selvagens mantidas em gaiolas. Ember, um membro[16] da quarta geração do experimento, foi a primeira raposa a abanar a cauda em empolgação ao ver um humano se aproximar. Na ocasião da morte de Belyaev em 1985, já estava bem claro que seu experimento tinha sido um completo sucesso.

Quando ouvi pela primeira vez que os soviéticos tinham tentado uma experiência sobre a evolução do amor na Sibéria nos anos de 1950, me pareceu loucura. Eu não podia acreditar. Hoje, depois de visitar a fazenda da raposa na (ex) Soviet Academy of Cytology and Genetics e ler tudo o que havia a respeito do que acontecia lá, eu compreendo que o que os russos fizeram não foi nada menos do haviam proposto. Pode não ser material para um filme do James Bond, mas a verdade é muito mais impressionante do que o enredo de qualquer melodrama vulgar sobre a guerra fria, apesar de certa nostalgia remanescente da adolescência por Honey Ryder e Pussy Galore.

Por ter crescido na Grã-Bretanha durante a guerra fria, ensinaram-me que a URSS era o império do mal determinado a dominar o planeta. Mas eu nunca, realmente, tinha imaginado a enorme massa terrestre que a Rússia ocupava até entrar em um avião para Moscou e depois voar mais três horas de Moscou para a maior cidade da Sibéria, Novosibirsk, um colosso industrial localizado onde a Estrada Transiberiana cruza o Rio Ob. No mapa, Novosibirsk não fica nem no meio da Sibéria, mas, ainda assim, ela era muito diferente de Moscou e totalmente de outro planeta se comparada com a Flórida que eu tinha deixado no dia anterior.

Na viagem do aeroporto de Novosibirsk para o Laboratory of Evolutionary Genetics of Animals (conhecido, simplesmente, como "Fazenda da Raposa") passamos por fábricas muito deterioradas, que somente as nuvens de fumaça preta que saíam das altas chaminés revelavam que ainda estavam em funcionamento; passamos por pequenas babushkas agasalhadas contra o frio de setembro e sentadas em baldes virados com a boca para baixo, vendendo frutos e flores; passamos por um memorial a uma fazenda coletiva e passamos por buracos tão enormes que pareciam crateras de bombas. Finalmente, depois de cerca de meia hora dirigindo, chegamos na entrada da estação de pesquisa.

Dentro dos portões da fazenda, havia gaiolas de raposa abandonadas por toda parte, edifícios de concreto desmoronado ou desmoronando em muitos lugares. Ervas daninhas e grama tinham recuperado grande parte do complexo do uso humano, mas as pessoas no local tinham reivindicado a terra também. Vi um homem colhendo batatas em uma área e flores crescendo entre algumas das fileiras de gaiolas de raposa, deixando lindo um lugar pouco promissor.

Caminhamos lentamente em torno das velhas estruturas de gaiolas, olhando os animais. As raposas mansas choravam e tremiam de excitação pela nossa chegada, parecendo desesperadas por contato humano. Elas me lembravam filhotes de cães pelo seu entusiasmo envolvente e extrovertido pelas pessoas. Uma das nossas guias abriu uma gaiola e a raposa, literalmente, saltou para seus braços — uma visão, verdadeiramente, impressionante. Ela entregou a raposa para mim e o animal parecia muito animado em estar no meu colo também.

Eu podia ser inexperiente no fazer carinho em uma raposa, mas esse animal estava determinado a me ensinar. Ela deu um guincho meio choroso, abanou a cauda grande e macia e aninhou a cabeça no meu pescoço. Várias raposas foram retiradas das gaiolas e passavam ao meu redor: todas mostraram a mesma reação. A princípio, tremiam de empolgação, mas depois, rapidamente, se acalmavam e pareciam gostar muito de serem abraçadas. Tiraram uma foto minha com raposas mansas de diferentes cores. Todas colocaram suas caras perto do meu rosto de forma muito íntima. Elas podiam parecer raposas, mas, em um sentido profundo, Belyaev tinha criado uma nova criatura, muito mais parecida com um cachorro.

O autor com uma das descendentes das raposas amistosas de Belyaev

O que vi na Sibéria demonstra como animais domesticados afetuosos podem ser criados a partir dos selvagens, que não têm interesse nas relações interespécies. Isso demonstra que, como o irmão assassinado de Dmitri, Nikolai, acreditava, a seleção pode ser uma força enorme e poderosa em mudar, dramaticamente, os animais em apenas algumas gerações. O longo experimento com raposas de Belyaev nos ensina que é possível, apenas com a seleção, criar um animal tão manso quanto um cachorro. Isso revela, pelo menos um pouco, como a evolução pode nos ter dado nossos melhores amigos no reino animal. É o mais próximo que teremos de uma demonstração experimental direta de como a simpatia e a afeição foram criadas nos cães.

Tão importante quanto identificar o que Dmitri Belyaev foi capaz de demonstrar com seu experimento com as raposas é esclarecer o que o seu experimento não prova. Infelizmente, a equipe de Belyaev não *fez* nada, na verdade, com as raposas, além de alimentá-las e criá-las. Não foram caçar com elas ou tentaram qualquer outro tipo de tarefa cooperativa. Assim, não podemos deduzir diretamente deste experimento que qualquer atividade em particular, como caçar, levaria os cães a desenvolver sua natureza amigável. Isso terá que permanecer apenas como conjectura, apoiado pela arqueologia e antropologia.

Além disso, seria um erro assumir que, porque Belyaev e seus colaboradores na Sibéria escolheram os animais que gerariam a próxima geração de raposas na fazenda, os humanos da antiguidade devem ter feito a mesma coisa, selecionar quais animais se tornariam pais na história do cachorro. Seleção é seleção, seja ela conduzida pelas pessoas ou pela natureza. Como o próprio Darwin salientou, a "seleção artificial" (a escolha humana de quem deve se tornar os pais da geração seguinte) é apenas um reflexo pálido da "seleção natural" — a luta para deixar o legado biológico, que ocorre na natureza sem a intervenção humana. As duas podem levar aos mesmos resultados. O experimento épico de Belyaev mostra que a seleção pode produzir animais mais amistosos. Ele não nos diz quem — ou o que — conduziu essa seleção no caso do cachorro.

Como já disse, não acredito que os humanos tenham criado os primeiros cães. Embora pessoas do mundo inteiro criem cães atualmente, eu não posso imaginar que nossos antepassados tenham controlado a reprodução dos animais. No passado, quando os cães começaram sua existência, os humanos não tinham nenhuma tecnologia de coleiras, guias, gaiolas e nem mesmo paredes e cercas altas que são essenciais para o controle da vida sexual de outra espécie.

Não é inconcebível que nossos antepassados tenham realizado a prática que os biólogos, eufemisticamente, chamam de "seleção pós-zigótica": ou seja, abate de filhotes de cujos aspectos não gostaram. Mas mesmo isso foi, provavelmente, muito por sorte para ter qualquer impacto. Se acha que abaterá alguns dos filhotes de uma mãe lobo, eu lhe digo: "Boa sorte." Minha opinião é que seria mais fácil matar todos os filhotes e a mãe também, do que ficar com alguns e abandonar os outros. Apenas abatendo, seletivamente, alguns e deixando outros para serem os pais da geração seguinte haveria esperança de ter algum progresso em tornar os lobos mais amistosos — mas, francamente, eu não acho que isso poderia ser feito.

Nossos antepassados também não deviam entender de herança, que é essencial na intervenção humana da reprodução de outras espécies. Somente em animais altamente endogâmicos, como os cães de raça pura, as características se "reproduzem de forma idêntica". Se você tem dois cães brancos de raça pura, é extremamente possível que seus filhotes terão o pelo branco também. Mas, se você tiver dois vira-latas brancos, seus filhotes podem ser de muitas cores diferentes. A genética é um assunto muito complexo, tanto que eu não a compreendo completamente até hoje e não acredito que meus antepassados de mais de 14 mil anos atrás tenham tido a menor noção de como características eram herdadas.

Em suma, estou convencido de que deve ter sido a seleção natural que criou o cachorro. As vantagens de tolerar as pessoas teriam sido tão grandes para a população de lobos que fizeram dos aterros de lixo suas casas, que eles teriam sido selecionados pela natureza, pelo menos, pela capacidade de permitir que as pessoas chegassem perto deles. Quando a era glacial terminou e nossos antepassados precisaram de ajuda para caçar, a tolerância dos cães pelos humanos deu espaço para o franco afeto amoroso e de cujo calor nós ainda hoje desfrutamos. Uma coisa é certa: cães foram criados pelas alterações genéticas que ocorreu ao longo do curso de gerações. Quantas gerações foram necessárias para que os cães se tornassem os animais que são hoje é algo que talvez nunca saibamos. É possível que uma ou duas mutações aleatórias tenham feito os cães se transmutarem repentinamente de criaturas que, simplesmente, suportavam as pessoas para criaturas envolventes e cativantes que conhecemos e amamos hoje: animais que não só nos toleram, mas que nos procuram e nos convencem positivamente a cuidar deles. Esses animais podem convencê-lo, quando você estiver em um abrigo, procurando por uma nova companhia canina, de que eles escolheram você, e não ao contrário. Exatamente como o genoma dessa criatura se diferenciou da do lobo, é tema de algumas das pesquisas mais interessantes da ciência canina atual.

Mas nenhum cachorro é produto apenas dos seus genes. Pelo contrário, as peculiaridades de cada cachorro — inclusive o comportamento amoroso — são o resultado de uma interação delicada entre genes e meio ambiente. Como a vida de um cachorro o faz um ser amoroso é um assunto fascinante em si mesmo. E para aqueles como nós que compartilham suas vidas com cães, a questão de como a afeição pode ser criada nesses preciosos animais talvez seja ainda mais importante do que a questão primeira de como eles foram preparados para o amor.

6

COMO OS CÃES SE APAIXONAM

O S GENES QUE nossos cães possuem são a chave para o que os torna tão especiais. Mas esses genes não determinam a forma do produto acabado do jeito que as instruções, digamos, do Lego garantem a forma do brinquedo acabado (supondo que você não tenha perdido nenhuma pecinha). O modelo genético de cada organismo é, sobretudo, o ponto de partida de um processo de desenvolvimento que criaria uma centena de organismos diferentes se fosse repetido centenas de vezes diferentes.

Minha querida, amável e idiossincrática cachorra me lembra disso constantemente, embora não intencionalmente. Enquanto Xephos descansa atrás de mim agora, ela está com metade da orelha e metade de um olho abertos para qualquer um que venha fazer entrega em casa e muito atenta ao que estou fazendo, com esperança (infelizmente, pouco provável) que eu levante e a leve para passear ou para dar uma volta de carro. Para poder fazer isso, ela precisa, claramente, ter genes que codifiquem as proteínas que façam os olhos, ouvidos e o cérebro capazes de fazer esse tipo de processamento de informação — mas é preciso mais que genes para Xephos fazer o que ela faz. Ser quem ela é, com sua disposição extremamente doce e do que ela gosta e não gosta — não requer apenas genes, mas também um conjunto particular de experiências de vida.

Obviamente, os genes desempenham um papel na história do amor dos cães, assim como têm papel em todas as histórias na biologia. E as descobertas das diferenças genéticas entre cães e seus antepassados selvagens, principalmente os genes que contribuem para a natureza calorosa de nossos companheiros, estão entre os desenvolvimentos mais empolgantes da ciência canina dos últimos anos. Mas o mundo em torno de um cachorro compartilha a responsabilidade por quem ele se torna.

Mesmo com todos os genes certos para o amor, não é garantido que um cão se torne um ser que ame as pessoas. Isso requer criação, assim como natureza. Para reintroduzir termos que serviram como estrela-guia em minha jornada de descobertas, a história do amor dos cães não é só um conto de filogenia (mudança evolutiva ao longo de gerações), mas também da ontogenia (desenvolvimento pessoal do indivíduo). Os quais, claramente, levam à pergunta de um milhão de dólares: se os cães são habilitados pela evolução para amar os humanos, mas não são obrigados a fazê-lo, então por que eles nos amam, afinal?

Eu estava pensando nas contingências do amor dos cães, quando deparei com alguns artigos sobre como a cantora Barbra Streisand clonou sua adorada Coton de Tulear, Sammie. Animais clonados compartilham todos os genes do animal de que derivam; dessa forma, eles são como gêmeos idênticos, geneticamente indistinguíveis. Eu sabia que, se quisesse comparar os efeitos da filogenia e da ontogenia, não podia fazer nada melhor do que comparar gêmeos idênticos. Cientistas estão estudando-os há décadas para aprender mais sobre como os seres humanos são moldados pela complexa interação de nossa genética com o meio ambiente. Será que os clones proporcionam uma visão semelhante da questão natureza versus criação no que diz respeito aos cães?

A maioria dos artigos que li sobre a cachorra Sammie, de Streisand, concentrou-se nas enormes despesas e preocupações éticas relacionadas com a prática da clonagem. O primeiro cão foi clonado em 2005 na Coreia, em um processo que envolveu o implante de óvulos em 123 mães substitutas para produzir um único filhote viável. As implicações éticas[1] são, claramente, muito problemáticas quando tantas fêmeas de cães são usadas dessa forma. Mais ou menos uma década depois, o processo se aperfeiçoou e uma organização no Texas clonaria seu animal doméstico usando uma única mãe substituta, se lhes desse algumas células do lado interno da bochecha do seu cachorro. Isso e mais US$50 mil.

Sem dúvida, compartilho do espanto geral com a quantidade de dinheiro envolvido na clonagem de animais de estimação e nas questões éticas que me causam problemas também — mas o que achei mais interessante foi o que a Sra. Streisand disse sobre os cães. Ela relatou que os quatro filhotes produzidos pelo processo de clonagem pareciam iguais, mas ela escreveu para o *New York Times*: "Cada filhote é único[2] e tem sua própria personalidade. Você pode clonar a aparência de um cachorro, mas não pode clonar sua alma." Achei esse comentário intrigante. O que, exatamente, ela quis dizer com "Não pode clonar sua alma"?

Infelizmente, a Sra. Streisand não respondeu às minhas tentativas de fazer contato com ela, mas encontrei um homem que morava a apenas vinte minutos da minha casa que tinha clonado seu cachorro em 2017. Como Barbra Streisand, Rich Hazelwood enviou US$50 mil com algumas células da boca da sua amada Terrier Cross, Jackie-O, para o Texas; cinco meses depois, ele tinha duas novas cachorras, cujos nomes eram Jinnie e Jellie. Quando falei com ele por telefone, Hazelwood me falou que, embora os clones fossem muito semelhantes, suas personalidades "são muito diferentes uma da outra. Jinnie é muito parecida com a mãe. Ela é totalmente atlética — caçadora, gosta de correr. Ela consegue correr 5 ou 6km sem parar". Embora Jellie tenha exatamente o mesmo DNA que a Jinnie, ela não poderia ser mais diferente. "Jellie é meio preguiçosa", disse Hazelwood. "Muito inteligente, mas não muito ativa."

Os clones, Hazelwood me falou, também diferem significativamente da mãe (ou da irmã, ou da doadora de DNA — ou qualquer outro termo que quiser). Jackie-O é três quartos jack russell terrier, o quarto restante é composto de terrier escocês e buldogue inglês pretos. É uma bela mistura, que produziu uma cachorra pequena com pelo curto e enrolado — principalmente branco, com algumas manchas marrons. Jinnie e Jellie têm marcas faciais similares (mas não idênticas) às de Jackie-O. Mas, apesar de ela ter uma mancha marrom no traseiro, Jinnie e Jellie são completamente brancas do pescoço para baixo, uma prova de que mesmo as menores diferenças na fase inicial da vida de um animal, inclusive a vida no útero, pode influenciar a forma que o corpo toma.

Os dois cães clonados certamente se parecem o bastante para serem gêmeos, mas quando as visitei com Lisa Gunter, na época minha aluna da pós-graduação e atualmente minha colega e colaboradora, o comportamento delas era, como ele tinha dito no telefone, completamente diferente. Jinnie correu até nós e nos rodeou, saltou para nos cumprimentar, pulou nos nossos colos assim que nos sentamos e ficou em alerta o tempo todo que ficamos lá. Jellie também veio nos cumprimentar, mas logo ela já estava dormindo no sofá.

Incrivelmente, a mãe das duas jovens clones (ou irmãs...) ainda está viva. Jackie-O, agora com 18 anos de idade, veio até nós — e latiu. E latiu. A pobre senhora está agora cega e suspeito que surda. Ela era amistosa e se movimentava surpreendentemente bem para uma cachorra na idade dela, mas não conseguia acompanhar as filhas. Ela ficava no chão e demorou um bom tempo para que parasse de latir. Hazelwood disse que, quando ela era mais nova, Jackie-O tinha uma personalidade muito exuberante, como Jinnie tem agora.

As cachorras clonadas de Hazelwood, Jinnie e Jellie, são geneticamente idênticas, mas têm temperamentos distintos

Antes de visitar Hazelwood e seu trio de cachorras geneticamente idênticas, eu estava cético quanto ao valor da clonagem de cachorro e ainda não incentivaria essa prática. Mas foi difícil manter minha posição cética diante da intensa alegria dos Hazelwood em estarem com esses cães. Ele me explicou que há alguns anos estava em uma fase ruim de sua vida, e o mero pensamento de que sua amada Jackie-O poderia não estar mais junto dele o oprimia. Quando ele soube que era possível clonar os cães, ligou para o Texas em um piscar de olhos.

Foi assim que resumiu o resultado: "A alegria que sinto na vida com essa experiência vale cada centavo dos US$50 mil." Foi muito difícil[3], quando Jinnie sentou no seu joelho e Jellie dormia perto dele no sofá, ignorar a óbvia satisfação que Hazelwood sentia por estar com as duas cachorras.

Ver clones com meus próprios olhos era alarmante. Eu sabia pelos princípios científicos básicos que a personalidade não poderia ser inteiramente fixada pela genética. Mas eu ainda imaginava que dois indivíduos que tinham exatamente os mesmos genes, foram carregados ao mesmo tempo pela mesma mãe e nasceram com diferença de um instante um do outro, criados exatamente no mesmo ambiente e vivendo dentro da mesma casa, teriam comportamentos semelhantes. O comentário de Streisand sobre a impossibilidade de clonar almas tinha me feito pensar na série de variações de personalidade que ainda seria possível, mesmo com tantos pontos constantes. No entanto, eu ainda estava atordoado pelas diferenças marcantes entre Jinnie e Jellie. Não tentamos nenhum teste formal com as personalidades das cachorras de Hazelwood, mas eu colocaria Jinnie entre os 20% do cães mais extrovertidos que já conheci, enquanto a Jellie ficaria entre os mais introvertidos.

Claramente, as menores diferenças nas experiências de vida de um cão podem ter impactos enormes na forma como seus genes são expressos. Em outras palavras, o DNA de um cachorro não é seu destino. E esse princípio aplica-se quer estejamos falando de uma série de genes, como os partilhados por Jinnie e Jellie, quer de um conjunto menor de genes, como os que proporcionam a habilidade para os cães expressarem o amor. Os filhotes nasceram com os genes para amar, mas ainda é preciso muita coisa para criar um cachorro afetuoso.

Quando observamos a natureza amorosa dos cães, eles certamente não seriam quem são sem os genes que tornam o afeto por membros de outra espécie uma opção. Mas a educação correta é igualmente essencial para que esse padrão de comportamento se expresse. É amplamente conhecido que filhotes podem ser criados para serem distantes e até mesmo agressivos com as pessoas se sua educação incentivar esses padrões de comportamento. No entanto, poucas pessoas estão cientes de que filhotes podem crescer amando outras espécies além da nossa, e reconhecer esse fato é extremamente importante para a compreensão de como é que os cães crescem nos amando.

Vou lhe contar um segredo aqui e espero que não seja muito perturbador. Os cães nos amam, sim, mas seu amor por nós não é por nós. É por eles. Seu cachorro o ama, mas ele poderia amar quase qualquer um — e não só qualquer ser humano, qualquer ser, ponto final. Se o seu cachorro fosse criado por um porco-formigueiro ou por zebras, ele passaria a amá-los assim como ele ama você agora.

A capacidade que os cães têm para amar as pessoas é só uma capacidade para amar — não está especificamente concentrada em nossa espécie. Pode parecer surpreendente para você só porque é um ser humano e vê cães interagindo somente com outros como você. É um erro compreensível. Pode ser um exagero dizer que um cachorro criado com porcos-formigueiros crescerão amando essa espécie — acho que isso nunca foi tentado — mas tenho certeza de que, se você fosse uma cabra protegida por um cão guardião de rebanhos como um akbash ou um pastor da anatólia, poderia ser perdoado por pensar que os cães só amassem cabras.

Até os pinguins têm se beneficiado com o amor dos cães, em uma ilha nos arredores da pequena comunidade de Warrnambool, a cerca de duas horas de carro pela Great Coast Road a oeste de Melbourne, na Austrália. Ao largo da costa, Middle Island, um nome nada poético, é o lar de uma comunidade de pequenos pinguins. Pequenos pinguins[4] não quer dizer apenas pequenos; eles são uma espécie distinta de pinguins, Eudyptula minor, nativos apenas na Austrália e Nova Zelândia. Visitei os pequenos pinguins na (também prosaicamente denominada) Ilha do Pinguim no oeste da Austrália. Eles são, certamente, os membros mais doces de um grupo de aves que já estão no topo da escala de fofura. Os pequenos pinguins têm cerca de 30cm e suas costas têm um tom azul entre o ardósia e o marinho. Enquanto seus primos maiores, como o imperador e os pinguins reis, podem parecer sérios, talvez até um pouco severos, os pequenos pinguins, por causa de seu tamanho e alegre gingado, se mostram mais doces e até brincalhões.

Para ver os pequenos pinguins na Ilha do Pinguim, caminhei por um canal na maré baixa. O governo local não incentiva essa caminhada, porque há riscos envolvidos se o tempo mudar de repente, mas não tive nenhum problema. Com pouco mais de 800m de comprimento e sempre coberto com alguns centímetros de água, o canal faz um bom trabalho em manter os pinguins a salvo de predadores do continente.

Infelizmente, os pinguins da Middle Island não têm tanta sorte. Sua ilha fica a apenas 18m da costa e as areias móveis da praia podem criar condições que permitem que quase qualquer coisa chegue até lá. Tragicamente, em 2004, raposas seguiram para a ilha e mataram quase todas as aves. A população de pinguins da ilha já foi de mais de 800, mas, em 2005, apenas seis aves foram encontradas. A população da cidade ficou perturbada, mas eles não tinham ideia do que fazer. Dificilmente conseguiriam mover a ilha para mais longe da costa.

Um criador de galinhas próximo, conhecido como Swampy Marsh, teve a brilhante ideia de distribuir cães criados para proteger rebanho para guardar os pinguins. Marsh estava desesperado para proteger das raposas suas galinhas criadas ao ar livre, até que adquiriu um pastor maremano abruzês para guardá-las. Ele ficou impressionado com a destreza do maremano em assustar as raposas de sua propriedade. O primeiro maremano de Marsh, Ben, perseguia uma raposa até a estrada. Marsh falou para o *New York Times*: "Era esmagador[5]. Virava pizza de raposa."

Os maremanos são uma raça antiga de cães de um local no sul da Toscana que um jornal britânico chamou de "chique, mas discreto"[6]. Outras raças de cães que guardam rebanhos são encontradas em todo o norte mediterrâneo, de Portugal a Turquia até o Oriente Médio. A utilização de cães para guardar rebanhos era feita no sul da Europa milhares de anos antes de o turismo assumir o papel de fonte monetária naquela parte do mundo. Homero, na *Odisseia*[7], um conto que calcula-se ter mais de 3 mil anos de idade, relata que Ulisses, ao retornar para Ítaca, quase foi morto por cães guardiões de porcos.

Cães guardiões de rebanho não são os cães pastores da velha Inglaterra. Cães pastores são um tipo diferente de criatura. Sua tarefa é seguir de perto as instruções do tutor para encurralar o rebanho — geralmente, de ovelhas — movendo-o de um lugar para outro. Embora eu tenha certeza de que atrairei mensagens de ódio dos defensores de raças como o Old English sheepdog, duvido que cães pastores sejam quase tão antigos quanto os cães que guardam rebanhos. Por um lado, guardar o rebanho é mais simples do que o pastoreio — ele não envolve instruções diretas elaboradas por gritos ou apitos de tutores humanos. Por outro, evidências históricas de cães que desempenham funções de guarda remontam ao início da história registrada — as evidências do pastoreio aparecem mais tarde. Os primeiros testes com cães pastores[8] foi um desenvolvimento do final do século XIX.

Infelizmente, o conceito do uso[9] de cães para guardar rebanho foi algo que os europeus falharam em trazer com eles quando povoaram a América do Norte. Foi apenas nos anos de 1970 que eles foram reintroduzidos, em grande parte pelos esforços de Ray Coppinger, na Hampshire College. Ray fez muitas viagens para o sul da Europa, visitando regiões montanhosas isoladas de Portugal, Espanha, Itália, Grécia e Turquia. Lá, ele observou os pastores e aprendeu como eles usavam os cães para guardar seus rebanhos. Ele trouxe para a América do Norte os primeiros maremanos vistos pelo continente.

Um dia, o criador de galinhas, Swampy Marsh, estava conversando com um aluno de biologia chamado Dave Williams, que estava trabalhando em sua fazenda, sobre a trágica situação na Middle Island. Marsh comentou que deviam colocar um cachorro lá com os pinguins. Williams fez dessa ideia o foco de parte do seu trabalho de conclusão de curso. O relatório que escreveu gerou uma proposta submetida ao conselho da cidade de Warrnambool que, com poucas alternativas diferentes disponíveis, permitiu que Williams acampasse na ilha com o cachorro de Marsh, Oddball.

Embora Oddball[10] tenha se tornado a estrela de um filme com seu nome, sua permanência em Middle Island não foi um sucesso completo. Depois de uma semana de acampamento na ilha com ele, Williams deixou Oddball sozinho com os pinguins. O pobre cachorro ficou solitário e, depois de três semanas, fugiu e voltou para casa com Marsh e as galinhas. O problema foi que Oddball amava demais as pessoas e não estava satisfeito em ficar na companhia apenas de pinguins.

O segundo cachorro que Williams e Marsh tentaram na ilha, Missy, ficou um pouco mais (parte da razão pela qual escolheram Missy foi porque ela tinha uma pata traseira ruim, o que dificultava a escalada do penhasco para fugir), mas depois de algumas semanas ela também correu para a civilização.

Embora os primeiros dois cães tenham falhado em estabelecer uma relação com pinguins, eles fizeram o suficiente. No primeiro período de reprodução dos pinguins com os maremanos na ilha, nem um único filhote dos pinguins foi perdido para as raposas.

Williams sabia como melhorar a situação. Para motivar cães que guardam rebanhos a realmente se importar com seus protegidos, os cachorros precisam ser expostos a eles nas etapas iniciais de suas vidas. Hoje, os pinguins[11] de Middle Island são guardados por dois cães, Eudy e Tula (de *Eudyptula*, o nome em latim do gênero a que pertencem os pinguins), que conhecem os pinguins desde filhotes.

Assim como os cães tiveram que ser expostos aos pinguins no começo de suas vidas para amá-los, os cães também precisam conhecer as pessoas no começo de suas vidas para nos amar. Criados em fazendas, os filhotes formam fortes laços com todos e quaisquer animais que interagirem enquanto crescem: porcos, cabras, vacas, patos, galinhas e qualquer animal que tenha na fazenda. Se a fazenda em questão não tiver humanos (acredito que George Orwell escreveu sobre um lugar assim), então os cães crescerão sem sentir amor pelos humanos.

Fazendeiros e outros como eles já conheciam essa peculiaridade dos cães muito antes de os cientistas chegarem a ela. Na década de 1830, no Uruguai, Charles Darwin deparou com cães que guardavam ovelhas sem apoio de um pastor humano. Ele perguntou na estância vizinha como "uma amizade tão forte se estabeleceu" entre cães e ovelhas. As pessoas responderam que "o método de educação[12] consiste em separar o filhote da mãe, enquanto é bem novo, e acostumá-lo com suas futuras companhias... Um ninho de lã é feito para isso no curral; em nenhum momento é permitido a ele que se relacione com outros cães ou com as crianças da família. Com essa educação, ele não deseja mais deixar o rebanho e, assim como um cão defenderá seu tutor, o homem, este defenderá a ovelha."

As descobertas de Darwin não permearam a consciência pública tão rápido nem foram tão longe quanto deveriam. Na verdade, no final da vida, Ray Coppinger lamentou que as pessoas não tenham compreendido como os cães de guarda de rebanho trabalhavam. Como ele tinha ido para a Europa e trazido as raças como a maremano da Itália, o akbash e o anatólia da Turquia e outros ainda, as pessoas tinham a ideia de que as raças de guarda de rebanho tinham o instinto de guardar os animais da fazenda — e o resto dos cães do mundo não teriam inclinação para fazer isso. Ray admitiu que poderia haver um aspecto genético para ser um cão guarda de rebanhos — como ter instintos de caça muito modestos, por exemplo — mas ele foi inflexível em afirmar que as experiências na fase inicial da vida eram fator absolutamente crítico na criação de um cachorro que amasse e cuidasse do rebanho.

Ray compreendeu, assim como Darwin, que o que deixa um cachorro inclinado a guardar rebanhos é a experiência de ser criado com a espécie da qual ele terá que cuidar. As opiniões diferem quanto à sensatez em isolar o filhote de humanos e dos elementos da sua própria espécie — talvez seja mais inteligente deixar o cachorro conhecer as pessoas, para que possa ser tratado por humanos mais tarde na vida. Além disso, a incapacidade de interagir com os da sua própria espécie pode ser um problema para os impulsos sexuais de um cão adulto — mas a essência de colocar o filhote com os da espécie que ele defenderá é incontestável. Nenhuma seleção de genes certos pode compensar as experiências erradas na fase inicial da vida.

O que acontece aqui é um processo chamado imprinting. O imprinting foi descoberto pelo etólogo austríaco (e amante de cães) Konrad Lorenz, na década de 1930. Ele é o elo crucial entre os genes do amor — que cria o potencial dos cães para os fortes vínculos conosco, mas não pode, isoladamente, transformar um cachorro em uma criatura que ama o humano — e um cachorro que ama as pessoas verdadeiramente.

Lorenz, notoriamente, demonstrou o imprinting nos gansos. Ele organizou tudo de maneira que a primeira pessoa que um grupo de filhotes de gansos veriam quando saíssem dos ovos fosse o próprio Lorenz e essa experiência foi o suficiente para garantir que eles tivessem um imprinting com ele. Há muitas fotografias bonitinhas dos jovens gansos seguindo Lorenz.

Imprinting é o processo pelo qual um animal jovem aprende quem ele é. Nenhum ser nasce sabendo a que espécie pertence e com o que ou quem deve se relacionar. Cada animal tem que aprender a resposta de uma das questões mais urgentes da vida — quem é da minha espécie? — pelo olhar, ao cheirar e ouvir, uma vez que os sentidos estão abertos ao mundo. Os filhotes de animais de todas as espécies se ajustam logo na fase inicial da vida e, seja qual for o ser com que deparem, reconhecem, daí por diante, como a espécie certa de criatura que deve acompanhar pelo resto de suas vidas.

A maioria dos animais tem apenas uma breve janela de tempo aberta durante a qual deve aprender de quem deve ser amigo (o que os biólogos chamam de "período crítico para o imprinting social"). Para os animais selvagens, como os lobos de quem descendem nossos cães, é essencial que esse assunto seja resolvido rapidamente. Nenhum experimento formal foi feito com os lobos, mas há boas razões para acreditar que a janela de oportunidade para convencer um lobo de que ele pode gostar de ser amigo das pessoas fecha-se com três semanas de vida.

Isso faz sentido: na natureza — apesar de *O Livro da Selva* e milhares de outros contos infantis — não é sensato para os animais no campo e na floresta fazer amizade com membros de outras espécies. Uma presa que tenta fazer amizade com uma espécie predadora rapidamente se torna o jantar, e um predador que tenta fazer amizade com uma espécie de presa logo morre de fome. A brevidade da janela de tempo durante a qual um animal selvagem está disposto e capaz de aprender com que tipos de seres formar relacionamentos praticamente garante que, salvo circunstâncias excepcionais, os animais selvagens só fazem amizade com os de sua própria espécie.

É por causa da brevidade do "período crítico" de um lobo que fica tão difícil criar esses animais para aceitar seres humanos como companheiros sociais. É também por isso que Monique Udell e eu fomos muito afortunados por sermos contatados pelo Wolf Park — um dos principais locais do mundo na criação humana cuidadosa de filhotes de lobos — e sermos convidados para testar esses animais tão dóceis. O Wolf Park começou a criar lobos em 1974. O fundador do parque[13], Erich Klinghammer, estudou na Universidade de Chicago com Eckhard Hess, que, literalmente, escreveu um livro sobre o imprinting. Uma compreensão científica do imprinting foi essencial para o sucesso do Wolf Park e, mesmo assim, as primeiras tentativas de Klinghammer, seus alunos e voluntários de criarem os filhotes de lobo para aceitar a companhia humana foram assoladas de problemas. Alguns dos veteranos do parque ainda têm cicatrizes que demonstram suas tentativas trôpegas iniciais em convencer os lobos de que deviam fazer amizade com as pessoas. Por tentativas e erros sangrentos, a equipe do Klinghammer, gradualmente, tomou consciência de que, na verdade, ela tinha algumas semanas para induzir os filhotes dos lobos a aceitá-los e durante esse período eles tinham que estar com os filhotes 24 horas por dia, todos os dias, para que a relação se mantivesse. Com o tempo, seu trabalho deu frutos — sobretudo para estabelecer a etapa de pesquisa que ainda está sendo feita atualmente.

Em 2010, um dos meus alunos, Nathan Hall (hoje, professor na Texas Tech University), e a última aluna de Ray Coppinger, Kathryn Lord (hoje, pesquisadora do Broad Institute), criaram uma ninhada de filhotes do Wolf Park para estudar em detalhes seu desenvolvimento comportamental. Pude ver o processo de perto. Os filhotes foram tirados da mãe com dez dias e trazidos para uma sala especial para filhotes no parque. Ali tinha espaço o suficiente para um colchão de espuma no chão e um espaço, quase do mesmo tamanho, ao lado dele. Kathryn e Nathan mal se conheciam quando começaram a fazer turnos alternados de 12 horas: para dar mamadeira aos filhotes, limpar a sujeira que saía da outra extremidade e tentar tirar sonecas rápidas enquanto os filhotes dormiam para, depois, começar o ciclo tudo de novo. Com seis filhotes, tinham muito trabalho, e toda vez que eu aparecia ali para vê-los, Kathryn e Nathan estavam sempre com os olhos avermelhados. E mesmo assim o trabalho era, claramente, muito gratificante, e a afeição que desenvolveram pelos filhotes era visivelmente recíproca. Como esses jovens animais ainda estavam no período crítico do imprinting social, eles estavam prontos para amar Kathryn e Nathan e aprender a aceitar as pessoas em geral como companheiros sociais.[*]

---

[*] Com cerca de oito semanas de vida, os filhotes foram levados novamente para ficar com os lobos adultos. O Wolf Park aprendeu, ao longo dos anos, a importância fundamental de assegurar que jovens lobos não somente socializassem com as pessoas, mas também com os de sua espécie.

No curso dessa provação de aproximadamente sete semanas, Kathryn e Nathan aprenderam algo que os domadores de leões já sabem há séculos: domesticar animais selvagens é possível, mas é um trabalho árduo. Assim como os lobos, os leões também podem ter o imprinting social com os seres humanos. A janela de oportunidade para isso ser feito é muito pequena e, para que a relação se consolide, deve haver o máximo de exposição às pessoas.

Domar cães, por outro lado, é tão simples que muitas pessoas nem percebem que estão fazendo isso. Assim como os lobos e leões, cada cachorro precisa ter o imprinting com as pessoas na fase inicial da vida, se for para aceitar a companhia social dos humanos por toda a sua vida. Mas, ao contrário desses outros membros da ordem Carnívora, é fácil domesticar os cães. Se um filhote de cachorro nasce e cresce perto das pessoas, ele formará uma relação forte o bastante para ser amistoso com elas para sempre. Até os cães de rua, apesar de não viverem na casa com um humano, geralmente, crescem e tratam as pessoas como companheiras, se elas ficarem perto o bastante para que os filhotes possam ouvi-las, vê-las e farejá-las durante os primeiros meses de vida. Tal é o poder da predisposição dos cães para formar relações emocionais fortes — amar e buscar o amor.

A prova de que o amor dos cães pelas pessoas pode estar na criação vem de um dos diversos experimentos realizados em grande escala, que se concentraram especificamente no comportamento dos cães. Os cães nunca foram de muito interesse para agências que financiam Big Science, assim, experimentos em grande escala sobre cães são poucos e muitos espaçados. No entanto, na década de 1950, uma importante série de estudos do Jackson Laboratory em Bar Harbor, no Maine, continuou por treze anos e envolveu centenas de cães. As descobertas produzidas o marcou como uma das iniciativas de pesquisa de referência da psicologia e biologia dos cães.

Um dos experimentos feitos pelos pesquisadores em Bar Harbor mostrou como as experiências iniciais são importantes para formar relacionamentos duradouros, mesmo com animais que são geneticamente preparados para amar as pessoas, como os cães. Neste estudo, os cientistas controlaram, rigorosamente, a frequência de acesso aos seres humanos que os diferentes grupos de filhotes de cachorro receberam. Eles criaram oito ninhadas de filhotes em grandes campos externos rodeados por cercas com

2,5m de altura. Água e comida eram dadas aos cães através de buracos na cerca; assim, eles cresceram, efetivamente, sem qualquer contato humano. Toda semana, no entanto, um ou dois filhotes diferentes de cada ninhada eram levados para dentro da casa para socializar por apenas uma hora e meia por dia, e depois eram levados de volta para sua mãe e seus irmãos. Quando os filhotes tinham quatorze semanas de vida, eram levados para dentro da casa e suas reações com os seres humanos eram testadas.

Houve dois resultados muito surpreendentes nesse estudo. O primeiro é que a maioria dos filhotes, mesmo os que receberam apenas noventa minutos de contato humano por dia por apenas uma semana de vida, tornou-se cães adultos felizes perto das pessoas. Isso foi verdade especialmente no grupo de filhotes que recebeu uma breve exposição aos humanos durante a sétima semana de vida. Essa descoberta salienta o quanto é fácil domesticar cães; mesmo um regime de exposição humana claramente menor do que quase todos os cães naturalmente receberiam durante seu crescimento em qualquer lugar perto de pessoas é suficiente para garantir que os filhotes desenvolvam uma ligação social com as pessoas.

Por mais importante que tenha sido essa primeira descoberta, a segunda descoberta é, talvez, mais importante ainda: é muito possível criar um cachorro que não viva à vontade entre humanos. O grupo de cães jovens que não ficaram perto de pessoas até quatorze semanas de vida era — relataram os cientistas — "como pequenos animais selvagens[14]". Mesmo tendo contato humano intensivo e treinamento depois, por mais de um mês, eles mostraram somente uma pequena melhora. Eles não foram domesticados e não poderiam ser.

Pense por um momento nesse resultado. A domesticação — para não dizer nada sobre afeto pelas pessoas — não é inata aos cães, embora seus genes tornem isso possível. Pelo contrário, essa qualidade é adquirida na infância, por exposição. Simplesmente, dar a oportunidade de ver, ouvir e farejar pessoas na fase inicial da vida prepara os cães para aceitarem os seres humanos ao longo de suas vidas. Se a exposição ocorre no período mais sensível, então apenas uma hora e meia por dia, todos os dias, pode ser suficiente. Mas, se isso não ocorre, então o potencial herdado dos cães para amar os humanos é perdido para sempre. E — embora nenhum experimento formal tenha sido feito — há muitas razões que nos levam a acreditar que o mesmo é verdade para o potencial dos cães para amar cabras, ovelhas ou até pequenos pinguins. Os filhotes de cães precisam ter exposição suficiente a outra espécie na fase inicial da vida se quiserem desenvolver ligação com ela.

Eu gostaria muito de observar como as experiências da fase inicial da vida moldam o comportamento afetuoso dos cães, embora eu mesmo não sonhe nunca em conduzir um experimento como esse. Apesar de os pesquisadores não declararem isso de maneira explícita, parece que os cães que criaram sem contato humano — os que não formaram relações com pessoas quando adultos — foram eutanasiados depois que o estudo acabou. Eu acho isso inconcebível.

O "experimento" em Middle Island teve um final mais feliz, e realmente espero, algum dia desses, poder ver o maremano guardião de pinguins com meus próprios olhos, uma vez que não tive a oportunidade de visitá-los ainda. Mas, felizmente, não há necessidade dessa viagem tão longa para ver cães que formaram vínculos tão fortes com uma espécie diferente da sua.

David e Kathryn Heininger são criadores de cabras leiteiras no nordeste do Arizona, perto da fronteira com o Novo México. Eu os encontrei uma tarde, quando estava no Google procurando cães guardiões de rebanho a um dia de viagem da minha casa no deserto. Enviei um e-mail e os Heiningers me responderam rapidamente com um convite para visitá-los e ver pessoalmente seus cães maravilhosos. Minha colaboradora, Lisa Gunter, e minha esposa, Ros, foram comigo e passamos pela maior operação de cultivo de maconha do Arizona e uma variedade de trailers de aparência sombria espalhados pelas colinas de terra vermelha, antes de finalmente chegar ao rancho dos Heiningers. David e Kathryn se descrevem como eremitas, mas os eremitas mais amigáveis e sociáveis que se pode imaginar. E, como logo vi em primeira mão, sua afabilidade se estendia aos seus cães.

As quarenta cabras dos Heiningers têm proteção 24 horas de três cães guardiães pastores da anatólia — uma das raças que Ray Coppinger trouxe da Europa — e um old english sheepdog. Os anatólias — Ranger, Mattie e Kailin — mantinham o rancho completamente livre de coiotes e o old english sheepdog, Kingman, devia se livrar dos cães da pradaria que apareciam, porque os coiotes sumiram. (Cães da pradaria não são cães e não vivem no prado; ele são esquilos terrestres e não prejudicam as cabras. Mas são um incômodo quando estão em grande número, porque comem a vegetação já escassa e Kingman, claramente, adorava expulsá-los de seu domínio.)

Ao contrário do que já deve ter ouvido, os cães guardiões muito raramente entram em luta com os predadores que enfrentam. Comumente, um coiote, lobo, cachorro selvagem ou outro intruso simplesmente passa reto quando percebe que o rebanho está sendo protegido por um cão guardião de rebanho profissional. Isso significa que esses cães são uma forma de dissuasão não letal — algo que é muito valioso em um mundo em que muitas espécies de grandes predadores estão em perigo.

Os cães dos Heiningers não são, como eu esperava, distantes das pessoas. Os quatro cães que eles têm se aproximam das pessoas com interesse amistoso, esperando carinho. David e Kathryn me explicaram que os fazendeiros divergem sobre o quanto eles querem que seus cães sejam voltados para os humanos. Como vivem em uma fazenda bem pequena e os cachorros quase não ficam longe das pessoas, os Heiningers não se importam que seus cães tenham interesse social pelos humanos. Mas, depois de cumprimentar os visitantes, os cães voltam a ficar com as cabras. Todos foram colocados com as cabras quando jovens e todos tiveram imprinting com elas.

A cabra Tarragon de David e Kathryn Heininger descansando com seu filhote com o cão de guarda de rebanhos Anatólia chamado Pierre

Os cães não expressavam seu carinho pelas cabras muito efusivamente. Eles ficavam por perto — normalmente não mais do que a 3m de distância da cabra mais próxima —, mas não tentavam se encostar ou interagir de outra forma. Kathryn descreveu a relação entre as cabras e os anatólias como "um casal de velhos", e isso me pareceu o jeito certo de se expressar. Havia evidências de preocupação e carinho, mas não muito afeto físico aberto. Kathryn explicou que era intencional. É importante que os cães fiquem perto das cabras quando os filhotes nascem, mas os cães ficam tão animados querendo brincar com suas protegidas que acabam, acidentalmente, machucando os filhotes. Consequentemente, os filhotes de cães não são incentivados a ter contato físico com as cabras.

Embora os anatólias talvez não sejam os companheiros que mais expressem amor, sua preocupação com as cabras era muito aparente. A maior parte do tempo, os cães parecem estar dormindo na terra vermelha, mas, se um intruso aparece, eles imediatamente começam a rosnar e deixar clara sua presença. Até mesmo os corvos que pousavam nas árvores próximas se mandavam rapidamente. Quanto tentei voltar para perto dos humanos e das cabras, depois que me ausentei brevemente do grupo, Ranger, que parecia estar adormecido ali perto, deixou bem claro que eu não era bem-vindo. Dave precisou intervir e explicar para o cachorro que podia me autorizar a voltar para o rebanho.

Por acaso, Kathryn mencionou que ela e Dave podiam dizer pelo tom do latido qual tipo de intruso estava preocupando os cães — fosse corvo, cobra, coiote, humanos ou qualquer outra coisa. Isso diz a Kathryn e Dave se os cães precisam de ajuda e, se precisarem, de que tipo de implemento eles precisam para lidar com o invasor. O comentário de Kathryn refletiu quase exatamente a mesma afirmação que ouvi dos caçadores Mayangnan na Nicarágua, que disseram que podiam dizer qual tipo de presas seus cães tinham pegado simplesmente pelo som de seus latidos. Eu estava fascinado por esse novo exemplo da força e utilidade do vínculo entre humano e cães — e feliz por não ter tido chance de testá-lo.

O exemplo dos cães guardiões de rebanhos mostra como as experiências de vida nas fases iniciais da existência dos cães os preparam para amar as pessoas — ou cabras, ovelhas ou o que for que cresça com eles. A internet está lotada de exemplos extremamente fofos de cães que fizeram amizade com filhotes de patos, porcos-da-índia, coelhos, leitões, tartarugas, vacas e tantos outros. Os cães criados com gatos podem até ser amigos de seus inimigos felinos tradicionais.

A programação inicial para o afeto que os cães recebem de seus genes parece ser chocantemente aberta. Enquanto os lobos e outros animais selvagens desconfiam de indivíduos desconhecidos, mesmo de espécies (inclusive a deles) com as quais sofreram imprinting no início do seu desenvolvimento, os cães estão muito mais bem preparados para ter amizades por toda a sua vida. Isso pode ser calculado em estudos que avaliam a força da relação de afeto entre dois indivíduos.

Mencionei no Capítulo 2 que psicólogos que estudam o desenvolvimento de sua própria espécie descobriram formas de avaliar a força da relação entre crianças e cuidadores — um dos testes mais utilizados, o procedimento da Situação Estranha de Ainsworth, que tem sido feito para fornecer evidências de como nossos cães são emocionalmente apegados a nós, também esclarece como os cães inicialmente formam esses vínculos.

Como você deve se lembrar, nesse teste uma mãe (ou outro cuidador) e seu filho são levados para um local não familiar. Aí segue-se uma série de etapas que duram cerca de vinte minutos no total, durante os quais a criança passa um tempo sozinha com um estranho e depois com a mãe novamente. Pretende-se com o procedimento imitar o fluxo natural de pessoas familiares e não familiares da vida de uma criança, expondo-a a um pequeno estresse ao longo do processo. As crianças seguramente apegadas com seus cuidadores, normalmente, fazem explorações com alegria enquanto os cuidadores estão presentes e podem, inclusive, interagir com o estranho. Mas as crianças se tornam visivelmente perturbadas e se retraem quando as mães saem. Quando as mães retornam, a alegria das crianças seguramente apegadas é evidente, e rapidamente elas voltam satisfeitas à investigação de seu mundo. As crianças com apego menos seguro podem ignorar seus pais, deixar de explorar qualquer pessoa que esteja presente, mostrar estresse até mesmo antes de as mães saírem ou parecer estressadas por todo o procedimento.

Quando cães passam por essa avaliação, mostram uma ligação extremamente forte com as pessoas — principalmente com seus tutores. Na presença de seu humano especial, parecem confiantes, mas, quando eles desaparecem, parecem ansiosos — um padrão que os psicólogos chamam de "seguramente apegados" quando visto em nossa própria espécie. Isso demonstra o quão fortemente apegados os cães se tornam às pessoas com quem compartilham uma relação especial. Esta é uma descoberta notável — ainda mais notável é o que acontece quando cães que não têm um humano especial são submetidos ao teste.

Em um estudo do famoso Family Dog Project, em Budapeste, Márta Gácsi e seus colaboradores fizeram o teste da Situação Estranha em um abrigo de cães anônimo. Nenhum dos cães do abrigo tinha um "cuidador primário", "pais", "tutor/tutora" ou qualquer outro termo que preferir. Não havia nenhum humano no abrigo com os quais eles tivessem tido a oportunidade de formar uma ligação significativa, nem mesmo se socializar. Os cães vivem em grupos muito grandes — de até uma centena de cães — em pátios com tamanho de mais de um quarto de acre. Eles eram alimentados e o pátio limpo por um cuidador uma vez ao dia, mas, fora isso, basicamente não tinham contato humano.

Os pesquisadores pegaram trinta desses cães e lhes deram trinta minutos por dia de brincadeiras e atenção. Uma ou duas mulheres conversavam com cada um deles, faziam carinho e lhes davam alguns exercícios simples e oportunidades para brincar. Apenas dez minutos por dia, por três dias consecutivos. Depois, submeteram esses cães e outros trinta com os quais os pesquisadores não tinham interagido a uma simples versão do teste da Situação Estranha. A pessoa que tinha agora[15] trinta minutos de familiaridade com o cachorro assumiu o papel da mãe e outro pesquisador era o estranho. Para os trinta cães que não tinham passado nenhum instante com nenhum dos pesquisadores, os papéis de mãe e estranho foram atribuídos aleatoriamente.

Fiquei muito surpreso em saber que, quando os observadores treinados — que não sabiam quais cães tinham recebido a quantidade limitada de atenção e quais cães não tinham qualquer familiaridade com os outros dois pesquisadores — examinaram registros em vídeos do estudo e os analisaram da mesma forma que crianças seriam avaliadas nessa tarefa, os observadores descobriram claras evidências de que os cães com alguma exposição a uma pessoa mostraram apego pela pessoa. Os cães que receberam atenção passaram menos tempo na porta tentando sair e, quando a pessoa conhecida retornou depois de ter saído da sala de teste, eles se mostraram mais inclinados a buscar contato com ela. No geral, os cães que receberam apenas trinta minutos de atenção foram descritos como os que usaram a pessoa familiar como uma "base segura", o qual é um dos sinais de ser seguramente apegado.

Quando li que os cães começaram a mostrar apego tão rapidamente, fiquei bastante surpreso. É extremamente improvável que os jovens da nossa espécie possam formar vínculos assim tão depressa. (Os experimentos com crianças criadas sob condições semelhantes aos desses cães do abrigo são — felizmente — quase inconcebíveis. Tragicamente, algumas situações — como a descoberta de crianças negligenciadas em orfanatos na Romênia no final da era soviética — os cientistas conseguiram documentar as consequências lamentáveis e duradouras quando crianças são criadas sem a presença estabilizadora de um cuidador constante. Os impactos dessa privação não são facilmente remediados com jovens humanos como parece ser com os cães.)

Minha ex-aluna, Erica Feuerbacher (que conduziu os estudos das preferências dos cães por carinho ou alimento descritos no Capítulo 2), e eu descobrimos, por acaso, evidências adicionais sobre a rapidez com que os cães podem formar relações. Estávamos investigando as diferenças do comportamento de cães de estimação com os tutores e com estranhos. Como parte do estudo, investigamos a reação de treze cães de abrigo quando podiam escolher entre duas pessoas. Os cães de abrigo foram incluídos apenas como um tipo de grupo de controle — mas, como se verificou, os resultados foram bastante surpreendentes.

Esses cães de abrigo viviam em jaulas individuais ou com um amigo do canil, e viam os voluntários e funcionários do abrigo todos os dias; além disso, o público em geral interagia com eles de vez em quando. Mas, fora isso, esses cães não tinham nenhuma pessoa especial em suas vidas.

Erica trouxe cada um desses cães sem qualquer apego para uma sala não familiar no abrigo de animais onde podiam escolher entre duas jovens sentadas em cadeiras separadas por cerca de 80cm. As duas pessoas estavam dispostas a dar carinho ao cão se ele chegasse perto o bastante; ambas eram completamente estranhas aos cães.

Muito embora os cães do abrigo não tivessem visto nenhuma das duas mulheres antes, ao longo de uma sessão de dez minutos, a maioria dos cães desenvolveu uma forte preferência por uma ou por outra. A preferência que os cães do abrigo criaram por uma estranha em vez da outra era semelhante à magnitude da preferência que os cães de estimação mostraram por seus tutores ou tutoras quando podiam escolher, em uma mesma estrutura, entre seus tutores e um estranho. Os cães de estimação passaram em média pouco menos de oito minutos do intervalo de dez com seu cuidador familiar. Os cães de abrigo ficaram com seu estranho preferido mais de sete minutos e meio de dez.

É muito surpreendente que os cães possam criar preferências por um humano em vez de outro tão rapidamente, embora eu deva fazer uma advertência sobre a conclusão de que esses cães estavam mostrando uma ligação tão intensa com um estranho depois de apenas dez minutos como sentiriam com alguém que tivessem vivido por anos. Quando comparamos o comportamento dos cães de estimação escolhendo entre seus tutores e um estranho e os cães de abrigo que escolheram entre duas estranhas, notamos diferenças. Cerca de metade dos cães de estimação ficou até o último segundo dos dez minutos com seus tutores. Nenhum dos cães de abrigo ficou com sua estranha preferida por uma proporção tão alta de tempo. E alguns dos cães de estimação, na verdade, ficaram muito tempo com o estranho. A disposição de explorar[16] um ambiente não familiar, desde que o cuidador esteja por perto, é realmente um sinal de ser seguramente apegado. Nenhum dos cães de abrigo ficou muito tempo com a pessoa menos preferida.

Portanto, certamente há diferenças entre como um cachorro de estimação responde ao seu tutor e como um cachorro de abrigo se comporta diante da pessoa que ele prefere entre dois estranhos aleatórios. Mas o fato de os cães mostrarem preferências por certos humanos tão rapidamente é, no entanto, muito surpreendente e confirma que há algo diferente na maneira como os cães e humanos criam relações. Acho que, provavelmente, tem a ver com os genes que foram descobertos que ligam os cães à sociabilidade exagerada da síndrome de Williams. O que esses experimentos estão trazendo à tona é a fluidez social, extroversão e hipersociabilidade — basicamente, a capacidade de formar relações afetuosas — dos cães. Eles são muito mais emocionalmente disponíveis do que nossa própria espécie ou do que os animais selvagens: e isso, tenho certeza, é uma parte considerável do seu charme.

Mas, embora os cães criem vínculos mais rapidamente do que as pessoas, eu também suspeito que eles podem perdê-los mais facilmente.

Não pretendo destruir a noção da famosa lealdade dos cães; sem dúvida, os cães se colocam em perigo e até mesmo são mortos para defender as pessoas que amam. Há milhares desses relatos, alguns dos quais, sem dúvida, contestáveis ou exagerados, mas alguns são certamente legítimos. O ceticismo não pode por todos em dúvida, porque simplesmente há muitos por aí. Por exemplo, Pete[17], um cachorro idoso de resgate, morreu protegendo seu tutor e outros cães da família de um urso negro que eles surpreenderam em uma caminhada pela floresta em uma manhã de inverno em Greenwood Lake, em Nova York, em 2018. Em 2016, Precious[18], uma cachorra de serviço pit bull, deu sua vida para proteger seu tutor, Robert Lineburger, saltando entre ele e um jacaré que o atacou. O cachorro pit bull cross, Tank, de Jace Decosse[19], morreu em 2016 enquanto tentava defendê-lo de assaltantes que o atacaram com um pé de cabra enquanto ele dormia em Edmonton, Alberta. Todas essas e muito, muito mais, são histórias verdadeiras e, só porque nunca faremos um experimento para confirmar se um cachorro está disposto a morrer por seu tutor, não as tornam menos convincentes para mim.

No entanto, eu sou cético[20] em relação à história de Lassie no livro original *A Força do Coração*, de 1940. Na história, a cachorra percorreu centenas de quilômetros para encontrar o caminho de volta para a casa de sua família humana original. Se fosse realmente verdade que os cães preferiam morrer a ser realojados, os milhões de pessoas que todo ano adotam cães adultos que já tivessem vivido com outras famílias não poderiam ter os resultados felizes que sabemos que têm.

A minha própria vira-lata — a doce e simples Xephos — passou o primeiro ano de sua vida com outra família antes de vir morar conosco. Durante as primeiras semanas que estávamos com ela, Xephos parecia confusa e chateada. Em um mês, no entanto, ela estava tão feliz conosco que ninguém diria que ela não pertencia à nossa turma desde pequenininha. Ela está morando conosco há seis anos. Recentemente, só para ver qual seria sua reação, eu disse o nome que eu sabia que tinha no primeiro ano de sua vida. "Thyra", falei — meio incerto do que esperar. Não aconteceu nada, nenhuma resposta. Não tenho certeza se isso significa que ela esqueceu, inteiramente, as pessoas com quem morou primeiro. Mas me pergunto como ela reagiria à sua primeira família humana se os visse de novo. Só porque ela não reconhece seu nome antigo não quer dizer, necessariamente, que não reconheceria as pessoas. Charles Darwin ponderou essa questão quando passou cinco anos velejando pelo mundo. Ele ficou chocado ao descobrir que seu cachorro, Pincher, ainda o reconhecia quando ele voltava para casa depois de um longo tempo fora. De acordo com Emma Townshend, em seu belo livro *Darwin's Dogs* [Os Cães de Darwin, em tradução livre] foi a irmã de Darwin, Caroline, quem colocou a questão em uma carta: "Fico imaginando se Pincher ficará feliz em lhe ver de novo." Darwin ficou tão impressionado em como Pincher respondeu que incluiu a experiência em A Decência do Homem e Seleção em Relação ao Sexo: "Eu tinha um cachorro[21] que era selvagem e avesso com todos os estranhos e propositadamente testei sua memória depois de uma ausência de cinco anos e dois dias. Cheguei perto do estábulo onde ele morava e chamei-o do meu jeito; ele não demonstrou alegria alguma, mas imediatamente me seguiu e me obedeceu, exatamente como se eu tivesse me separado dele meia hora antes. Um trem de associações antigas, dormente por cinco anos, havia sido despertado instantaneamente em sua mente."

Tenho me perguntado o que Darwin quis dizer ao salientar que Pincher "não demonstrou alegria" — o que parece sugerir que o cachorro tinha se esquecido dele; mas então, imediatamente acrescenta que Pincher "me seguiu e me obedeceu exatamente como se eu tivesse me separado dele meia hora antes" — o que, claramente, declara que o cachorro tinha se lembrado dele. Acho que é possível que os cães possam se lembrar das pessoas por muitos anos e, no entanto, talvez o vínculo emocional desapareça com o tempo. Parece-me que a rapidez com que os cães podem criar novos vínculos sugere que os antigos devem desaparecer, mas isso é apenas especulação; nenhum estudo de que eu esteja ciente apoia essa ideia.

De qualquer forma, prefiro me concentrar nos começos felizes das relações de afeto do que em seu possível fim.

Ainda lembro, vividamente, como minha mãe e eu fomos ao centro animal da Royal Society for the Prevention of Cruelty to Animals na Ilha de Wight para ver se havia um cachorro lá que se adequasse à nossa família. Prometemos ao meu irmão mais novo, Jeremy, que não levaríamos nenhum para casa antes de ele examinar nossa seleção. Mas, quando chegamos ao canil que abrigava Benji, ele se esforçou tanto para ser nosso cachorro que não conseguimos sair de lá e voltar para casa sem ele. Minha mãe pagou cinco libras, e Benji era nosso. Jeremy ficou chateado conosco, mas Benji fez sua mágica com ele também e Jeremy, rapidamente, se convenceu de que ele era mesmo o nosso cachorro.

A experiência que minha família teve quarenta anos atrás está longe de ser excepcional. Muitas pessoas relatam que não foram eles que escolheram seus cachorros — os cachorros que os escolheram. Elas não sabem dizer como o cachorro fez isso, mas algo em seu comportamento — o jeito que ele olhou, a sua postura — de alguma forma convenceu os humanos que esse cachorro sempre foi deles e, ao trazer o cachorro para casa, estão simplesmente completando a ligação que já existia. Essa capacidade de persuadir as pessoas a levá-los e protegê-los deve ser, certamente, um componente-chave do sucesso dos cães na sociedade humana.

A rapidez com que os cães desenvolvem um interesse afetuoso pelas pessoas é muito surpreendente, mas é parte integrante do quão aberta é sua programação para formar vínculos com membros de outras espécies. Só porque os cães têm o código para essa abertura maravilhosa, entretanto, não quer dizer que eles sempre a usem.

Embora ter os genes certos seja crucial para a natureza afetuosa dos cães, está longe de ser toda a história do que eles são. Os cães crescem para ser uma série de coisas: parceiros amorosos que partilham da nossa casa, criaturas perigosas e agressivas das quais as pessoas não têm vontade de chegar perto e até animais selvagens que sentem medo das pessoas e nunca buscam por suas companhias. A experiência de vida é o argumento decisivo. Mesmo os clones, construídos, literalmente, do mesmo material genético, nascidos da mesma mãe, crescendo na mesma casa humana, podem, no entanto, desenvolver personalidades substancialmente distintas. (Como eu gostaria de poder aplicar testes de personalidade canina a uma centena de clones!)

Os cães guardiões de rebanhos são o exemplo mais difundido de cães que demonstram afeição por outras espécies que não a nossa. Essa demonstração de como os cães podem crescer para amar outros seres está amplamente dispersa pelo mundo e é bastante antiga. O experimento de setenta anos atrás em Bar Harbor demonstra que as experiências certas nas fases iniciais da vida são cruciais para que os cães cresçam amando as pessoas. Esse experimento foi dirigido por dois cientistas geneticistas, John Paul Scott e John L. Fuller, mas, no final da vida, quando Scott foi convidado para escrever uma reminiscência do que esse grande projeto tinha ensinado a ele, seu resumo sucinto foi: "A genética não coloca[22] o comportamento em uma camisa de força."

A ciência genética avançou aos saltos desde a época de Scott e Fuller, embora as técnicas do estudo comportamental — que não passam, realmente, de observação sistematizada — não tenham mudado tanto assim. Talvez seja por isso que, quando faço palestras para um público composto de amantes de cães, as pessoas estão preparadas para ouvir que há genes que tornam os cães afetuosos, embora elas pareçam mais surpresas com os fatos muito mais conhecidos do papel do ambiente de um cachorro em determinar seu caráter. A velha ciência pode ainda ser boa ciência, digo a eles. E, na verdade, é a velha ciência, o estudo de como o mundo em torno do animal molda seu caráter, que pode ter o maior impacto.

É verdade que a genética e o meio ambiente são parceiros iguais na definição dos cães como indivíduos, como o são em toda a biologia. Mas não temos igual controle sobre eles. Genes com os quais estamos presos. Sem dúvida, com a tecnologia atual, com custos fenomenais, pequenas mudanças no DNA dos indivíduos podem ser feitas — mas a engenharia genética é ainda a ferramenta do futuro, não do presente. O ambiente em que nossos cães vivem, por outro lado, está completamente sob nosso controle.

Criamos os mundos nos quais os nossos cães nascem; podemos mudar esses mundos se quisermos. Agindo assim, além disso, podemos permitir que eles vivam uma vida melhor conosco. Grandes responsabilidades vêm com grandes poderes.

7

OS CÃES MERECEM COISA MELHOR

O **BELO VÍNCULO** que partilhamos com nossos cães hoje em dia só é possível porque, nos últimos 14 mil anos, uma pequena mudança ocorreu em seus genes. Essa pequena mutação transformou os cães de criaturas reservadas inclinadas a apenas alguns fortes vínculos com outros membros de sua espécie em criaturas adoráveis, que pronta e rapidamente criam vínculos emocionais com quase todos os tipos de animais.

Mas os genes dos cães apenas tornaram possível que eles amassem. O mundo no qual eles crescem é o que, verdadeiramente, os faz amar. De certa forma, nós transformamos os cães, um a um, nos "melhores amigos do homem".

Por mais de meio século, os cientistas têm conhecimento de que um processo ocorre no início da vida de cada animal, que determina os tipos de seres que ele procurará para ter uma relação emocional para o resto de sua vida na terra. Cães nos amam porque estamos com eles nesse período sensível de suas vidas.

É justo que estejamos com eles também durante o resto de suas vidas.

Como indivíduos e como espécie, nossos cães se comprometeram conosco. Eles abandonaram as temíveis mandíbulas de seus antepassados e coordenaram brilhantemente suas habilidades de caça. Desistiram da vida unida em família dos antepassados para buscar vínculos com criaturas além de sua própria espécie. Eles abandonaram a vida que passavam vagueando e caçando. Trocaram tudo isso pela oportunidade de ser parceiros dos humanos. O nosso compromisso é um pacto que nunca se fala em voz alta, mas é sincero e vinculativo para ambas as partes.

Em troca de seu profundo e duradouro afeto, os cães acreditam que vamos cuidar deles. Que nós, macacos frágeis, carecas, mas muito espertos, usaremos nossa inteligência para garantir o seu bem-estar.

Nunca ouvi ninguém dizer que os cães não cumpriram com sua parte do trato. A lealdade do afeto dos cães é o que reza a lenda. Mas nós, sinto muito dizer, nem sempre mantemos nossa parte do acordo.

Obviamente, muitos cães recebem um cuidado fantástico. Mas muitos outros — milhões só nos Estados Unidos — não. Não damos a eles o tipo de vida que merecem, que confiam que nós proporcionaremos a eles e, geralmente, pelas quais imploram. Muitas das maneiras como estruturamos as vidas de nossos cães são arcaicas e não refletem a ciência atual; muitas das nossas práticas mais difundidas são positivamente bárbaras.

Felizmente, a ciência é bem clara tanto sobre como devemos administrar a parceria canina–humana quanto sobre a natureza profunda dessa relação. Desde afirmar a importância de nossa presença constante na vida diária do cachorro, apoiar técnicas de treinamento específico e até demonstrar os benefícios de certos tipos de toque físico, pesquisas de ponta estão repletas de lições sobre como devemos modificar nosso comportamento com base na teoria do amor dos cães. A ciência não apenas revelou o centro emocional da relação cachorro–humano; ela também contém lições concretas de como podemos garantir o bem-estar emocional dos cães, se nos preocuparmos em observar.

E temos que encontrar meios de nos aperfeiçoar. Se há uma coisa que minha jornada ao coração e à alma dessa incrível espécie me ensinou foi que cabe a nós não apenas compreender as necessidades emocionais dos cães, mas também fazer algo com essa informação. Falando com franqueza: podemos tratar melhor nossos cães. A rica ciência e história por trás da natureza afetuosa deixam claro que eles merecem.

Nosso fracasso em cuidar adequadamente de nossos cães geralmente se deve à incompreensão desses animais e suas necessidades.

Se você acredita — como algumas pessoas, infelizmente, ainda acreditam — que os cães são ainda, essencialmente, lobos, então adotará uma atitude de precaução diante de seu animal de estimação. Você ficará o resto da vida preparado para que seu cão gentil se transforme em um monstro e será facilmente convencido, quando supostos especialistas lhe disserem, a se impor com toda força que tiver, para obrigar sua besta imprevisível a aceitar seu domínio.

Mas se, por outro lado, aceitar o argumento que desenvolvi aqui, que os cães são diferentes de seus primos selvagens pela sua capacidade de formar fortes vínculos emocionais com membros de outra espécie, inclusive nós mesmos, então você buscará uma forma de viver com seus companheiros caninos que lhe possibilite coexistir amável e pacificamente com eles.

Claro que só porque dois indivíduos são capazes de ter uma relação afetuosa não garante que problemas não surjam de tempos em tempos. E, quando esses companheiros de vida pertencem a espécies diferentes, mesmo as melhores intenções não podem protegê-los de desentendimentos ocasionais e, digamos, diferenças criativas.

Problemas em um relacionamento canino–humano são inevitáveis. Mas a maneira como compreende esses problemas depende de você — assim como a forma que responde a eles.

A ideia de que cães são, essencialmente, lobos não formados incentiva as pessoas a adotar uma abordagem terrível para resolver os problemas. Essa perspectiva permite aos tutores de cachorros que justifiquem o uso de força física para corrigir um desequilíbrio de poder percebido entre eles e seus cães, ao mesmo tempo que negligenciam o papel do amor como poderoso motivador para esses animais. É um erro de leitura trágico da verdadeira natureza dos cães e pode ter consequências reais. Se adotar essa forma de pensar, a probabilidade de causar danos físicos ou psicológicos no seu cachorro é bem alta.

Essa abordagem tem sido usada há muito tempo, infelizmente, e sua influência tem se mostrado insidiosa e incrivelmente persistente. Um dos livros mais populares sobre a convivência com cães, *How to Be Your Dog's Best Friend* [Como Ser o Melhor Amigo do seu Cachorro, em tradução livre], dos Monges de New Skete, foi originalmente publicado em 1978. Os autores argumentam que os cães, por causa de sua descendência dos lobos, só compreendem a vida como ela é vivida em matilhas e, além disso, que uma matilha é uma comunidade hierarquicamente organizada na qual a competição por uma posição oscila eternamente, às vezes explodindo em conflito total. Muitos dos problemas que as pessoas têm com os cães, argumentavam os monges em 1978, originam-se de uma falha ao reconhecer as bases da vida social dos cães e que esses problemas podem ser solucionados firmando-se o "domínio" sobre os membros caninos da casa.

Talvez a mais infame das sugestões dos monges seja a medida disciplinar que eles chamam de "rolagem alfa". Nessa manobra, o tutor era encorajado a simular a disciplina praticada por um lobo alfa com um animal subordinado. Especificamente, os monges instruíam os tutores a rolar, de forma abrupta, o cachorro de costas e agarrá-lo firmemente pela garganta, enquanto o repreendiam com aspereza.

Agora, antes de submetermos os monges a uma disciplina igualmente dura, devo mencionar que há muita coisa que admiro na sua abordagem geral da relação entre cachorro–humano. Os Monges de New Skete se estendem além da mecânica de treinamento de um cachorro para enfatizar a importância de prestar atenção ao seu conforto e contentamento. Eles destacam a natureza social do cachorro e incentivam os tutores a incluírem seus cachorros no máximo possível dos aspectos de suas vidas, conselho que apoio fervorosamente (além de conseguir um colete falso de animal de serviço para seu cachorro). O foco dos monges em aumentar a empatia humana pelos cachorros é louvável, e eu gostaria que mais pessoas seguissem as recomendações nesse aspecto.

Também é justo observar que a abordagem geral que os monges descreveram em 1978 não era inconsistente com a ciência disponível na época. A pesquisa na vida social dos lobos estava engatinhando naquela época, e o estudo das diferenças psicológicas entre cães e lobos não tinha nem começado ainda. Os primeiros relatórios de como os lobos se comportavam uns com os outros eram, em sua maioria, baseados em grandes grupos de animais não relacionados entre si e mantidos em cativeiro juntos. Esses estudos encontraram, de fato, várias competições por posições com níveis altos de agressividade entre os lobos que os pesquisadores examinaram.

Mas, apesar de essa pesquisa ter fornecido uma descrição precisa do comportamento dos lobos em cativeiro, como um reflexo das relações entre os lobos em geral, ela estava terrivelmente incompleta. Graças ao trabalho subsequente de David Mech, do Serviço Geológico dos Estados Unidos e da Universidade de Minnesota, e de outros biólogos de campo, hoje sabemos que as matilhas de lobos que vivem em ambiente selvagem são simplesmente famílias nucleares. Os chamados macho e fêmea alfas são, geralmente, pais de outros membros da matilha. As relações dentro da matilha são, certamente, hierárquicas, mas nem mais nem menos do que uma família humana. Os animais alfa mostram mais preocupação afetiva do que violência contra outros membros da matilha e as matilhas de lobos livres são caracterizadas por níveis muito baixos de agressividade. Se lobos que vivem em meio selvagem vivenciam tensão crônica com outros membros do grupo, geralmente, eles fazem as malas e caem fora. Visto que lobos em cativeiro não podem fazer isso, eles são propensos a mostrar níveis mais altos de agressividade uns com os outros. Se você fosse preso em uma cela com um irmão ou irmã distante (ou um completo estranho, por assim dizer), você agiria de forma semelhante.

Além disso, agora sabemos que os lobos e cães, estreitamente ligados como, sem dúvida, são, operam dentro de estruturas sociais muito diferentes. Como explicarei com mais detalhes adiante neste capítulo, cães e lobos têm hierarquias de domínio muito diferentes, que os levam a se relacionar com os membros do seu grupo de formas díspares. Essas formas diferentes de se relacionar com os membros de sua própria espécie (e, no caso dos cães, também de outras espécies) dificultam muito a extração de prescrições úteis para o manejo de cães com base em observações do comportamento social dos lobos.

Nada disso era conhecido nos anos de 1970, quando os monges estavam trabalhando em seu livro.

Louvavelmente, em uma edição revisada de *How to Be Your Dog's Best Friend*, publicada em 2002, os monges rejeitaram a "rolagem alfa": "Não recomendamos mais[1] essa técnica", declararam eles, de forma enfática, "e firmemente desencorajamos sua utilização aos nossos clientes". É raro pessoas terem confiança o bastante para publicar uma retificação categórica de algo que anteriormente promoviam, assim, os monges merecem muitos elogios por realizarem essa revisão radical — embora, como os autores do livro são anônimos, é possível que o monge que escreveu a retificação da rolagem alfa em 2002 não seja o mesmo irmão que recomendou a técnica há 33 anos.

Infelizmente, nem todos se renovaram como os monges. Outros adestradores de cães de grande visibilidade ainda promovem, indesculpavelmente, técnicas que, embora fossem sem dúvida modernas no final da década de 1970, hoje são amplamente reconhecidas como cruéis e inaceitáveis. Muitos dos melhores adestradores de hoje defendem métodos que não dependem da força, mas se concentram em consequências positivas e liderança gentil. Os adestradores e professores como Victoria Stillwell, Karen Pryor, Marty Becker, Ken McCort, Jean Donaldson, Chirag Patel, Ken Ramirez e muitos outros estão atualizados na ciência e sabem que coerção, dor e punição não são as fundações corretas para a construção de uma relação com um cachorro.

Infelizmente, no reino da televisão — ainda a mídia dominante da nossa cultura — a especialidade nem sempre é a moeda mais valorizada. O carisma e a presença na tela são mais importantes: todo o resto pode ser ajustado na pós-produção. Como resultado, conselhos distorcidos e antiéticos são dados aos tutores de cães.

Algumas orientações infundadas que os adestradores de cães da TV defendem são simplesmente bobas — como se certificar de comer antes de seu cão ou que você passe pela porta na frente dele. Mas outras não são tão inofensivas. Vemos animais fortemente presos[2] em coleiras com "laços corrediços" (basicamente, um laço de forca), chutados, "sufocados" (expostos a níveis de estresse extremo de estímulos dos quais não conseguem fugir) e tratados de muitas outras formas desumanas.

É claro, esses métodos brutais fazem com que adestradores e tutores de cães que tenham um comportamento indevido mudem rapidamente para submisso — mas a que custo? As consequências dessas abordagens coercivas não aparecem na TV. Ou as provas são deixadas no chão da sala de edição ou só fica aparente depois que a equipe da televisão deixa a cidade. Os problemas comportamentais de um cachorro ficarão maiores que nunca à medida que ele se torna cronicamente ansioso ou temeroso das pessoas.

Os adestradores que preconizam essas medidas desumanas defendem-nas dizendo que elas são essenciais para o ser humano ser o "líder da matilha" para seus cães. Eles ensinam às pessoas que seus companheiros caninos são bestas programadas para sempre estarem em competição pela "posição do topo" e os humanos têm de fazer o que for necessário para dissuadir o cachorro dessa noção de ser superior ao ser humano de qualquer forma. Isso tem levado a uma enorme confusão em torno do conceito de dominância e a grande quantidade de danos colaterais — por isso, vale a pena parar aqui e considerar o que a dominância causa e não causa quando nos referimos aos cães.

No comportamento animal, a dominância simplesmente se refere a uma situação social na qual certos indivíduos, rotineiramente, ganham acesso preferencial a recursos limitados. Isso pode significar que, quando uma quantidade de comida limitada está disponível, alguns animais em particular comem primeiro. Ou, quando a fêmea está no cio, certos machos são os primeiros a cruzar (ou os únicos a cruzar com ela). Ou, quando o clima está inclemente, alguns indivíduos em particular têm acesso preferencial ao abrigo.

Ensinei os princípios básicos do comportamento animal para legiões de estudantes antes de pensar nos cães pelo ponto de vista científico. Consequentemente, eu sabia uma coisa ou outra sobre dominância (quero dizer em relação aos animais). Mas, quando comecei a falar com um grupo de pessoas interessadas em cães e em adestramento de cães e os ouvi falando sobre esse conceito, eu me senti muito confuso. Inspiradas pelo que viram na televisão, muitas pessoas que conheci falavam sobre dominância de uma forma que sugeria a dominação do mundo ou até mesmo de uma dominatrix do cenário BDSM. Isso não se encaixava em nada do meu conhecimento científico sobre a dominância.

Por um lado, nem todos os animais experimentam a dominância em suas relações. Se limitarmos nossa discussão à Carnivora — a ordem de animais à qual lobos e cães com muitos outros predadores pertencem —, tudo fica um pouco mais simples. Alguns membros da ordem Carnivora mostram dominância, mas outros não. Leopardos e tigres, por exemplo, não são animais muito sociais e, assim, a dominância significa muito pouco para eles. Mesmo alguns animais sociais[3], como os leões, não mostram dominância, embora eles possam ser ferozes. Claramente, ferocidade e dominância são conceitos bastante diferentes.

De qualquer forma, a maioria das espécies carnívora é social e mostra algum nível de dominância em sua estrutura social. Mas o estilo e a radicalidade da hierarquia variam de acordo com a espécie. Por exemplo, as hienas são um exemplo de espécie que exibe o que os biólogos chamam de "dominância linear". A hiena no topo do ranking tem prioridade sobre a hiena do segundo lugar; a hiena do segundo lugar tem domínio sobre a número três e assim por diante até o final da lista, até a última hiena — uma criatura infeliz que não tem suprimento de recursos suficiente.

Outras espécies de carnívoros — entre elas, os lobos — mostram o que os biólogos comportamentais chamam de "dominância despótica". Nesta forma de organização social, um indivíduo (ou par de indivíduos) toma todas as decisões e o resto do grupo apenas o segue na jornada. Com os lobos, por exemplo, macho e fêmea alfas — os quais, lembre-se, são apenas os pais — tomam as decisões. Os outros membros do grupo, seus filhotes, os acompanham.

Se está se perguntando quais são essas formas de domínio, você provavelmente já sabe. As organizações humanas oferecem oportunidades de se ver diferentes tipos de dominância em ação, quer seja a dominância despótica (o chefe falando a todos do escritório o que fazer) ou a dominância linear (o chefe dá ordens ao segundo no comando e assim por diante) Algumas comunidades humanas não têm padrões claros de dominância: por exemplo, grupos de amigos, clubes comprometidos com hobbies e assim por diante. Nós, seres humanos, certamente, somos criaturas sociais flexíveis.

Dessa forma, podemos ver que uma alcateia de lobos não é tão diferente de uma família humana. Os pais da maioria das sociedades humanas que conheço são dominantes em relação às crianças, porque esses adultos são responsáveis pela maioria das grandes decisões, tais como o que comer, quando comer, onde morar e coisas assim. Isso não pressupõe que os pais vão bater para sempre nessas crianças para que sejam submissas. Pelo menos não deveriam.

O que devemos entender[4] aqui é que — como David Mech, o cientista que descerrou as cortinas sobre a vida social dos lobos selvagens, observou — dominância não deve implicar coerção.

As estruturas sociais dos cães não são tão flexíveis como as nossas. Na verdade, o rigor dos cães neste aspecto pode surpreendê-lo. Fiquei chocado quando li, pela primeira vez, a pesquisa sobre cães e dominância. Os cães não só são mais propensos a organizações sociais hierárquicas com claras relações de dominância do que nós, mas também são mais hierárquicos do que seus antepassados supostamente obcecados pelo domínio, os lobos.

Pesquisadores do Wolf Science Center na Áustria realizaram estudos sobre o grau de domínio que os cães mostram entre si. Como deve se lembrar, a equipe desse centro de pesquisa cria grupos de lobos e de cães ao ar livre, em condições o mais idênticas possível. Em testes padronizados de como os grupos de indivíduos se comportam quando confrontados com um elemento — como um pedaço de comida — que eles não podem compartilhar, os pesquisadores descobriram que os cães são, na verdade, de forma significativa, mais hierarquicamente organizados do que os lobos.

Em um belo e simples experimento, Friederike Range e seus colegas do Wolf Science Center ofereceram a pares de lobos ou cães uma certa quantidade de alimento. A equipe de Range ofereceu a cada par de animais quantidades diferentes de alimento. Tinha que ser a quantidade certa de alimento — grande o bastante para ser compartilhada, se fosse o que os dois indivíduos quisessem fazer, mas pequena o bastante para um animal dominante monopolizar, se fosse o que ele desejasse. Range e seus colaboradores fizeram exatamente a mesma coisa com um osso grande — de novo, tinha que ser grande o bastante para dois animais roerem juntos, mas pequeno o bastante para que um único animal fugisse com ele e o defendesse, se essa fosse a sua vontade. Range e sua equipe observaram então o que acontecia: um animal manteria o outro longe ou os dois lobos ou os dois cães compartilhariam a comida docilmente?

Em geral, os lobos desse experimento estavam dispostos a compartilhar. De todos os pares de lobos que o grupo de pesquisa testou, menos de um em dez reivindicou o alimento e impediu o outro animal de comer.

Para os cães do estudo, o quadro foi bem diferente. Em cerca de três quartos dos testes, o cachorro dominante impediu seu parceiro de comer. A questão não foi que os cães eram mais agressivos do que os lobos: os cães e os lobos rosnaram e resmungaram um para o outro em proporções semelhantes. Mas, quando um cachorro dominante[5] reclamava com um subordinado, rapidamente o subordinado se retirava e desistia de tentar se alimentar. Com os lobos, reclamações iam e vinham dos dois animais, mas nenhum dos dois teve de parar de comer. Cães parecem ser, consideravelmente, mais sensíveis às reivindicações de domínio de outros cães do que os lobos.

Muitos outros estudos mostram que os cães têm hierarquias sociais mais rígidas e são mais propensos (e sensíveis) a exibições de domínio e monopolização de recursos importantes do que os lobos. Se isso parece paradoxal é só porque, com frequência, nós confundimos dominância com ferocidade. Lobos são ferozes: são grandes, poderosos e predadores ferozes. Ser atacado por um lobo seria uma experiência por demais aterradora — muito possivelmente, a última experiência de alguém na vida. Cães, é claro, são menos ferozes: são menores, menos fortes e, geralmente, menos ferozes. Não quer dizer que eu gostaria de um ataque de cachorro; mas, simplificando, o nível de ferocidade de uma espécie não tem relação com o nível de domínio.

Lobos e cães diferem em sua sensibilidade ao domínio porque eles possuem tipos diferentes de vida. Quando pensamos em como os lobos e cães vivem, a disposição canina com a dominância faz todo o sentido. Os lobos sobrevivem da caça de presas vivas — presas que, geralmente, são maiores do que eles e que tentam evitar se tornar o jantar da alcateia. Um lobo só não consegue matar um bisão ou um cervo ou qualquer outra presa animal grande de que os lobos se alimentam. O lobo depende da cooperação do resto da alcateia para conseguir caçar. E assim que o negócio é feito e a criatura morta está no chão, tem muito mais carne disponível do que um lobo poderia comer. O resto da alcateia é a família do lobo dominante, e ele depende deles para ter sucesso na caça. Consequentemente, o lobo não tem nada a perder e tudo a ganhar ao compartilhar o espólio da caçada.

Lobos, em suma, vivem em alcateias cooperativas, cujos membros dependem um do outro para sobreviver. Numerosos estudos mostram que, muito embora suas estruturas sociais sejam hierárquicas, eles são capazes de um alto nível de cooperação.

Cães que vivem livres são bem diferentes. Eu vi em primeira mão há alguns anos, quando visitei Nassau, nas Bahamas. Esse deve ser um dos melhores lugares do mundo para calmamente observar os cães de rua em liberdade, e é provável que seja o melhor lugar para ser um deles. O clima é muito propício para a vida ao ar livre. A cultura local é também anormalmente acolhedora com os cães sem lar, como descobri logo que cheguei.

Durante a tarde que passei explorando as ruas de Nassau, sob a orientação de um gestor da Sociedade Protetora dos Animais das Bahamas, vi algumas demonstrações de convivência pacífica entre os cães de rua e seus vizinhos humanos. Os cães caminhavam alegremente pelas ruas, cuidando da própria vida, enquanto motoristas dirigiam cuidadosamente em torno deles, indo mais devagar para evitar atropelá-los.

Os humanos ajudam os cães de Nassau de outras formas também. Os padrões de coleta de lixo no bairro de Over-the-Hill — o lado de Nassau que os turistas, normalmente, não veem — deixam a desejar, e havia pilhas de lixo em muitas esquinas. Eu observava como um cãozinho marrom e dourado e meio sarnento se esforçava para passar entre o lixo que tinham acumulado em uma curva da estrada. Ele enfiou seu focinho o mais fundo possível em uma caixa descartada de uma lanchonete. Esse cachorro, certamente, não precisava de ajuda alguma para conseguir comida, por isso ele não se sentia motivado a compartilhar o que tinha encontrado e reivindicava como seu. Ele até rosnou para ter certeza de que eu tinha entendido que aquela caixa era dele.

Por causa das condições singulares nas Bahamas, os cães levam vidas bem diferentes de seus primos dos Estados Unidos. Mas, ao menos por um aspecto, eles são iguais: como animais que vivem, principalmente, da necrofagia, os cães livres têm poucas razões para cooperar com os outros na busca de alimento e para comer, e têm todas as razões para monopolizar o que encontram. De certa forma, as mesmas pressões evolutivas que fizeram com que esse cão de rua bahamense com tons dourados me mostrasse os dentes fizeram com que os cães como um todo fossem animais muito mais hierarquicamente sensíveis do que os lobos.

Cachorro de rua em Nassau

Os níveis acentuados de dominância que os cães mostram em suas relações uns com os outros e sua sensibilidade requintada à hierarquia em situações sociais têm profundas implicações em suas vidas conosco. Por um lado, independentemente de o cachorro ser brutalizado com coleiras de enforcamento e rolagens alfa ou ser tratado com gentileza como seria com um de seus filhos, seu cachorro sabe que você é o chefe. É você quem faz a comida aparecer magicamente — alimentos que estão fechados em latas dentro de armários, sacos dentro da geladeira e diversos outros recipientes que são simples para nós abrirmos com nossos polegares opositores, mas que permanecem misteriosamente fechadas para a maioria dos cães. É você quem decide quando seu cachorro sairá de casa, qual caminho vocês dois farão. Você até decide quando e onde é apropriado seu cachorro se aliviar, com quem ele pode fazer sexo e até se ele terá ou não vida sexual.

Por todas essas razões e outras mais, fica claro para o cachorro que você é o líder dessa relação.

Você pode não ter consciência de que, ao controlar o que e quando o seu cachorro come, você está exercendo domínio sobre ele — mas toda pesquisa disponível indica que seu cachorro está extremamente consciente disso. Os cães compreendem que quem controla os recursos deve ser o chefe. Você pode, como eu defendo, usar petiscos, clickers e encorajamento gentil para o cachorro caminhar calmamente ao seu lado, em vez de (que Deus não permita) uma coleira enforcadora com garras ou outro instrumento de tortura. Mas, usando métodos positivos ou punitivos, todas essas técnicas chegam ao mesmo objetivo — fazer o cachorro caminhar ao seu lado do jeito que você quer — e, se conseguir isso, então está exercendo domínio sobre seu animal. Francamente, se seu cachorro viverá na sociedade humana, você precisa ser o dominante. Os cães não são, psicologicamente equipados para tomar as decisões de sua família.

Você, e só você, pode decidir que forma essa dominância tem. Para ser parceiro sênior na relação, você não precisa dar choques no cachorro, carregar ele por aí com uma corrente enforcadora ou chutá-lo na barriga. Sua dominância reside no controle dos recursos e você pode expressá-la demonstrando liderança compassiva em vez de barbarismo. Como qualquer pai sabe, amor e dominância não são incompatíveis. Os cães compreendem os dois. Eles merecem uma liderança baseada na compaixão, não na agressão.

Assim como os cães compreendem e até esperam ser dominados pelos humanos, eles também anseiam por contato social. Está literalmente em seus genes a necessidade por relacionamentos com outros seres. Eles precisam brincar amigavelmente; precisam estar perto de pessoas afetuosas.

O quão perto os cães querem estar das pessoas que amam depende muito do indivíduo. Por exemplo, minha Xephos anseia pelo toque, mas só o toque: tocar meus pés quando estou no escritório ou na cama ou apenas ficar perto de mim no sofá. Ela realmente odeia ser erguida e acariciada e é ambivalente em relação a um superabraço quando está no chão — parece depender de seu humor no momento. Alguns cães adoram ser apanhados do chão e receberem um abraço apertado da pessoa amada; outros não buscam contato contínuo e são felizes apenas com a proximidade.

Há debates sobre como os cães gostam de ser tocados. O escritor canadense Stanley Coren sugeriu que cães não gostam de ser abraçados. Em um post de um blog, ele descreveu uma análise que estava realizando de fotografias que pessoas tinham postado de seus cachorros sendo abraçados por humanos. De acordo com Coren, os cães pareciam estressados em 204 das 250 fotografias que ele revelou. Ele aconselhou seus leitores a "guardar seus abraços[6] para membros da família e amantes com duas pernas".

Acho que Coren está exagerando um pouco, embora ele tenha um bom argumento — as pessoas deviam prestar atenção às respostas dos cães ao contato físico e não simplesmente pressuporem que o que nos faz bem também faz bem para eles. Pensando sobre quanto contato físico é o suficiente (ou um exagero), a questão inicial é observar a resposta do cachorro. O velho ditado "Cada um tem seu jeito" oferece uma boa perspectiva para compreender os cães e também as pessoas.

Uma coisa é certa: embora todo cachorro seja um indivíduo com sua própria personalidade, a qual temos que aprender a compreender e respeitar, todos os cães anseiam por relações de amor e acolhimento. Devemos a eles satisfazer essa modesta exigência.

Com muita frequência, fracassamos com os cães nesse aspecto. A coisa mais cruel que se pode fazer a um ser altamente social é confiná-lo o dia todo onde não possa interagir com ninguém. Entretanto, isso tornou-se a norma para os cães nos países de primeiro mundo. Amamos nossos cães pela sua natureza afetuosa, mas nos despedimos deles às sete e meia da manhã e, se tivermos sorte, voltamos para eles dez ou onze horas depois. Às vezes, as pessoas correm para casa depois do trabalho para deixar o cachorro ir ao banheiro rapidamente para depois trancá-lo de novo, para socializarem à noite com seus amigos humanos. Que tipo de vida é essa para um cachorro? Dez horas sozinho, dez minutos de interação social e depois mais quatro ou cinco horas sozinho antes de seus humanos chegarem em casa, desmoronarem e rapidamente dormirem.

Na Suécia, a lei determina[7] que os cães tenham interação social regular por pelo menos quatro ou cinco horas. Acho esse um excelente princípio. Se não puder ir para casa ficar com seu cachorro durante o dia, ou você encontra outras formas de fornecer contato social para ele ou você não devia ter um cachorro.

Os cães recebem benefícios sociais de outros membros do lar além de seus tutores, é claro. Um filhote bem-criado acolherá a companhia de outros da sua espécie e até terá alguma satisfação em estar perto de gatos e outros animais — principalmente se o cachorro em questão for apresentado a esses seres durante o período crítico das fases iniciais da vida, que é quando ele aprende com quais tipos de criatura pode fazer amizade. Na verdade, uma grande variedade de criaturas pode servir como parceiro social para os cães e aliviar a solidão canina.

E, é claro, há uma série de soluções para a epidemia de solidão dos cães, além de trazer para casa outro animal de estimação. Ficar em casa com seu cachorro por pelo menos parte do dia pode ser uma opção. É o que eu faço, mas sei que sou muito privilegiado por ter bastante flexibilidade em minha vida profissional. Por outro lado, levar o cachorro para o trabalho está se tornando uma opção de cada vez mais pessoas atualmente; escritórios que aceitam cães é uma tendência muito bem-vinda nos Estados Unidos. Visto que a maioria dos cães faz amizade rapidamente, você também pode contratar alguém — ou persuadir um amigo com horário menos maluco — para ir a sua casa e conversar com seu cachorro todos os dias. Talvez eles possam tomar um café ou almoçar juntos. Uma creche bem gerida é outra excelente opção e utilizada por muitos tutores responsáveis.

De uma forma ou de outra, no entanto, as personalidades amorosas e extrovertidas dos cães requerem atenção tanto quanto qualquer necessidade física. A maioria das pessoas não pensaria em deixar seus cães sem alimentação ou sem se aliviarem. Mas manter os cães trancados sozinhos por longos períodos de tempo pode ser a coisa mais cruel que rotineiramente fazemos com eles. E tem consequências reais — para nós e para eles.

Um grande número de cães não consegue lidar com a solidão esmagadora e age de todas as formas, desde latir a roer a mobília e até sujar indevidamente a casa, entre muitos outros sintomas de solidão. Rotulamos esses sinais de estresse como "ansiedade de separação" e os tratamos com remédios ou outros tratamentos. Eles se tornaram os problemas[8] comportamentais mais comuns relatados a veterinários e especialistas em comportamento animal e afetam cerca de um a cada cinco cachorros.

Enquanto estava em Nassau, visitei William Fielding, um cientista social da Faculdade das Bahamas. Fielding deu, exatamente, o mesmo questionário sobre cães que vagam pelas ruas de Nassau para bahamenses e para turistas que visitam esse lindo arquipélago em cruzeiros. A maioria dos visitantes é dos Estados Unidos. O questionário pede à pessoa que classifique o pior e o melhor que pode ser feito com seu cachorro enquanto você está no trabalho. Os norte-americanos responderam que um cachorro deve ficar seguro dentro de casa enquanto os humanos estão longe. Os bahamenses, por sua vez, foram mais propensos a dizer que um cão deve poder sair de casa se não houver ninguém para lhes fazer companhia.

Não há uma única resposta certa a essa questão, em minha opinião. Os respondentes norte-americanos estão certos, é claro — deixar seu cachorro vagando nas ruas sem supervisão é um convite para o desastre. Um cachorro pode ser atropelado, atacado (eu vi três crianças chutarem um cachorro na rua até que gritamos para que o deixassem em paz), pegar doença de outro cachorro ou ser vítima de várias outras tristes situações.

Mas os bahamenses também têm um bom argumento. Como os cães são seres sociais, é, sem dúvida, cruel trancá-los sozinhos em casa o dia inteiro. Os cães merecem oportunidades melhores para cumprir seu objetivo social e somos mais do que capazes de satisfazer essa necessidade.

Eu sinto muito pelos muitos cães que moram em uma casa onde os deixam sem o contato amoroso que anseiam — mas a condição dos cães em abrigos me deixa tão triste, que é difícil para mim escrever sobre isso.

O abrigo é a parte podre de nossas vidas com os cães. Dizemos que amamos os cães, no entanto, toda noite nos Estados Unidos cerca de 5 milhões deles dormem em pisos de concreto por trás de barras de ferro. Embora a situação tenha melhorado nas últimas décadas, os abrigos ainda recebem mais de 4 milhões de cachorros por ano. Quase três quartos desses cães são adotados ou devolvidos aos seus tutores. Mas ainda sobram cerca de um milhão[9] de cães, que ou são sacrificados ou ficam longos períodos no sistema de abrigos. Nenhuma das opções é uma solução aceitável para o problema dos cães sem lares.

A maioria dos abrigos nos Estados Unidos foi construída com o propósito de proporcionar um breve descanso aos cães que tinham fugido de casa. Um cachorro poderia passar alguns dias ou no máximo algumas semanas nele enquanto esperava ser retirado por seus tutores ou ser adotado por uma nova família. Se nada disso acontecesse, ele era sacrificado. De uma forma ou de outra, nenhum cachorro ficava em um abrigo por muito tempo.

Em muitos aspectos, o sistema de abrigos nos Estados Unidos melhorou bastante. Hoje, muito mais cães saem vivos dos abrigos. Mas, conforme os abrigos foram encontrando formas de reduzir a quantidade de mortes que ocorre dentro de seus muros, o tempo de estadia se estendeu.

Cada vez mais abrigos têm adotado a posição de não sacrificar cachorros saudáveis, graças a um movimento iniciado cerca de duas décadas atrás para acabar com a eutanásia de cães saudáveis em abrigos. As intenções por trás do movimento contra a morte de cães são sem dúvida nobres, mas boas intenções não são proteção contra a lei das consequências não intencionais. Embora eu honre e respeite o comitê do movimento para o bem-estar canino, eu me preocupo com as consequências não intencionais de manter os cães por períodos prolongados — em alguns casos, o resto de suas vidas naturais — em condições que não foram concebidas para ser nada mais do que temporárias.

Partilho o desejo de não matar cães saudáveis, mas também sei que simplesmente trancar milhões de cães e jogar fora as chaves não é uma alternativa aceitável para a eutanásia. Quando um abrigo decide não sacrificar animais, exceto os doentes terminais, os canis gradualmente se enchem com cães que não encontram lares. Pode haver muitas razões pelas quais as pessoas não querem adotar certos cães. Mesmo se acharmos que algumas delas são superficiais e lamentáveis — como os cães da moda com certas cores e formas — não muda o fato de que não podemos forçar as pessoas a adotar cães quando não desejam. Como o comportamento de nenhum cão melhora enquanto ele mora em um canil, com o tempo, os cães em abrigos que não praticam a eutanásia são cada vez menos atrativos para os possíveis adotantes. Esses abrigos transformam-se, de fato, em armazéns caninos.

Cães em canis de longos períodos dentro de abrigos que não sacrificam

Algumas nações adotaram leis que impedem os abrigos de sacrificar cães saudáveis, mas esse tipo de legislação, infelizmente, não é o suficiente. Tentei visitar um abrigo público na Itália, uma das nações com uma política desse tipo, mas fui barrado na entrada. O fato de um abrigo nem permitir a entrada de um visitante profissional para ver como eles mantêm seus cães é um forte sinal de que a situação deve estar desesperadora.

Pude visitar um abrigo particular perto desse público e tenho que dizer que as condições estavam entre as mais tristes que já tinha visto. Não vou citar nomes aqui, porque sei que as pessoas que administravam o abrigo estavam sinceramente tentando fazer o melhor para promover um ambiente de amor sob as mais difíceis circunstâncias. Mas, ao olhar esses cães nos olhos, para mim, seu confinamento por longos períodos, sendo que os recursos para cuidar deles de forma apropriada não estão disponíveis, é tão triste quanto a eutanásia indolor.

As notícias da Itália, no entanto, não são tão ruins. Uma pesquisa recente revela uma forma para que os abrigos de longa permanência sejam mais toleráveis para os cães. E, pelo que sabemos até agora sobre a natureza afetuosa dos cães, não é surpreendente que a solução tenha a ver simplesmente com a presença humana.

Uma grande equipe de cientistas de várias universidades italianas liderada por Simona Cafazza investigou o bem-estar de cerca de mil cães que passam suas vidas em abrigos na região do Lácio, na Itália. Eles descobriram que a única intervenção que melhoraria o bem-estar dos cães seria passear diariamente com as pessoas. Embora o estudo não tenha provado se é o componente do exercício nas caminhadas ou da companhia das pessoas que levaria às melhorias, Cafazza e seus colegas compararam os cães que passeavam diariamente com pessoas com os que podiam se exercitar em longas corridas sozinhos. Apenas os cães que foram passear com pessoas mostraram ganhos no bem-estar.

No geral, Cafazza e seus colegas estavam céticos quanto ao valor da legislação de não praticar a eutanásia nos cães em seu país. Eles falharam no controle da população canina livre, mas levou um grande número de cães a passar suas vidas em abrigos que não atendem suas necessidades adequadamente. Os pesquisadores observaram que, na região estudada, 11 mil cães moravam em abrigos; a maioria permanecia em canis por toda as suas vidas. Cafazza e sua equipe concluíram: "Sendo assim, na Itália[10], decidimos que, para os cães, passar a vida confinado é melhor do que a eutanásia indolor, então, é nosso dever ético garantir a eles um nível adequado de bem-estar. É evidente, de acordo com a literatura científica, que este não é o caso."

Diversos países e diversas regiões desses países enfrentam diferentes desafios com as populações de cães em abrigos. Nos Estados Unidos, temos todo tipo de problema com os abrigos — e também muitos do que devem ser as mais maravilhosas instalações para animais em todo o mundo. Visitei abrigos com salas claras e agradáveis com pintura alegre nas paredes, luz natural, música ambiente suave e funcionários encantadores; apenas a comida me impede de ficar nesses lugares. Mas também vi abrigos que eram um pesadelo[11], e a visão comovente de tantos cães tristes e doentes foi intensificada pelos latidos intermináveis e pelo odor de diarreia canina.

O destino de um cachorro em um abrigo nos Estados Unidos depende de muitos fatores. Os abrigos no nordeste sacrificam menos cães porque não têm muitos hóspedes caninos; a esterilização extensiva de animais de estimação naquele quadrante do país levou à significativa redução do número de cães que acabam sem lares humanos. Abrigos do sudeste, por sua vez, ainda mantêm um grande número de cães excedentes, assim como muitos abrigos no oeste.

Os melhores abrigos proporcionam um ponto de passagem tranquilo para cães que esperam por suas novas casas. Essas instalações têm profissionais para ensinar aos seus hóspedes comportamentos que os ajudarão a ser adotados, além de habilidades úteis para conviver com os humanos. Esses lugares tendem a ser menores, pequenos abrigos, em geral, financiados por benfeitores particulares ricos. No outro extremo do espectro, ainda há abrigos que sacrificam a maioria dos animais que cumpre o período de quatorze dias de confinamento. Essas atividades tendem a ser dirigidas pelo governo de qualquer município onde os pobres animais foram apanhados. Às vezes, esses tipos de abrigos podem estar situados na frente uns dos outros.

Não estou aqui fazendo qualquer acusação. Reconheço plenamente que os governos locais têm muita demanda e recursos limitados. Compreendo que o cuidado e o controle do animal não podem exigir financeiramente mais do que escolas, centros de idosos ou muitas outras responsabilidades municipais.

Eu acredito, no entanto, que os cães merecem mais da maioria dos abrigos que os acolhe. Mesmo as instalações mais subfinanciadas podem fazer um trabalho melhor de reciprocidade ao amor dos cães pelos humanos e ajudá-los a expressar melhor seu amor por nós em troca. Fazendo isso, os abrigos podem ajudar os cães a serem adotados rapidamente, sem passarem mais tempo do que o necessário entre lares. Isso é bom para os cães e é bom para os abrigos também. Meus alunos e eu estamos tentando ajudar os abrigos a concretizar essa aspiração.

Quando ela estava trabalhando em seu doutorado[12] comigo, Sasha Protopopova — hoje, professora da Texas Tech University — iniciou uma linha de pesquisa que continua, enquanto escrevo este livro. O objetivo que Sasha estabeleceu para si foi o de encontrar formas para melhorar o comportamento de cães de abrigo a fim de que se tornem mais adotáveis. Seu objetivo era fazer isso sem impor nenhuma tarefa adicional aos funcionários do abrigo — ou, se isso não fosse possível, pelo menos ajudar esses cães sem a necessidade de especialistas adicionais em adestramento animal.

Para começar, Sasha passou um verão interminável orientando assistentes da graduação em um projeto de pesquisa de campo em um abrigo no norte da Flórida, administrado pelo governo municipal. Os estudantes ficavam diante dos canis dos cães por sessenta segundos, usando uma câmera de vídeo para registrar o que o cachorro fizesse. O limite de tempo era intencional: a maioria das pessoas não passa mais do que um minuto olhando para um cachorro para decidir se descobre mais sobre ele ou se passa para o cachorro do canil seguinte. Sasha recolheu milhares desses vídeos curtos, capturando o comportamento de centenas de cães nesse cenário de adoção comum.

A etapa seguinte era verificar cada segundo de cada um desses vídeos, observando precisamente o que cada cachorro tinha feito. Ele abanou o rabo? Latiu? Evacuou? A lista de possibilidades era de mais de cem comportamentos discretos.

No final, Sasha tinha registrado um grande número de cães reagindo ao estranho que os olharam brevemente. Até onde um cachorro pode dizer, qualquer uma dessas pessoas poderia ser um adotante em potencial. Era como se tivéssemos um compêndio enorme de mensagens persuasivas dos cães em busca de novos lares humanos.

Sasha pegou esse registro extenso e intenso dos comportamentos caninos e o comparou com os registros dos abrigos desses cães. Alguns foram adotados rapidamente — outros ficaram ali definhando por muito tempo. Ao comparar as análises comportamentais com os registros da longa estadia dos cães, ela conseguiu identificar o que os cães fazem que os libertam dos canis rapidamente e o que fazem para ficar esperando, solitariamente, por um novo lar humano.

Sua primeira descoberta não foi inesperada, porque remete ao bom senso e tinha sido observado, de forma repetida, em outros estudos: se você é fofinho, não importa como se comporta. Cães fisicamente atraentes, como os filhotes das raças toy, podem fazer o que quiserem que ainda assim conseguem, rapidamente, ir para lares humanos.

Mas para o resto de nós — desculpe, eu quis dizer para o resto deles — o comportamento é, de fato, crucial para seus destinos. Descobriu-se que um dos grandes erros que espantam os possíveis adotantes é se encolher. Se encolher ou se esfregar em qualquer parte do canil, realmente, piora as chances do cachorro em ser adotado. Se movimentar demais também é ruim; aparentemente, as pessoas não querem adotar cães inquietos, que ficam para lá e para cá dentro do canil ou que ficam pulando. Os cães com as melhores chances[13] de adoção são os que vinham para frente do canil e olhavam com interesse o visitante, em alerta, mas não com energia vigorosa.

Em um mundo ideal, os abrigos seriam capazes de contratar adestradores profissionais de cães para apagar comportamentos indesejados, assim, qualquer cão que os exibissem poderia ter seu comportamento corrigido e rapidamente encontraria um novo lar. Sasha, no entanto, reconheceu que a maioria dos abrigos, pelo menos nos Estados Unidos, simplesmente não tem recursos para treinar seus funcionários para se tornarem especialistas em comportamento, nem contratá-los.

Como alternativa, Sasha e eu pensamos em técnicas que poderiam incitar o comportamento na direção certa sem exigir qualquer conhecimento especial. Estabelecemos um caminho que já tinha sido aberto décadas antes pelo grande fisiologista russo e fundador da psicologia animal, Ivan Petrovich Pavlov. Sasha nasceu na Rússia, por isso eu gostaria de atribuir pelo menos parte da inspiração para esta solução à sua infância naquele país. Mas ela deixou a Rússia aos oitos anos de idade — assim, a menos que ensinem muito mais sobre psicologia animal nas escolas primárias de lá do que a nós do ocidente, essa suposição pode não estar totalmente correta.

Seja como for, nós nos inspiramos em parte pela demonstração de Pavlov de que os animais podem detectar sinais de que algo importante está para acontecer. O sino (ou melhor, a campainha), em seu agora lendário experimento, avisa os cães que a comida está chegando; eles respondem salivando. Esse tipo de condicionamento tem uma vantagem sobre outros métodos mais modernos de adestramento de animais: você não precisa prestar atenção alguma ao animal. Obviamente, Pavlov e seus alunos estavam interessados no que seus cães faziam, mas, para executar seu procedimento, esses pesquisadores não precisavam, realmente, observar os cães.

É possível condicionar facilmente seu cachorro a esperar alimento quando tocar um sino sem ter que olhar para ele. Apenas toque o sino, entregue a comida e o animal cuidará do próprio comportamento. Sem dúvida, se quiser saber como seu comportamento mudou, precisará abrir os olhos e ver, mas, ao contrário do adestramento padrão de animais baseado em recompensas, em que o adestrador os observa cuidadosamente e então dá um petisco para o comportamento apropriado tão logo ele aconteça, é muito mais fácil administrar os procedimentos Pavlovianos. Toca o sino: dá a comida. Apenas faça isso em intervalos regulares que a mágica acontecerá.

O preço que se paga pela facilidade do condicionamento Pavloviano é que você não tem qualquer controle sobre como o comportamento mudará. Isso era um desafio em nosso caso, pois sabíamos, exatamente, quais mudanças comportamentais nós queríamos ver. Queríamos que os cães parassem de ficar apoiados nas paredes, parassem de saltar e andar de um lado para o outro no canil e começassem a prestar atenção educadamente ao visitante.

Se entrega essa missão a um profissional do behaviorismo animal, ele criará um programa de adestramento que envolva observação cuidadosa e recompensas oportunas sempre que o comportamento apropriado ocorrer. Muito embora soubéssemos que a maioria dos abrigos não podia pagar esse tipo de treinamento, queríamos ver como a nossa alternativa Pavloviana mais barata se contraporia a ela, assim, concebemos um estudo que avaliaria os dois métodos.

Em nosso estudo, avaliamos um grupo de cães adestrados com recompensas, da forma como os melhores profissionais o fazem, ao lado de um grupo de cães ao qual aplicamos as técnicas Pavlovianas. Para adestrar o grupo Pavloviano, Sasha e seus assistentes andaram para cima e para baixo no abrigo, tocando um sino e jogando petiscos. Depois, comparamos as respostas do grupo que foi recompensado com aqueles do grupo Pavloviano (e um grupo de controle, que ouviu o sino, mas não experimentaram nada além disso) quando um estranho entrou nos dois canis. Descobrimos que tanto o grupo adestrado com recompensas quanto o grupo Pavloviano mostraram melhoras importantes em suas respostas a um visitante. Parecia que o grupo adestrado com recompensas tinha uma pequena vantagem sobre o grupo Pavloviano, mas essa diferença era pequena. O comportamento do grupo adestrado com recompensas melhorou porque nós, de fato, "pagamos" os cães com petiscos por um comportamento melhor. Exatamente por que o comportamento do grupo Pavloviano melhorou é mais um mistério. Possivelmente, a expectativa do alimento iminente levou a um comportamento mais amistoso e atencioso que sabemos que os adotantes gostam. Por fim, não precisamos nos importar sobre o porquê de o comportamento dos cães do grupo Pavloviano ter melhorado — só o que importa é que melhorou. O ponto crucial resultante deste teste é que os dois grupos experimentais melhoraram enormemente, em comparação com o grupo de controle que apenas ouviu o sino.

Chegamos ao que tínhamos proposto encontrar: um procedimento prontamente aplicável a um grande número de cães por qualquer pessoa inclinada a fazê-lo, quer ela tenha ou não experiência em adestramento de animais. Fora o risco de tropeçar em alguma coisa, o procedimento Pavloviano de tocar a campainha e jogar alimento dentro dos canis dos cães poderia ser feito por qualquer um com os olhos fechados. A única coisa que tornou o procedimento inconveniente foi minha — reconhecidamente infantil — imposição do sino. Meu senso de humor não resistiu ao ter uma aluna nascida na Rússia realizando um experimento com cães usando o condicionamento Pavloviano, com um sino como estímulo condicionado. O fato de o famoso sino[14] ter surgido de uma tradução incorreta do russo não diminuiu meu entusiasmo.

Nossos estudos complementares mostraram que o sino é totalmente desnecessário: apenas a presença do ser humano pode agir como estímulo condicionado. Isso significa que o abrigo não precisa fazer mais do que designar pessoas para fazer caminhadas ocasionais pelos canis, jogando petiscos. Essas pessoas nem precisam fazer parte do quadro de pessoal do abrigo; podem ser os visitantes procurando um cachorro novo. Essa técnica melhorará o comportamento dos cães de forma a torná-los mais adotáveis. Apenas dar petiscos aos cães é uma forma de melhorar seus comportamentos e isso os ajudará a encontrar novos lares. Esse método, que não exige quase nada do abrigo e dos atarefados funcionários, inibe os comportamentos problemáticos que se desenvolvem quando um cachorro é confinado no canil por mais de 23 horas por dia. Ele também ajuda os cães a se comunicarem com a positividade que sentem em relação às pessoas. Isso abre seu desejo natural de projetar amor pelas pessoas e, assim, os ajuda a encontrar um lugar em uma nova casa humana.

Tenho muito orgulho dos estudos que Sasha realizou enquanto estávamos trabalhando juntos, mostrando que intervenções no abrigo que não exigem especialidade alguma podem melhorar as chances de os cães serem adotados. Uma colaboradora mais recente, Lisa Gunter — anteriormente, minha orientanda de doutorado e hoje, minha colega na Universidade do Estado do Arizona — descobriu uma forma de aumentar as adoções ao mesmo tempo que *reduz* a carga de trabalho do abrigo. Fazendo uma simples mudança na forma como os cães de abrigo são identificados, podemos garantir que mais cães terão uma chance de vender sua natureza amorosa quando negociar um lugar permanente em uma casa humana, assim como fizeram seus antepassados.

Antes de Lisa e eu iniciarmos nosso trabalho juntos, ela teve muitos anos de experiência em abrigos em diferentes partes dos Estados Unidos. Ela ficou impressionada com a quantidade de pessoas que vinha em busca de um cachorro para levar para casa, mas não prestava muita atenção aos cães em si. Muitas tinham ideia fixa sobre uma certa raça de cachorro; por isso, ignoravam os cães cujos canis não os identificavam com o nome dessa raça.

Isso pareceu estranho a Lisa por várias razões. Por um lado, a maioria dos cães em abrigos é vira-lata — animais de parentesco misto. As etiquetas com as raças que os abrigos colam nos canis são apenas suposições. Na pesquisa que Lisa e eu[15] realizamos juntos, descobrimos que cerca de 90% dessas suposições estão erradas. Embora se acreditasse que cerca de um quarto dos cães de abrigo fossem de raça pura e o resto, misturas de duas raças, descobrimos que um cão em cada vinte é de raça pura e o restante contém assinaturas de DNA de uma média de três raças — às vezes, chega até cinco. Usando um cotonete oral indolor para coleta de DNA dos cães e fazendo testes básicos de genética nessas amostras, descobrimos que a determinação da raça é uma charada mais complicada do que tínhamos imaginado.

Para ser justo com os funcionários do abrigo, há mais de duzentas raças registradas hoje, o que torna a tarefa de adivinhar a raça de um cachorro extremamente difícil. É ainda mais difícil porque os genes não são como cores de tinta: quando você mistura o patrimônio genético, o resultado não é um tipo de conciliação entre as raças de cães, do jeito que misturar vermelho e amarelo, cria o laranja. Pelo contrário, é o resultado de uma interação de nível muito alto, de tal forma que o filhote pode parecer mais com um dos pais do que com o outro — ou, mais comumente, não parece com nenhum dos pais.

Dada a magnitude da tarefa de atribuir raças aos cães dos abrigos, não é surpreendente que seus funcionários não consigam nomeá-las corretamente. Mas o mais triste é que as pessoas são mais influenciadas pela própria etiqueta do que pelo cachorro descrito ali — o animal que está bem diante deles, demonstrando sua natureza companheira e amorosa e abanando o rabo o quanto pode.

Lisa resolveu testar o poder desses rótulos imprecisos de raça para guiar as decisões dos possíveis adotantes. Ela fez isso concentrado-se em um rótulo altamente oneroso, que é o do pit bull.

Apesar do que você pode ter ouvido, o pit bull não é uma raça de cachorro. Pelo contrário, é um rótulo comumente aplicado aos cães com aparência meio atarracada, particularmente os cães que parecem pelo menos um pouco com as raças terrier e buldogue, tais como o american staffordshire terrier e o buldogue americano. Como Bronwen Dickey explica[16] no seu fascinante e muito bem fundamentado livro *Pit Bull: The Battle over an American Icon* [Pit Bull: A Batalha por um Ícone Norte-americano, em tradução livre], esses cães se tornaram párias no final do século XX por meio de uma convergência complexa de fatores culturais, o que não tem absolutamente nada a ver com as personalidades dos cães aos quais esse rótulo é aplicado. Eu estaria inclinado a dizer que pit bull é só uma categoria generalizada utilizada para manchar a reputação dos cães com certas formas corporais características. E a pesquisa de Lisa claramente mostra que o rótulo de pit bull é aplicado de forma tão inconsistente que não há uma caracterização rigorosa de sua aparência, que dirá como ele age.

Sabendo que rotular um cachorro como pit bull seria um gatilho para muitos adotantes em potencial, Lisa desenvolveu um elegante experimento no qual alavancou as temíveis conotações do termo. Ela reuniu um conjunto de fotos e vídeos de cães que haviam sido rotulados como pit bulls, que viviam, na época, em um abrigo no Arizona. Outro conjunto de imagens de cães do mesmo abrigo que eram idênticos aos pit bulls, mas, por qualquer razão, foram rotulados com uma raça diferente.

O fato de esses cães não terem sido rotulados como pit bulls é um pouco surpreendente. Se você ainda não observou os cães disponíveis para adoção em abrigos nos Estados Unidos, ficaria surpreso com a variedade de cães que recebem esse rótulo: os chamados pit bulls variam da cor preto a castanho e de porte pequeno a médio; alguns têm a cabeça robusta em que eu penso como sendo característica do pit bull, enquanto outros têm o focinho mais alongado, mais como o dos retrievers.

A indeterminação dessa definição agora trabalhava a favor de Lisa. Ela conseguiu reunir uma coleção interessante de cães diversos, que organizou em pares de animais com aparências semelhantes. Em cada par, um tinha sido caracterizado como pit bull pelo abrigo e o outro era um "sósia" que tinha, de alguma forma, escapado dessa alcunha, apesar de parecer muito com um pit bull.

Quando Lisa mostrou aos adotantes em potencial as fotos e vídeos desses cachorros sem qualquer classificação de raça — sem qualquer informação além das imagens na tela do computador —, ela descobriu algo surpreendente. Seus sujeitos de pesquisa acharam os cães que o abrigo tinha caracterizado como pit bulls um pouco mais atrativos e adotáveis, em média, do que os que tinham recebido um conjunto diverso de rótulos de raças alternativas. Lisa repetiu o estudo, só que desta vez ela incluiu o nome da raça que o abrigo tinha colocado em cada cachorro, e o carisma dos pit bulls despencou.

Tendo passado menos tempo nos abrigos do que Lisa, fiquei mais surpreso do que ela — que o nome "pit bull" pudesse influenciar o julgamento das pessoas mais do que a aparência ou o comportamento do cachorro. Ficamos muito decepcionados. As caracterizações das raças nos abrigos são suposições absurdas e é muito improvável que descubram com precisão a hereditariedade da raça dos cães, mas são determinantes mais fortes do destino de um cachorro do que qualquer outra coisa que ele possa fazer. As personalidades amorosas dos cães, ao que parece, não se comparam a um rótulo de raça atribuído de maneira arbitrária e vazia.

Mas essa triste descoberta deu a Lisa uma ideia interessante. O que aconteceria, pensou ela, se os abrigos parassem de tentar adivinhar as raças dos cães? Concordamos que, ao dispensar os rótulos com as raças, os abrigos poderiam ajudar os cães que seriam caracterizados como pit bulls; afinal, a pesquisa de Lisa tinha mostrado que possíveis adotantes gostavam muito desses cães, se os viam sem a etiqueta condenável. Mas o que aconteceria com os cães se nos livrássemos dos rótulos das raças que as pessoas gostam muito, como os spaniels e golden retrievers? Estaríamos, na verdade, fazendo um jogo, simplesmente transferindo resultados felizes e tristes para cães diferentes? Ou estaríamos ajudando todos os cães em todos os sentidos?

Lisa e eu estávamos discutindo os prós e contras dessa ideia e pensando em estratégias sobre como encontrar um abrigo que poderia aceitar realizar um teste para nós, quando ficamos sabendo que — por uma questão de consciência — um grande abrigo na Flórida já tinha feito exatamente o que estávamos propondo. Em 6 de fevereiro de 2014, o Centro de Atendimento Animal do Condado de Orange, um grande abrigo de animais administrado pelo governo municipal de Orlando, Flórida, parou de colocar informações sobre raças (ou melhor, suposições sobre raças) nas etiquetas dos cães nos canis. Muito gentilmente, eles nos forneceram acesso aos dados de ingestão e desfecho dos doze meses anteriores à grande mudança e dos doze meses subsequentes. Lisa e nossa colaboradora Rebecca Barber analisaram dados de 17 mil cães.

Os resultados foram muito animadores. Como esperávamos, os cães que poderiam ser marcados como pit bulls se saíram muito melhor sem o maldito rótulo; suas adoções aumentaram em 30%. Mas a notícia ainda melhor foi que as adoções de *todos* os grupos de raças aumentaram.

Não houve perdedores[17] sob essa nova configuração. Mesmo os cães categorizados como raças toy — em geral as mais facilmente adotáveis em qualquer abrigo — mostraram uma pequena melhora nas taxas de adoção e nenhum grupo de cães experimentou redução nas adoções.

Posteriormente, o Centro de Atendimento Animal do Condado de Orange nos deixou ver os dados do segundo ano, durante o qual eles continuaram a omitir as "informações" sobre a raça dos cães das etiquetas dos canis. As adoções de todos os cães continuaram a ser mais elevadas do que antes das etiquetas da raça serem removidas. Ficamos animados em ver que o sucesso inicial do teste não tinha sido fogo de palha. Tinha produzido melhorias reais nos resultados de todos os cães. E, como recompensa, tinha reduzido as tarefas dos funcionários do abrigo, poupando-lhes o tempo que ficavam adivinhando as raças de todos os cães que estavam sob seus cuidados.

Lisa e eu ponderamos por que os resultados de todos os cães tinham melhorado quando a informação da raça foi removida. Esperávamos que acabar com o rótulo dos cães de "pit bull" os ajudariam. Mas ficamos perplexos ao ver que essa mudança parecia ajudar todos os cães a serem adotados — inclusive aqueles que podiam ficar sentados por trás das etiquetas dos canis com raças extremamente atraentes escritas neles. Discutimos isso longamente e a melhor hipótese a que chegamos é a seguinte:

Quando as pessoas visitam um abrigo procurando por um cachorro novo, elas definem o tipo de cão que querem, sobretudo pelo nome da raça. Durante a infância, elas podem ter passado horas felizes com um agradável pointer alemão de pelo curto. Assim, agora que são pais, procurando produzir memórias felizes semelhantes aos seus filhos, elas vão até o abrigo e pedem para ver um pointer alemão de pelo curto.

Para compreender o que acontece depois neste cenário hipotético, precisamos manter em mente três fatos. Primeiro, pointers alemães de pelo curto não são especialmente comuns nos Estados Unidos; segundo, a maioria dos cães de abrigo tem raças mistas; terceiro, nenhum dos cães tem pedigree. Um abrigo pode ter cem cães disponíveis para adoção. Muitos podem ter o porte (médio ou grande) e a natureza energética, brincalhona, tolerante e afetuosa de que nosso visitante do abrigo hipotético precisa para sua família. Mas a probabilidade de que a pessoa responsável no abrigo por imaginar a caracterização das raças que identificam os cães pensará em colocar "pointer alemão de pelo curto" nas etiquetas do canil é pequena.

E, assim, esse casal imaginário vai para casa de mãos vazias. Talvez eles nem tivessem olhado para os cães, se a administração dissesse que não teria nenhum pointer alemão de pelo curto para adoção. Esses possíveis adotantes podem considerar que a busca terminou antes mesmo de ela começar.

Agora, considere o que acontece quando alguém chega no abrigo e é avisado de que não há informações disponíveis sobre a raça dos animais em lugar algum da área dos cães. Esse visitante pode, pelo menos, ir ver os cães por si mesmo. Ele pode ver um cachorro que o lembra, só por causa de seu comportamento, do cachorro de sua infância. Ou, se as crianças vierem junto, eles podem identificar um cachorro que lhes fale de aventuras futuras.

Tirar as etiquetas da raça liberta as pessoas para olharem para o cachorro diante delas. Muitos cães, de formas corporais muito diversas, podem dar às pessoas o que procuram em um companheiro canino: um parceiro de cerveja, talvez; alguém para assistir à TV com elas; um amigo de caminhada; amor.

Seja quais forem as razões, as descobertas do estudo deixaram uma coisa clara: ao olhar além dos rótulos, podemos ajudar milhares de cães, talvez milhões, a encontrar lares. Na verdade, acho que devemos olhar para além da raça em *todas* as nossas relações com os cães. Fora certos comportamentos específicos da raça (tais como pastoreio e indicar a caça) que não são importantes para a maioria das pessoas hoje em dia, as informações da raça do cachorro não dizem muito sobre a personalidade do animal. Isso foi demonstrado por dois grandes estudos que investigaram as personalidades de muitos milhares de cães de raça pura de um grande número de raças. Esses pesquisadores descobriram que as diferenças de personalidade entre os cães da mesma raça eram enormes — ou, em alguns casos, até muito maiores — do que as diferenças de personalidade entre cães de raças diferentes. Essa descoberta, na verdade, parece não surpreender, se considerar que, como descrevi no capítulo anterior, mesmo os cães clonados, animais cujo DNA é idêntico — não têm necessariamente personalidades semelhantes. Por que com os cães, que são simplesmente descendentes dos mesmos antepassados e por isso têm uma variação muito maior nos seus genomas, seria diferente?

Os humanos têm muito a ganhar por manter a mente aberta para os rótulos da raça. Este ponto ficou bem claro por uma das outras descobertas da pesquisa de Sasha: as pessoas que visitam um abrigo, normalmente, pedem para ver um cachorro. Ou eles voltam para casa com o cachorro, ou voltam para casa sem cachorro algum. Seria melhor para os cães e para as pessoas se fôssemos ao abrigo procurar um cachorro sem depender de marcadores indiscutivelmente irrelevantes e arbitrários, como as etiquetas das raças. Agora que muitos abrigos incentivam futuros adotantes (e outros) a adotar cães, é muito mais fácil levar um cão para casa para um teste por um fim de semana, para ver como ele se ajusta à sua família fora do ambiente estressante do abrigo, independentemente da sua "raça". Se levar para casa um cachorro que talvez não se pareça com os cães que conheceu no passado, você pode se surpreender com o amor que ele tem dentro de si.

E isso é o essencial. Poucos de nós precisam de um cachorro para fazer algo em particular. Nós só queremos um companheiro amoroso e os cães merecem uma chance justa para nos mostrar como podem preencher esse papel. Dê a eles essa oportunidade e eles provarão que o amor pode ser encontrado em cães de qualquer raça ou de raça nenhuma.

O abrigo é a última esperança de um cachorro e os cães de abrigos são casos de caridade. Por isso é trágico, mas não inteiramente surpreendente, que eles não sejam tratados com mais generosidade.

Eu fiquei muito mais surpreso pois, na outra ponta do espectro econômico, as vidas dos cães podem ser tão pobres como muitos de fato são. Pois não são só os cães de abrigo que precisam de nossa ajuda; a aristocracia da raça pura do mundo canino merece algo melhor também. Esses cães são também capazes e merecedores de formar vínculos de amor e apoio com as pessoas. Eles também são signatários do pacto antigo entre nossas espécies; também merecem levar uma vida plena. No entanto, muitos cães de raça pura estão em crise como muitos cães de abrigo, embora de forma bastante diferente.

As raças de cães, como nós a compreendemos hoje, são um produto dos últimos 150 anos apenas. Análises detalhadas de DNA demonstraram que as raças ditas antigas não são, na verdade, mais antigas do que um ou dois séculos. Mesmo o saluki[18], que parece os hounds nobres pintados nos túmulos dos faraós egípcios há milhares de anos, foi criado como raça no sentido moderno no século XIX. Antes disso[19], as pessoas, certamente, reconheciam formas gerais distintas dos cães; a arte do antigo Egito, por exemplo, sugere a existência de quatro ou cinco formas distintas reconhecíveis de cães e a literatura romana denomina quarenta ou cinquenta raças de cães. Mas não eram "raças" como compreendemos o conceito hoje. Ou seja, não eram populações intensamente isoladas, completamente afastadas da possibilidade de reproduzir com cães de qualquer outro grupo — com todos os perigos genéticos que esse isolamento implica.

Muitas pessoas desconhecem o quão intensivamente consanguíneos esses cães "puros" se tornaram. Se observarmos uma árvore genealógica de um cachorro de raça pura, não é incomum vermos que seu pai é também seu avô e irmão da sua mãe. Esse intenso cruzamento consanguíneo garante que os filhotes de raça pura herdem sua aparência (se não a sua personalidade) de forma bastante confiável, mas isso também acarreta sérios riscos. Os cães de raça pura têm expectativa de vida menor do que seus primos de raça mista, por exemplo; isso acontece porque eles tendem a sofrer de uma gama maior de problemas de saúde do que os cães com experiências mais diversas.

Recentemente, alguns colegas do Biodesign Institute da Universidade do Estado do Arizona, Carlo Maley e Marc Tollis, com a aluna Cassandra Balsley, fizeram uma análise completa das causas de morte de mais de 180 mil cães de mais de duzentas raças distintas em todo o mundo. Eles descobriram que, entre algumas raças, mais da metade de todos os indivíduos morreram de câncer; quanto mais cruzamentos consanguíneos tiver a raça do cachorro, maior o risco de morte por câncer.

Carlo e Marc me explicaram que, quando as pessoas começaram a criar raças modernas de cães no século XIX, elas tinham conhecimento o suficiente sobre hereditariedade para saber que procriar animais com parentescos tão próximos, com características de que eles gostavam, aumentaria a chance de esses filhotes compartilhá-las. O que os criadores de cães não sabiam na época — algo bem conhecido hoje — é que, como características evidentes e desejáveis são captadas nos genes dos animais por esse processo de endogamia, características ocultas e não desejáveis também são. Consequentemente, muitas raças de cães de raça pura mostram taxas perturbadoramente altas de câncer — o arquétipo do mal genético oculto — como também outras doenças hereditárias. Dálmatas são predispostos à surdez, boxers a doenças cardíacas e pastores alemães à displasia do quadril — para dar apenas três exemplos de uma lista deprimente de doenças.

Felizmente, a situação dos cães de raça pura, ultimamente, tem recebido cada vez mais atenção. O Kennel Club do Reino Unido — o vovô de todos os clubes de criação de cães em todo o mundo — foi profundamente envergonhado há uma década por um documentário da BBC Television chamado *Pedigree Dogs Exposed* [Cães de Pedigree Expostos, em tradução livre]. Esse programa, que ganhou[20] a mais alta premiação pelo bem-estar animal da Royal Society for the Prevention of Cruelty to Animals [Sociedade Real para a Prevenção da Crueldade a Animais, em tradução livre], chamou a atenção para práticas de intenso cruzamento consanguíneo e suas consequências ao bem-estar animal.

O Kennel Club saiu desse documentário com cara de idiota. Por exemplo, confrontado sobre a ética de cruzamento de mães com filhos, o presidente do clube da época, Ronnie Irving, comentou que isso "dependia da mãe e do filho" e adicionou: "Eu não quero um monte de cientistas me falando que eles sabem mais sobre isso." Um desses cientistas, Steve Jones, um geneticista reconhecido mundialmente da minha alma mater, University College London, resumiu as perspectivas desoladoras para os cães de raça pura: "Se os criadores de cães insistirem[21] em continuar nesse caminho, posso dizer com confiança que há um universo de sofrimento esperando por muitas dessas raças — e muitas dessas raças, se não a maioria, não sobreviverão."

O documentário da BBC motivou[22] o Parlamento a pedir uma investigação independente sobre o bem-estar dos cães de raça pura. Ela foi feita pelo Professor Sir Patrick Bateson, membro da Royal Society e extremamente considerado como um dos mais importantes biólogos comportamentais do mundo. Ele concluiu que, embora muitas pessoas na Grã-Bretanha criassem cães com grande preocupação pelo seu bem-estar, o negócio do cruzamento consanguíneo para cães de raça pura estava fora de controle. Ele citou um estudo do Imperial College London que descobriu que, embora haja cerca de 20 mil boxers no Reino Unido, esses animais carregam o equivalente genético de apenas setenta indivíduos distintos. Os mais de 10 mil pugs britânicos[23] eram geneticamente equivalentes a uma população de cinquenta indivíduos.

Posso entender que as pessoas preferem a aparência de alguns cães em vez de outros; eu também prefiro. E posso entender por que as raças de cachorro existem: algumas pessoas querem pelos longos e dourados, outras querem pelagem branca e encaracolada, algumas pessoas querem focinhos longos parecidos com os de lobo e outras querem cães com faces pequenas. Nada disso é difícil de compreender.

O que eu não consigo entender é a obsessão em saber se os genes do seu cachorro vêm de apenas um pequeno grupo de cães que foram selecionados durante a era vitoriana, para serem os fundadores de uma raça. Por que é importante para os tutores de pastores alemães saber se seu cachorro, em 2019, segue a linhagem até um dos cães que Rittmeister (oficial da cavalaria) Max Emil Friedrich von Stephanitz decidiu, no final do século XIX, que era o exemplar perfeito dos cães mantidos pelos pastores na Alemanha? Isso para mim é um mistério — e, por isso mesmo, profundamente preocupante.

Atualmente, muitos dos problemas dos cães de raça pura podem ser corrigidos ao permitir a reprodução cruzada de um pequeno número de cães de raças relacionadas. Essa limitada reprodução não consanguínea teria impacto mínimo na aparência dos cães, mas poderia melhorar imensamente sua saúde. Se quisermos corrigir o erro sistêmico que é a reprodução pura dos cães atualmente e retribuir seu amor dando-lhes o carinho que lhes devemos, este seria um enorme passo na direção certa — um que exigiria concessões mínimas dos entusiastas de raças.

Por exemplo: todo dálmata registrado na Grã-Bretanha sofre de um defeito genético chamado de hiperuricosúria, a qual impacta sua capacidade de metabolizar ácido úrico. Como consequência, esses cães podem sofrer de uma variedade de dificuldades muito dolorosas que, por fim, levam à morte precoce. Nos anos de 1970, um geneticista norte-americano e criador de cães, Dr. Robert Schaible, começou a fazer cruzamentos de pointers com dálmatas para corrigir esse mal. No que diz respeito à genética[24] desse problema do ácido úrico, o programa de Schaible foi um sucesso completo e quem olhasse para os cães que ele criou veria o que parece ser lindos dálmatas. Quando um de seus cães, Fiona, uma descendente da décima quinta geração do cruzamento dálmata–pointer e 99,98% dálmata geneticamente puro, foi trazida para o Reino Unido para participar da maior competição do Kennel Club, Crufts, os criadores locais estavam em pé de guerra: "É muito antiético permitir essa cachorra em uma exposição de pedigree. Pelo que me consta, é um participante ilegal e ridiculariza a raça dos dálmatas", disse um dos criadores. Outro concordou: "É um vira-lata. Isso é antiético e vou ficar enojado se essa cachorra ganhar." Fico pensando como essas pessoas definem "antiético". Para ser claro, para quem ainda não viu os pedigrees dos cães, as diferenças entre os dálmatas de Schaible e a variedade "pura" são tão imperceptíveis que parecem não existir. O jornal britânico *Daily Mail* publicou uma fotografia de Fiona ao lado de um dálmata "normal". Ninguém conseguiria[25] distingui-los só de olhar para eles; a única distinção está escondida em seus genes.

Essa história sobre as raças dos cães, pelo menos, tem um final feliz. Fiona não ganhou o Crufts, mas ganhou o direito de ser registrada no Kennel Club como dálmata, assim seus genes saudáveis podem ser reproduzidos nos cães da Grã-Bretanha e ajudar a produzir dálmatas saudáveis — pelo menos entre os criadores que desejam tolerar sua impureza racial de 0,02%.

O principal problema aqui, na minha opinião, é que algumas pessoas valorizam a pureza da linhagem sanguínea de um cachorro mais do que sua capacidade — na verdade, seu anseio — de ter uma relação amorosa. Um pedigree pode ser mais importante do que isso?

Tanto os cães de abrigo quanto os cães de raça pura são indefesos diante de outro tipo de desvalorização dos humanos: regulamentos governamentais negligentes, que toleram a ação humana em relação aos cães e está longe de dar a eles as vidas de que precisam e, sem dúvida, merecem. Esse é um problema em muitas partes do mundo, mas, como moro e trabalho nos Estados Unidos, eu vi os problemas com o sistema de regulação norte-americano em primeira mão e em profundidade.

Como meus alunos e eu realizamos estudos sobre os cães das pessoas, meu empregador, a Universidade do Estado do Arizona, exige, muito apropriadamente, que eu leia e obedeça as leis federais relativas aos animais: a Lei de Bem-estar Animal. Se você mora nos Estados Unidos[26], deveria ler essa lei, acho que ficará tão chocado quanto fiquei.

A Lei de Bem-Estar Animal é uma lei federal que regula o comportamento dos criadores de cães ou de qualquer outra pessoa no negócio que ganha a vida com animais. O que se destaca quando a lemos é que ela não faz nenhuma tentativa para definir "bem-estar animal". O propósito da lei, ela nos diz, é regulamentar o comércio de animais — não, por mais estranho que possa parecer, promover seu bem-estar.

Entre outras coisas, essa lei estabelece como os cães dos estabelecimentos de criação norte-ameicanos devem ser mantidos. Os padrões são, absurdamente, fora da realidade das necessidades dos cães e das expectativas das pessoas que compram esses cães. Para citar um fato deprimente de um vasto conjunto de tristes falhas: essa lei decreta que uma gaiola apenas 15cm maior que o cachorro (sem nem contar a cauda) é aceitável como abrigo de um animal para toda a vida. Se a gaiola for o dobro desse tamanho pateticamente inadequado, o regulamento não exige que o pobre animal precise sair de dentro dela em algum momento, nem mesmo por uma hora para tomar sol e, certamente, nem para formar vínculos com outros seres.

Xephos tem cerca de 76cm de comprimento, do focinho até a base da cauda. Consequentemente, a lei permite que ela seja mantida em uma gaiola medindo apenas 92cm de cada lado. Ela não poderia nem balançar o rabo nesse espaço (embora eu duvide que, forçada a viver em uma gaiola tão pequena, ela estaria disposta a balançar o rabo). A fim de ter uma imagem para acompanhar uma palestra que dei sobre isso, marquei um quadrado com 92cm no chão e pedi a Xephos para sentar ali, para eu poder tirar uma foto. Ela parecia tão infeliz e confusa de eu ter pedido isso a ela mesmo por alguns momentos — imagine os cães que passam a vida inteira assim! É inacreditável que uma lei intitulada Lei de Bem-estar Animal possa nesse e em tantos outros aspectos não prestar qualquer atenção às necessidades dos animais.

A inadequação das atuais proteções legais dos animais em geral e para nossos companheiros caninos amorosos em particular tem recebido cada vez mais atenção nos últimos anos. Por exemplo, a jornalista Rory Kress[27] explora uma verdade trágica sobre a criação de cães nos Estados Unidos em um triste, porém maravilhoso, livro de 2018 chamado *The Doggie in the Window* [Um Cãozinho na Janela, em tradução livre]. Ela não escreve sobre as operações ilegais de fundo de quintal, que as pessoas chamavam de "fábrica de filhotes"; em vez disso, ela se concentra na desumanidade que a lei tolera em instalações regulamentadas. Kress conta uma história pessoal sobre a tentativa de descobrir as origens de um filhote que ela comprou por impulso em uma loja de animais. Não vou revelar o final, mas basta dizer que ela entrou num labirinto de regulamentos inadequados e indiferentes.

Como amantes de cães e pessoas que compreendem como eles nos amam e as responsabilidades que isso nos impõe, não devemos tolerar essas proteções fracas aos nossos companheiros de jornada caninos. De todas as formas pelas quais podemos melhorar a vida de nossos cães e honrar o amor que eles têm por nós, corrigir esses regulamentos desumanos pode ser a mais difícil. Mas isso também significa maior impacto no bem-estar dos cães: não só para aqueles com quem compartilhamos nossas casas, mas também com quem compartilhamos nosso país. Como cidadãos conscientes, não devemos exigir nada menos do que isso.

Os humanos têm recompensado o amor dos cães com maus-tratos terríveis, mas, mesmo assim, continuo otimista com relação às pessoas e aos cães.

Uma das coisas que me deixa otimista é que sei que os cães são resilientes. Mencionei anteriormente que a doce Xephos havia tido uma vida difícil antes de nós a adotarmos e que ela se recuperou, aparentemente, sem efeitos negativos. Isso revela um fato edificante: os cães podem ser realojados de forma muito feliz. Parece que eles não sofrem, como a nossa espécie, um trauma duradouro por perder uma figura de apego importante. Provavelmente porque, entre os da sua própria espécie, os cães parecem não formar os mesmos vínculos duradouros que nós.

Estudos que eu e meus alunos realizamos — como também as experiências diárias perto de cães — mostraram que esses animais são mais flexíveis em seus relacionamentos do que nós. Vimos que cães começam a formar novos vínculos em questão de minutos e até os cães de rua rapidamente se afiliam com pessoas que os tratem com gentileza. Não quero com isso dizer que os cães não se lembrem das pessoas que amam; certamente lembram. Charles Darwin, depois que retornou de sua volta ao mundo durante cinco anos a bordo do *Beagle*, ficou chocado que seu cachorro em casa ainda se lembrava dele e Xephos me fala, com uma intensidade embaraçosa, como ela sentiu minha falta quando retorno para ela depois de um período distante. Mas é importante saber que os cães podem se recuperar de traumas anteriores — que eles são resilientes. (Uma implicação disso: não há razão para hesitar em adotar um cachorro mais velho, se a preocupação for a possibilidade de ele ficar ligado à família que ele perdeu. Mas não é preciso dizer que a resiliência dos cães não é desculpa para abusar deles ou privá-los do importante vínculo emocional, a menos que isso não possa ser evitado.)

Outra razão para eu ser otimista de que faremos algo melhor para nossos cães é que muitas pessoas estão determinadas a fazer exatamente isso. Aonde vou, encontro pessoas que são totalmente recíprocas ao amor que seus cães expressam por elas. Vejo isso nas pessoas mais ricas que conheço nos Estados Unidos cujos cães com pedigree desfrutam de camas macias e dietas caras, até as pessoas em situação de rua que se abrigam embaixo de pontes e partilham o pouco que têm com os cães que oferecem seu apoio afetuoso nos tempos difíceis. Para onde quer que eu viaje, encontro pessoas cuidando de cães — sejam eles cães de rua de Moscou, que recebem sustento das pessoas ocupadas do lado de fora das estações de metrô e se abrigam em caixas de papelão que moradores de apartamentos colocam na rua para protegê-los da neve; ou os animais de estimação em Tel Aviv, que fazem exercícios em um dos muitos adoráveis parques para cães da cidade; ou os cães na Nicarágua, cujos tutores Mayangnan, de maneira despreocupada, mantêm por perto e fazem o que podem para deixá-los saudáveis.

As pessoas *amam* os cães. Se esse verbo significa para nós metade do que significa para eles, faremos o esforço necessário para lhes dar uma vida melhor e para honrar tudo o que eles nos dão. O amor dos cães os definem. Deles é o exemplo que devemos seguir.

CONCLUSÃO

S E ESSA JORNADA o transformou como a mim, você ficará mais sintonizado com o amor dos cães — e agradecido — do que antes.

Os menores hábitos de nossos cães nos lembram de que eles nos amam. Em um dia normal, quando estou no meu escritório em casa, Xephos se enrosca aos meus pés ou no tapete bem atrás de mim; se estou lendo na cama, ela deita aos meus pés, encostando suas costas em mim; se demoro na limpeza após o jantar ou volto para o escritório, ela começa a aquecer seu lugar no sofá na expectativa de assistir à TV depois. Se uma visita não compreende que Xephos quer carinho, ela se enfia embaixo da mão da pessoa e fica esperando ali por carinho na cabeça.

Esses comportamentos serão comoventemente familiares para muitos amantes de cães e tomam um significado novo e marcante quando conhecemos a fascinante ciência e a rica história por trás dessas demonstrações de afeto.

Esses lindos momentos marcantes de nossas vidas juntos são mais comoventes quando consideramos que as expressões de amor dos cães quase sempre não são retribuídas. Por exemplo, Xephos adora se aconchegar às pessoas quando estão na cama. Minha esposa, Ros, e eu sempre a deixamos dormir aos pés de nossa cama conosco; por uma ou duas vezes a deixamos se aconchegar embaixo das cobertas. Uma vez, chamamos uma cuidadora de cães que, razoavelmente, não quis seguir nossa prática de deixar Xephos subir na cama. A pobrezinha chorou muito; até que, finalmente, quando percebeu que não teria permissão para ficar em cima da cama, se arrastou para baixo dela para dormir.

Xephos é uma criatura resiliente, e rapidamente se recuperou. Ainda assim, sempre que penso em sua repelida tentativa melancólica de expressar seu amor, sinto pena de sua afetuosa confusão. É um lembrete de que o amor dos cães não é projetado para o vácuo. Aqueles, como nós, que começam uma relação com eles (mesmo que seja uma cuidadora casual) devem ouvir e respeitar essas expressões de suas necessidades emocionais. Se não fizermos isso, podemos inadvertidamente causar sofrimento verdadeiro aos animais.

Agora, acredito nisso com cada fibra do meu ser, mas é claro que já fui cético em relação à ideia de os cães expressarem amor em suas interações com humanos — ou até mesmo que tivessem amor para nos dar. Então, provavelmente, eu não deveria ficar desanimado quando sou confrontado com esse mesmo ceticismo de algumas pessoas com quem partilhei essa teoria do amor dos cães. Eu encontro céticos regularmente, alguns dos quais são inflexíveis quanto ao conceito de que o amor dos cães é um absurdo.

No início da minha busca para compreender como os cães amam as pessoas, eu estava sentado ao lado de uma pessoa qualquer em um avião, na qual confiei insensatamente minha convicção do que torna os cães especiais. Não só ele foi inflexível que os cães não se importam com as pessoas, mas também tive que desencorajá-lo a me mostrar uma grande cicatriz que tinha na coxa que ele ganhou tentando separar dois cães em uma briga.

O comportamento dos cães, certamente, não se limita a sorrisos afetuosos e felizes e rabos abanando, é indiscutível que os cães, às vezes, machucam as pessoas. Nos Estados Unidos, não há um registro definitivo da frequência com que os cães mordem as pessoas, mas o quanto é gasto com esse problema é registrado de forma bastante confiável. As seguradoras norte-americanas pagaram US$686 milhões por mordidas de cães em 2017 — uma impressionante quantidade de dinheiro. A grande cifra, no entanto, advém do valor pago por sinistro (mais de US$37 mil), não do número de sinistros (18,5 mil). Em um país que contém cerca de 80 milhões de cães, 18,5 mil não é um grande número. Para contextualizar, isso significa que cada cachorro do país morderá alguém de forma grave o suficiente para formalizar uma reclamação no seguro aproximadamente uma vez a cada cinco séculos — e, felizmente, os cães não vivem tanto assim. Certamente, esses números podem ter uma margem de erro considerável, por causa de pessoas que são mordidas, mas não têm seguro e outras que são mordidas e não encontraram ninguém para processar, mas, mesmo assim, está muito claro que os cães não são uma grande ameaça para as pessoas. A grande maioria dos cães[1] leva uma vida pacífica e inofensiva.

De qualquer forma, o fato de que uma relação amorosa pode existir entre membros de duas espécies não significa, de maneira alguma, que não haja possibilidade de esses indivíduos causarem ferimentos uns aos outros. As pessoas podem formar vínculos amorosos com outros humanos, mas, mesmo assim, elas fazem muito mal umas às outras. A violência entre humanos[2] nos Estados Unidos custa mil vezes mais do que a violência entre humanos e cachorros. Se os 80 milhões de cães dos Estados Unidos fossem pessoas, eles matariam 4 mil pessoas todo ano. Como são apenas cães, eles são responsáveis por menos de quarenta mortes por ano[3]. Você está extremamente mais seguro na companhia de um cachorro do que com alguém de sua própria espécie.

Infelizmente, da mesma forma, só porque os cães são capazes de amar os humanos não significa que eles *sempre* nos amem. E só porque parecem mostrar claros sinais de afeição não significa que seus comportamentos não possam também refletir, às vezes, outras emoções profundamente arraigadas e marcantes, como o medo e a raiva.

Também é falso sugerir — como fez um amigo cujo nome não vou citar aqui — que aparentemente o comportamento amoroso dos cães é expresso não por amor, mas por interesse: ou seja, os cães nos fazem pensar que nos amam para nos enganarem a fim de que cuidemos deles. É claro que fingir que nos ama seria do interesse dos cães; afinal, muitos de nós se importam e amam os cães em boa parte porque percebemos que nossa afeição é recíproca — pela simples razão de que amor gera amor. E suponho que, se eu me esforçar bastante, consigo imaginar um animal que balança o rabo entusiasticamente sem estar feliz ou que me procura sem realmente se preocupar comigo. Acho isso difícil de imaginar, mas não inteiramente impossível. Mas e quanto a todas as evidências fisiológicas que encontrei recentemente? Desde genes que codificam o comportamento amoroso, passando pelos estados do cérebro que registram e direcionam a afeição dos cães para as pessoas, os hormônios que correspondem à atividade encontrada na nossa própria espécie quando sentimos amor por outros indivíduos...? Não podemos descartar todas as fortes evidências de que o amor é real nas vidas dos cães. Estou convencido de que o peso das evidências científicas é grande demais para que o ceticismo sobre o amor dos cães seja uma posição viável a ser mantida por muito mais tempo. E eu digo como alguém que, acho eu, resistiu por mais tempo do que a maioria das pessoas à ideia de que os cães podem nos amar.

Mas apenas suponha que, apesar de todas as evidências que apresentei nestas páginas, seu cachorro realmente não o ame — que ele ou ela esteja só fingindo uma reação afetuosa à sua presença. Agora olhe para o seu cônjuge. Ela ou ele poderia estar fingindo afeição por você? E quanto aos seus filhos? Seu melhor amigo?

A verdade é que não há uma fórmula completamente incontestável para saber se alguém na sua vida, que pareça se importar com você, realmente sinta amor por você. Com o tempo, desenvolvemos uma noção sutil de como as pessoas em nossas vidas se sentem em relação a nós, com base nas nossas experiências com elas — experiências nas quais seus comportamentos e posturas revelam bastante sobre elas e como se sentem em relação a nós. Não vejo mais razão para ser mais cético em relação aos nossos cães do que somos em relação às outras pessoas que parecem nos amar. Se alguém o ama, é seu cachorro.

Demorou muito para eu chegar a essa conclusão e essa experiência mudou fundamentalmente a maneira como me relaciono com os cães. No entanto, de todas as lições que aprendi na minha jornada com Xephos, com os lobos de Wolf Park e com muitos outros canídeos que nos ajudaram em nossos estudos, uma moral está acima das demais. É uma lição que levo comigo em minhas interações não somente com nossos companheiros caninos, mas também com meus amigos humanos.

Atualmente, há um movimento em nossa cultura que iguala a força, em especial, mas não somente, a força masculina, com a exploração do poder que um tem sobre o outro — seja ele a força física, posição na sociedade ou capacidade financeira — à custa daqueles que são mais fracos. Essa certamente é uma moralidade cruel — é uma vida "cada um por si" em que a hostilidade transforma pessoas ou seus amigos caninos.

Mas há outro conceito de força que é o poder de ajudar o mais fraco — para dar apoio àqueles que são menos capazes de se defenderem sozinhos. Não sou uma pessoa religiosa, mas respeito os grandes líderes espirituais que ao longo de milênios têm ensinado que encontramos nossa força maior quando ajudamos os mais fracos entre nós.

Reconhecer e retribuir livremente o apelo que os cães fazem à nossa afeição é uma forma de praticar essa segunda forma de força. Ao amar os cães como eles nos amam, exploramos e reforçamos o nosso melhor e mais altruístico eu. Há honra e decência nessa abnegação e nosso relacionamento com cães e humanos são elevados quando a praticamos.

Certamente, cães retribuem, sim, o apoio que damos a eles de muitas formas diferentes, desde a função de guarda dos cães mais antigos nos aterros de lixo pré-histórico, passando pelos cães que ajudaram os caçadores e assistiram nossos ancestrais durante um período muito difícil da evolução humana no final da última era glacial, cães modernos que desempenham uma ampla variedade de papéis de apoio engenhosos após treinamento intensivo. Além disso, um número crescente de estudos de pesquisa indica que pessoas que têm cães levam vidas mais saudáveis e felizes do que aquelas que não têm.

Sou um pouco cético em relação a esses estudos (já mencionei que tenho a tendência de ser um pouco cético?). Certamente, eu me sinto mais feliz tendo Xephos como parte da minha vida do que eu me snetia nos anos em que minha casa não abrigava um cachorro. Mas acho que pode muito bem ser que, em média, as pessoas que decidem levar um cachorro para sua casa já são mais saudáveis e felizes do que as pessoas que não encontram espaço em suas vidas para um companheiro canino. No meu caso, foi uma melhoria na estabilidade que possibilitou a Sam, Ros e eu convidar um cachorro para se unir à nossa família.

Seja como for que as evidências apareçam nesta questão, eu não acredito que devemos cuidar dos cães simplesmente porque são úteis para nós. Não gosto de pensar na relação humano–canino como uma transação.

Como se cuidar do meu cachorro fosse semelhante a cuidar do meu carro. Meu carro é uma parte necessária da minha vida; ele desempenha certas funções úteis e consequentemente faço o que tiver que fazer para mantê-lo funcionando sem problemas. Mas um cachorro faz muito mais do que realizar um conjunto de funções. Ele pode exortar poços de afeição que nem sabíamos que tínhamos e nos incentivar a agir de forma desinteressada em reposta a outra criatura viva. Um cachorro pode nos surpreender e fazer com que nos surpreendamos a nós mesmos.

Devemos cuidar dos nossos cães porque eles merecem. Mostramos verdadeira nobreza quando respondemos aos apelos de apoio de nossos cães sem considerar se há alguma forma de ele nos retribuir. Quando chegamos nesse ponto, estamos respondendo à promessa não dita, mas, ainda assim, vinculativa entre nossa espécie e a deles, um contrato social que remonta o tempo muito além do dia que eu vi pela primeira vez a pobrezinha e assustada Xeph' encolhida em um canil dentro de um abrigo barulhento, em um tempo, muitos milênios atrás, que sua espécie adquiriu os genes que possibilitam sua extraordinária capacidade de amar. Quando retribuo a Xephos, estou seguindo as pegadas de milhões de pessoas ao longo de incontáveis séculos: não só Pavlov, Darwin e Arriano da Nicomédia, mas também quem primeiro observou o apelo mudo de um filhote em algum lugar perto de um vilarejo humano centenas ou (mais provavelmente) milhares de anos atrás e atendeu esse pedido de ajuda — causando o imprinting do cachorro nele ou nela e cimentando um vínculo que tem ligado nossas duas espécies desde então.

Esses humanos e seus cães têm sido os participantes nessa parceria interespécies que se estende ao longo dos tempos. É uma maravilha e uma honra participar dela. Ser amado por um cachorro é um grande privilégio, talvez um dos mais belos da vida humana. Que possamos provar que somos dignos dele.

NOTAS

Introdução

1 Brian Hare e Vanessa Woods, The Genius of Dogs (Nova York: Dutton, 2013).

Capítulo 1: Xephos

1 Kathryn Bonney e Clive Wynne, "Configural Learning in Two Species of Marsupial", Journal of Comparative Psychology 117 (2003): 188–99.

2 Brian Hare, Michelle Brown, Christina Williamson e Michael Tomasello, "The Domestication of Social Cognition in Dogs", Science 298 (2002): 1634–36.

3 John Paul Scott e John L. Fuller, "Genetics and the Social Behavior of the Dog" (Chicago: University of Chicago Press, 1965).

4 "Benoit Denizet-Lewis, Travels with Casey" (Nova York: Simon & Schuster, 2014).

5   M.A.R. Udell, N. R. Dorey e C.D.L. Wynne, "The Performance of Stray Dogs (Canis familiaris) Living in a Shelter on Human-Guided Object--Choice Tasks", Animal Behaviour 79, nº 3 (2010): 717–25.

6   "The world's smartest dog, Chaser has the largest vocabulary of any nonhuman animal", Super Smart Animals, BBC Television, http://www.chaserthebordercollie.com/.

7   Entrevistas do autor com John Pilley, maio de 2009, Spartanburg, SC.

8   John W. Pilley e Hilary Hinzmann, Chaser: Unlocking the Genius of the Dog Who Knows a Thousand Words (Nova York: Houghton Mifflin Harcourt, 2013).

Capítulo 2: O que Torna os Cães Especiais?

1   Prefácio de W. Horsley Gantt para Ivan P. Pavlov, Conditioned Reflexes and Psychiatry — Lectures on Conditioned Reflexes, trans. W. H. Gantt (Nova York: International Publishers, 1941).

2   Daniel P. Todes, Ivan Pavlov: A Russian Life in Science (Oxford, UK: Oxford University Press, 2014).

3   W. H. Gantt et al., "Effect of Person", Conditional Reflex: A Pavlovian Journal of Research & Therapy 1, nº 1 (1966): 18–35.

4   E. N. Feuerbacher e C.D.L. Wynne, "Relative Efficacy of Human Social Interaction and Food as Reinforcers for Domestic Dogs and Hand-Reared Wolves", Journal of the Experimental Analysis of Behavior 98, nº 1 (2012): 105–29. E. N. Feuerbacher e C.D.L. Wynne, "Shut Up and Pet Me! Domestic Dogs (Canis lupus familiaris) Prefer Petting to Vocal Praise in Concurrent and Single-Alternative Choice Procedures", Behavioural Processes 110 (2015): 47–59.

5   M.D.S. Ainsworth, M. C. Blehar, E. Waters e S. Wall, Patterns of Attachment: A Psychological Study of the Strange Situation (Hillsdale, NJ: Lawrence Erlbaum, 1978).

6   S. Sternthal, "Moscow's Stray Dogs", Financial Times, 16 de janeiro de 2010, https://www.ft.com/content/628a8500-ff1c-11de-a677-00144fea-b49a. Se tem interesse em conhecer esses cães, há um site dedicado a eles, onde Muscovites sobem fotos e vídeos dos cães que encontram em suas viagens — www.metrodog.ru.

7   "India's Ongoing War Against Rabies", Bulletin of the World Health Organization 87, n°12 (2009): 885–964.

8   D. Bhattacharjee et al., "Free-Ranging Dogs Show Age-Related Plasticity in Their Ability to Follow Human Pointing", PLOS ONE 12, n° 7 (2017): e0180643.

9   D. Bhattacharjee et al., "FreeRanging Dogs Prefer Petting over Food in Repeated Interactions with Unfamiliar Humans", Journal of Experimental Biology 220, n° 24 (2017): 4654–660.

Capítulo 3: Os Cães Se Importam

1   Emma Townshend, Darwin's Dogs: How Darwin's Pets Helped Form a World-Changing Theory of Evolution (Londres: Frances Lincoln, 2009).

2   Charles Darwin, The Expression of Emotions in Man and Animals (Londres: John Murray, 1872).

3   Ibid., 11. Uma das 183 menções de cachorros neste livro.

4   Ibid., 119–20.

5   Ibid., 122.

6   Patricia McConnell, For the Love of a Dog: Understanding Emotion in You and Your Best Friend (Nova York: Ballantine Books, 2007).

7   T. Bloom e H. Friedman, "Classifying Dogs' (Canis familiaris) Facial Expressions from Photographs", Behavioural Processes 96 (2013): 1–10.

8   Direita e esquerda dos cães. Invertido se olhar para o cão de frente. A. Quaranta, M. Siniscalchi e G. Vallortigara, "Asymmetric Tail-Wagging Responses by Dogs to Different Emotive Stimuli", Current Biology 17, n° 6 (2007): R199–R201.

9   K. MacPherson e W. A. Roberts, "Do Dogs (Canis familiaris) Seek Help in an Emergency?" Journal of Comparative Psychology 120, n° 2 (2006): 113–19.

10   J. Bräuer, K. Schönefeld e J. Call, "When Do Dogs Help Humans?" Applied Animal Behaviour Science 148, n° 1 (2013): 138–49.

11   T. Ruffman e Z. Morris-Trainor, "Do Dogs Understand Human Emotional Expressions?" Journal of Veterinary Behavior: Clinical Applications and Research 6, n° 1 (2011): 97–98.

12   D. Custance e J. Mayer, "Empathic-like Responding by Domestic Dogs (Canis familiaris) to Distress in Humans: An Exploratory Study", Animal Cognition 15, n° 5 (2012): 851–59.

13   Louise Lind af Hageby, Bombed animals... rescued animals... animals saved from destruction (Londres: Animal Defense and Anti-Vivisection Society, 1941).

14   I. B.-A. Bartal, J. Decety e P. Mason, "Empathy and Pro-social Behavior in Rats", Science 334, n° 6061 (2011): 1427–430.

15   Edward Thorndike, Animal Intelligence: An Experimental Study of the Associative Processes in Animals (Nova York: Macmillan, 1898).

Capítulo 4: Corpo e Alma

1 Gregory S. Berns, How Dogs Love Us: A Neuroscientist and His Adopted Dog Decode the Canine Brain (Boston: New Harvest, 2013).

2 G. S. Berns, A. M. Brooks e M. Spivak, "Functional MRI in Awake Unrestrained dogs", PLOS ONE 7, n° 5 (2012): e38027.

3 G. S. Berns, A. M. Brooks e M. Spivak, "Scent of the Familiar: An fMRI Study of Canine Brain Responses to Familiar and Unfamiliar Human and Dog Odors", Behavioural Processes 110 (2015): 37–46. P. F. Cook et al., "Awake Canine fMRI Predicts Dogs' Preference for Praise vs. Food", Social Cognitive and Affective Neuroscience 11, n° 12 (2016): 1853–862.

4 Gregory S. Berns, What It's Like to Be a Dog: And Other Adventures in Animal Neuroscience (Nova York: Basic Books, 2017).

5 C. Dreifus, "Gregory Berns Knows What Your Dog Is Thinking (It's Sweet)", New York Times, 22 de dezembro de 2017, https://www.nytimes.com/2017/09/08/science/ gregory-berns-dogs-brains.html.

6 W. Feldberg, revisado por E. M. Tansey, "Dale, Sir Henry Hallett (1875–1968), physiologist and pharmacologist", em Oxford Dictionary of National Biography, rev. ed. (Oxford, UK: Oxford University Press, 2004), http://www.oxforddnb.com/view/10.1093/ref:odnb/9780198614128.001.0001/odnb-9780198614128-e-32694;jsessionid=A2331762884803A4CD2420C7D4200C59.

7 Vincent du Vigneaud: "Vincent du Vigneaud — Facts", NobelPrize. org (Nobel Media AB 2018), https://www.nobelprize.org/nobel_prizes/ chemistry/laureates/1955/vigneaud-facts.html.

8 H. E. Ross e L. J. Young, "Oxytocin and the Neural Mechanisms Regulating Social Cognition and Affiliative Behavior", Frontiers in Neuroendocrinology 30, n° 4 (2009): 534–47.

9   M. Nagasawa et al., "Dog's Gaze at Its Owner Increases Owner's Urinary Oxytocin During Social Interaction", Hormones and Behavior 55, n° 3 (2009): 434–41. S. Kim et al., "Maternal Oxytocin Response Predicts Mother-to-Infant Gaze", Brain Research 1580 (2014): 133–42. T. Romero et al., "Oxytocin Promotes Social Bonding in Dogs", Proceedings of the National Academy of Sciences 111, n° 25 (2014): 9085–90. M. Nagasawa et al., "Oxytocin-Gaze Positive Loop and the Coevolution of Human-Dog Bonds", Science 348, n° 6232 (2015): 333–36. T. Romero et al., "Intranasal Administration of Oxytocin Promotes Social Play in Domestic Dogs", Communicative & Integrative Biology 8, n° 3 (2015): e1017157.

10   M. E. Persson et al., "Intranasal Oxytocin and a Polymorphism in the Oxytocin Receptor Gene Are Associated with Human-Directed Social Behavior in Golden Retriever Dogs", Hormones and Behavior 95, Supplement C (2017): 85–93.

11   H. G. Parker et al., "Genetic Structure of the Purebred Domestic Dog", Science 304, n° 5674 (2004): 1160–64.

12   A outra coisa estranha sobre a genética é que é necessário um monte de pessoas para fazer cada relatório científico. Esse artigo tem um total de 36 coautores. B. M. vonHoldt et al., "Genome-wide SNP and Haplotype Analyses Reveal a Rich History Underlying Dog Domestication", Nature 464, n° 7290 (2010): 898–902.

13   Ibid.

14   ABC News online, 20/20, https://abcnews.go.com/2020/video/williams-syndrome-children-friendhealth-disease-hospital-doctors-13817012, sem data.

15   "Cat-Friend vs. Dog-Friend", https://www.youtube.com/watch?v=-GbycvPwr1Wg 21 de novembro de 2012.

16   Williams Syndrome Association, "What Is Williams Syndrome?" https://williams-syndrome.org/what-is-williamssyndrome, sem data.

17   B. M. vonHoldt et al, "Structural Variants in Genes Associated with Human Williams-Beuren Syndrome Underlie Stereotypical Hypersociability in Domestic Dogs", Science Advances 3 (2017): e1700398.

18   M. E. Persson et al., "Sociality Genes Are Associated with Human--Directed Social Behaviour in Golden and Labrador Retriever Dogs", PeerJ 6 (2018): e5889.

19   N. Rogers, "Rare Human Syndrome May Explain Why Dogs Are So Friendly", Inside Science, 19 de julho de 2017, https://www.insidescience.org/news/rare-human-syndrome-may-explainwhy-dogs-are--so-friendly.

Capítulo 5: Origens

1   Arrian, "On Hunting", circa AD 145, em Xenophon and Arrian on Hunting: With Hounds, trans. A. A. Phillips e M. M. Willcock (Warminster, UK: Liverpool University Press, 1999).

2   G. A. Reisner, "The Dog Which Was Honored by the King of Upper and Lower Egypt", Bulletin: Museum of Fine Arts, Boston 34, nº 206 (dezembro de 1936): 96–99, https://www. jstor.org/journal/bullmusefine.

3   L. Janssens et al., "A New Look at an Old Dog: Bonn-Oberkassel Reconsidered", Journal of Archaeological Science 92 (2018): 126–38.

4   Jean Léopold Nicolas Frédéric, Baron Cuvier, Le Règne animal distribué d'après son organization. Déterville libraire, 4 volumes (Paris: Imprimerie de A. Belin, 1817).

5   Há um vídeo da interação de Moshe com seus lobos disponível no site: http://www.afikimproductions.com/Site/pages/en_inPage.asp?catID=10.

6   Raymond Coppinger e Lorna Coppinger, Dogs: A New Understanding of Canine Origin, Behavior, and Evolution (Chicago: University of Chicago Press, 2002).

7   Mark Derr, How the Dog Became the Dog: From Wolves to Our Best Friends (Nova York: The Overlook Press, 2013).

8   Ibid., 131. A verdade nua e crua é que os cães livres no Zimbábue conseguem um quarto de sua dieta das fezes humanas. J.R.A. Butler e J. T. du Toit, "Diet of Free-Ranging Domestic Dogs (Canis familiaris) in Rural Zimbabwe: Implications for Wild Scavengers on the Periphery of Wildlife Reserves", Animal Conservation 5, nº 1 (2002): 29–37.

9   Angela Perri, "Hunting Dogs as Environmental Adaptations in Jomon Japan", Antiquity 90, nº 353 (outubro de 2016): 1166–80. Angela Perri, Global Hunting Adaptations to Early Holocene Temperate Forests: Intentional Dog Burials as Evidence of Hunting Strategies, PhD Thesis, Durham University, 2013.

10   Palavra estranhamente semelhante ao do latim para lobo, lupu.

11   A revista número um dos caçadores que caçam com cães nos Estados Unidos é a Full Cry, em reconhecimento ao papel central que o uivo dos cães desempenha no sucesso da equipe de caça humano–cachorro. As capas normalmente caracterizam um cachorro na base de uma árvore, uivando para alguma coisa que fugiu para galhos mais altos.

12   Os ossos originais estão em um pequeno museu no Kibbutz Ma'ayan Baruch no norte de Israel.

13   L. Larsson, "Mortuary Practices and Dog Graves in Mesolithic Societies of Southern Scandinavia", Anthropologie 98, nº 4 (1994): 562–75.

14   L. A. Dugatkin e L. Trut, How to Tame a Fox (and Build a Dog): Visionary Scientists and a Siberian Tale of JumpStarted Evolution (Chicago: University of Chicago Press, 2017).

15   Uma frase sempre associada à evolução Darwiniana, na verdade, originou-se uma década antes dele com o poeta Alfred, Lord Tennyson, no canto 56 de seu poema In Memoriam (Londres: Edward Moxon, 1850).

16   Dugatkin e Trut, How to Tame a Fox, 50–52.

Capítulo 6: Como os Cães Se Apaixonam

1 D. E. Duncan, "Inside the Very Big, Very Controversial Business of Dog Cloning", Vanity Fair, setembro de 2018.

2 B. Streisand, "Barbra Streisand Explains: Why I Cloned My Dog", New York Times, 2 de março de 2018.

3 Entrevista do autor com Rich Hazelwood, 15 e 16 de agosto de 2018, Phoenix, Arizona.

4 Algumas autoridades consideram os pinguins da Austrália e da Nova Zelândia espécies distintas. Nesse caso, o pinguim da Nova Zelândia é o *Eudyptula minor*, e o da Austrália é o *Eudyptula novaehollandiae*.

5 Austin Ramzy, "Australia Deploys Sheepdogs to Save a Penguin Colony", New York Times, 4 de novembro de 2015, https://www.nytimes.com/2015/11/05/world/australia/australia-penguinssheepdogs-foxes--swampy-marsh-farmer-middle-island.html.

6 Lisa Gerard-Sharp, "Europe's Hidden Coasts: The Maremma, Italy", The Guardian, 22 de maio de 2017, https://www.theguardian.com/travel/2017/may/22/maremma-tucanny-coastbeaches-italy.

7 Livro 14, http://classics.mit.edu/Homer/odyssey.14.xiv.html.

8 Barbara Cooper, "History of Sheepdog Trials", in The Working Kelpie Council of Australia, http://www.wkc.org.au/Historical-Trials/History-of-Sheepdog-Trials.php.

9 Charles Darwin, Voyage of the Beagle, 2nd ed. (Londres: Murray, 1845), 75.

10 Oddball, directed by Stuart McDonald (Momentum Pictures, 2015).

11 Debbie Lustig, "Maremma Sheepdogs Keep Watch over Little Penguins", Bark: The Dog Culture Magazine 65 (julho de 2011), https://thebark.com/content/maremma-sheepdogs-keepwatch-over-little--penguins. Warrnambool City Council, "Maremma Dogs", 2018, http://www.warrnamboolpenguins.com.au/maremmadogs. Marem-

ma Sheepdog Club of America, "Maremma Sheepdog Breed History" 2014–2017, http://www.maremmaclub.com/history. html. Entrevista do autor com David Williams, 9 de agosto de 2018.

12   Darwin, Voyage of the Beagle, 150.

13   "Eckhard H. Hess Dead at 69; Behavioral Scientist Authority", New York Times, 26 de fevereiro de 1986, https://www.nytimes. com/1986/02/26/obituaries/eckhard-h-hess-deadat-69-behavioral- -science-authority.html. Eckhard Hess, Imprinting (Nova York: Van Nostrand Reinhold, 1973).

14   D. G. Freedman, J. A. King e O. Elliot, "Critical Period in the Social Development of Dogs", Science 133, nº 3457 (1961): 1016–17. John Paul Scott e John L. Fuller, Genetics and the Social Behavior of the Dog (Chicago: University of Chicago Press, 1965), 105. Os dois relatos de experimentos diferem sobre a quantidade de contato humano que os cães tiveram. O artigo da Science diz que foram noventa minutos por dia. O livro diz que foi apenas dez minutos por dia. Eu presumo que o artigo seja mais preciso e o livro foi feito mais tarde, de memória.

15   M. Gacsi et al., "Attachment Behavior of Adult Dogs (Canis familiaris) Living at Rescue Centers: Forming New Bonds", Journal of Comparative Psychology 115, nº 4 (2001): 423–31.

16   E. N. Feuerbacher e C.D.L. Wynne, "Dogs Don't Always Prefer Their Owners and Can Quickly Form Strong Preferences for Certain Strangers over Others", Journal of the Experimental Analysis of Behavior 108, nº 3 (2017): 305–17.

17   Sam Haysom, "This Story of a Heroic Dog Who Died Protecting His Owner Will Break Your Heart", Mashable, 13 de fevereiro de 2018, https://mashable.com/2018/02/13/dog-dies-afterprotecting-owner- -from-black-bear/#o4leySe3ekq0.

18 "Service Dog Killed Trying to Protect Owner from Alligator in Florida", CBS News, 24 de junho de 2016, https://www.cbs news.com/news/service-dog-killed-trying-to-protect-owner-fromalligator-in-florida.

19 Nadia Moharib, "'Hero' Dog Killed Defending Calgary Owner During Violent Home Invasion", Edmonton Sun, 10 de abril de 2013, https://edmontonsun.com/2013/04/10/hero-dogkilled-defending-calgary-owner-during-violent-home-invasion/wcm/14a76ff4-9e1e-4ad8-9bd-8-fb91a2245385.

20 Eric Knight, Lassie Come-Home (Nova York: Grosset & Dunlap, 1940).

21 Charles Darwin, The Descent of Man, and Selection in Relation to Sex, vol. 1, 1st ed. (Londres: John Murray, 1871), 45.

22 John Paul Scott, "Investigative Behavior: Toward a Science of Sociality", in Studying Animal Behavior: Autobiographies of the Founders, ed. D. A. Dewsbury, 389–429 (Chicago: University of Chicago Press, 1985), 416.

7. Os Cães Merecem Coisa Melhor

1 Ênfase no original. The Monks of New Skete, How to Be Your Dog's Best Friend: The Classic Training Manual for Dog Owners (Boston: Little, Brown, 2002).

2 Não estou dizendo que as coleiras com laços corrediços não tenham propósitos legítimos.

3 C. Packer, A. E. Pusey e L. E. Eberly, "Egalitarianism in Female African Lions", Science 293, n° 5530 (2001): 690–93.

4 L. D. Mech, "Alpha Status, Dominance, and Division of Labor in Wolf Packs", Canadian Journal of Zoology 77, n° 8 (1 de novembro de 1999): 1196–203.

5 F. Range, C. Ritter e Z. Virányi, "Testing the Myth: Tolerant Dogs and Aggressive Wolves", Proceedings of the Royal Society: B. Biological Sciences, 282 (2015): 20150220.

6 S. Coren, "The Data Says 'Don't Hug the Dog!'" Psychology Today: Canine Corner, 2016, https://www.psychologytoday.com/blog/canine--corner/201604/the-data-says-dont-hug-the-dog.

7 Svenska Kennelklubben, "Dog Owners in the City: Information About Keeping a Dog in Urban Areas", Svenska Kennelklubben, 2013, https://www.skk.se/globalassets/dokument/att-aga-hund/kampanjer/skall--inte-pa-hunden-2013/dogowners-in-the-city_hi20.pdf.

8 D. van Rooy et al., "Risk Factors of Separation-Related Behaviours in Australian Retrievers", Applied Animal Behaviour Science 209 (1 de dezembro de 2018): 71–77. C. V. Spain, J. M. Scarlett e K. A. Houpt, "Long-Term Risks and Benefits of Early-Age Gonadectomy in Dogs", Journal of the American Veterinary Medical Association 224, nº 3 (fevereiro de 2004): 380–87.

9 A imprecisão desse número é por si só um problema. Ninguém nos Estados Unidos nem mantém registros de quantos abrigos existem, que dirá quantos animais estão abrigados neles. Consequentemente, as estimativas têm uma margem grande de erros. Um excelente artigo de acesso aberto sobre essas questões é o A. Rowan e T. Kartal, "Dog Population and Dog Sheltering Trends in the United States of America", Animals: An Open Access Journal 8, nº 5 (2018): 1–20.

10 S. Cafazzo et al., "Behavioural and Physiological Indicators of Shelter Dogs' Welfare: Reflections on the No-Kill Policy on Free-Ranging Dogs in Italy Revisited on the Basis of 15 Years of Implementation", Physiology & Behavior 133 (4 de junho de 2014): 223–29.

11 P. D. Scheifele et al., "Effect of Kennel Noise on Hearing in Dogs", American Journal of Veterinary Research 73, nº 4 (2012): 482–89.

12 O primeiro nome formal de Sasha é Alexandra.

13 A. Protopopova et al., "In-Kennel Behavior Predicts Length of Stay in Shelter Dogs", PLOS ONE 9, n° 12 (31 de dezembro de 2014): e114319.

14 Qualquer um que esteja interessado no que Pavlov realmente fez e o por quê deve ler a biografia de Daniel Todes: D. P. Todes, Ivan Pavlov: A Russian Life in Science (Oxford, UK: Oxford University Press, 2014).

15 L. M. Gunter, R. T. Barber e C.D.L. Wynne, "A Canine Identity Crisis: Genetic Breed Heritage Testing of Shelter Dogs", PLOS ONE 13, n° 8 (23 de agosto de 2018): e0202633.

16 B. Dickey, Pit Bull: The Battle over an American Icon (Nova York: Vintage, 2017).

17 L. M. Gunter, R. T. Barber e C.D.L. Wynne, "What's in a Name? Effect of Breed Perceptions and Labeling on Attractiveness, Adoptions, and Length of Stay for Pit-Bull-Type Dogs", PLOS ONE 11, n° 3 (23 de março de 2016): e0146857.

18 H. G. Parker et al., "Genomic Analyses Reveal the Influence of Geographic Origin, Migration, and Hybridization on Modern Dog Breed Development", Cell Reports 19, n° 4 (2017): 697– 708. B. M. vonHoldt et al., "Genome-wide SNP and Haplotype Analyses Reveal a Rich History Underlying Dog Domestication", Nature 464, n° 7290 (2010): 898–902.

19 D. J. Brewer, T. Clark e A. Phillips, Dogs in Antiquity: Anubis to Cerberus — The Origins of the Domestic Dog (Warminster, UK: Aris & Phillips, 2001).

20 Pedigree Dogs Exposed, dirigido por Jemima Harrison, BBC TV, agosto de 2008.

21 Beverley Cuddy, "Controversy over BBC's Purebred Dog Breeding Documentary: BBC's Pedigree Dogs Exposed Strikes a Chord", The Bark 56 (setembro de 2009), https://the bark.com/content/controversy-over-bbcs-purebred-dog-breedingdocumentary.

22 Patrick Bateson, Independent Inquiry into Dog Breeding (Cambridge, UK, 2010), https://www.ourdogs.co.uk/special/final-dog-inquiry-120110.pdf.

23   F.C.F. Calboli et al., "Population Structure and Inbreeding from Pedigree Analysis of Purebred Dogs", Genetics 179, n° 1 (1 de maio de 2008): 593–601.

24   Denise Powell, "Overcoming 20th-Century Attitude About Cross Breeding", Low Uric Acid Dalmatians World (2016), https://luadalmatians-world.com/enus/dalmatian-articles/crossbreeding. L. L. Farrell et al., "The Challenges of Pedigree Dog Health: Approaches to Combating Inherited Disease", Canine Genetics and Epidemiology 2, n° 3 (11 de fevereiro de 2015).

25   Valerie Elliott, "Fiona the Mongrel and a Spot of Bother at Crufts: 'Impure' Dalmatian Angers Traditionalists at the Elite Pedigree Dog Show", Daily Mail, 6 de março de 2011, https://www.dailymail.couk/news/article-1363354/Fiona-mongrel-spot-bother-Crufts-Impure--dalmatian-angers-traditionalists-elite-pedigree-dog-show.html.

26   Governo dos Estados Unidos, Lei de Bem-estar Animal (Washington, D.C.: US Government Publishing Office, 2015), https://www.nal.usda.gov/awic/animal-welfare-act.

27   Rory Kress, The Doggie in the Window: How One Dog Led Me from the Pet Store to the Factory Farm to Uncover the Truth of Where Puppies Really Come From (Naperville, IL: Sourcebooks, 2018).

Conclusão

1   Insurance Information Institute, "DogBite Claims Nationwide Increased 2.2 Percent; California, Florida, and Pennsylvania Lead Nation in Number of Claims" (Nova York: Insurance Information Institute, 2018), https://www.iii.org/press-release/dog-bite-claims-nationwide--increased-22-percent-california-florida-and-pennsylvania-lead-nation-in-number-of-claims-040518.

2   Deve-se reconhecer que essa é uma estimativa dos custos totais e não apenas dos pagamentos do seguro. H. R. Waters et al., "The Costs of Interpersonal Violence — an International Review", Health Policy 73, nº 3 (8 de setembro de 2005): 303–15.

3   WISQARS Leading Causes of Death Reports, 1981–2017, National Center for Injury Prevention and Control, Centers for Disease Control, 2019, https://webappa.cdc.gov/sasweb/ncipc/leadcause.html.

ÍNDICE

Projetos corporativos e edições personalizadas
dentro da sua estratégia de negócio. Já pensou nisso?

Coordenação de Eventos
Viviane Paiva
viviane@altabooks.com.br

Assistente Comercial
Fillipe Amorim
vendas.corporativas@altabooks.com.br

A Alta Books tem criado experiências incríveis no meio corporativo. Com a crescente implementação da educação corporativa nas empresas, o livro entra como uma importante fonte de conhecimento. Com atendimento personalizado, conseguimos identificar as principais necessidades, e criar uma seleção de livros que podem ser utilizados de diversas maneiras, como por exemplo, para fortalecer relacionamento com suas equipes/ seus clientes. Você já utilizou o livro para alguma ação estratégica na sua empresa?

Entre em contato com nosso time para entender melhor as possibilidades de personalização e incentivo ao desenvolvimento pessoal e profissional.

PUBLIQUE SEU LIVRO

Publique seu livro com a Alta Books.
Para mais informações envie um e-mail para: autoria@altabooks.com.br

 /altabooks /alta-books /altabooks /altabooks